KB120225

面向对外汉语教学的常用动词V+N搭配研究

현대 중국어

단어 결합관계 연구

본 역서는 2014년 정부(교육부)의 재원으로 한국연구재단의 지원을 받아
수행된 연구임(NRF-2014S1A2A2057389).

面向对外汉语教学的常用动词V+N搭配研究

현대 중국어

단어 결합관계 연구

辛斗 著

심소희 · 김태은 · 박지영 · 신수영 · 김지영 역

學古房

저자 서문

단어 결합관계는 외국인을 위한 중국어 교수·학습에 있어 늘 난점이 되곤 한다. 현재 제2언어 단어 결합관계 교육에 대한 연구 성과는 그다지 많지 않으며, 있다고 해도 깊이와 체계가 부족한 편이다. 단어 결합관계 교육의 효과를 향상시키기 위해서는 학습자의 단어 결합관계 습득 상황을 개선해야 한다고 생각한다. 본서에서는 우선적으로 말뭉치를 통해 상용동사의 동목(V+N) 결합관계의 특징과 규칙을 고찰하였으며, 이를 바탕으로 학습자가 출력하는 중국어 동목(V+N) 결합관계의 습득 상황을 분석하였다. 이를 중국어 모어 화자가 사용하는 결합관계와 대조·분석하여 학습자의 오류에 대해 탐색하였다. 본서의 연구를 통해 얻은 결과는 단어 결합관계의 특징 및 학습자 습득 상황을 총괄하여 교수·학습에 도움을 주고자 하였다.

본서는 기본적으로 언어 교육을 전공하는 학생이나 교사 및 연구자를 위한 것이다. 본서의 중국어판은 중국세계도서공사(中国世界图书公司)에서 출판되었는데 이번 기회에 한국어로 번역하여 출판하게 되니 대단한 영광이라고 생각한다. 무엇보다 번역을 결심해 주신 한국 이화여자대학교 심소희 교수께 깊은 감사를 전하고 싶다. 또한 데이터나 도표 문제로 인하여 적지 않은 어려움을 겪었음에도 불구하고 번역에 심혈을 기울여 책을 발간할 수 있도록 도와주신 연구팀과 편집자께도 깊은 감사의 인사를 전한다. 이 책의 한국어판 출판을 기념으로 본서의 집필을 위해 전심으로 가르침을 주셨던 북경대학교의 王若江 교수님께도 이 기회를 통해 재차 감사의 마음을 전하고 싶다.

끝으로 본서의 한국어판 출판이 중국어 단어 결합관계를 공부하거나 연구하는 모든 이에게 쉽게 다가갈 수 있는 지침서가 되어 유용하게 쓰일 수 있기를 바란다.

2015년 12월 1일
북경대학교 연구실에서
저자 辛 平

역자 서문

한국어와 중국어는 언어 유형적으로 전혀 다른 체계의 언어임에도 불구하고 한국인 중국어 학습자들은 기타 언어권의 중국어 학습자들을 대상으로 하는 교수 · 학습에 있어 어느 정도 우위에 있다고 할 수 있다. 한국은 중국과 지정학적으로 인접하여 유사 이래로 한자를 통해 활발한 문화교류가 이루어져 왔기 때문이다. 한국어 어휘의 70% 이상이 한자어로 구성되어 있으므로 한국인 중국어 학습자들은 중국어 학습 이전에 이미 중국어 어휘에 대한 기본적인 통각성을 갖추어 생소한 중국어 어휘를 한국 한자어와 대응시킴으로써 형태와 의미를 비교적 수월하게 유추할 수 있다. 또한 한국 한자음과 현대 중국어의 한자음도 일정하게 대응하여 중국어 어휘의 발음을 비교적 쉽게 기억할 수 있다. 이러한 한국인의 중국어 학습 환경과 조건은 현대 중국어 학습에 분명히 긍정적인 요인으로 작용한다.

그러나 시간적 격절에 따라 한중 양국의 한자어 어휘는 각각 변화, 발전하였다. 그 결과 간혹 같은 형태지만 의미가 달라지기도 하고, 다른 어휘로 대체되기도 하며, 형태소의 위치가 서로 뒤바뀌기도 하였다. 특히나 어휘와 어휘 간의 결합양상을 볼 때 큰 차이가 나타난다. 이는 한국어는 SOV 구조이고, 중국어는 SVO 구조인 유형적 차이 때문일 수도 있고, 또 문화적 차이일 수도 있다. 한국인 중국어 학습자들은 습관적으로 한국 한자어의 용법에서 유추하여 현대 중국어 어휘를 결합함으로써 현대 중국어의 정확성과 유창성에 저해하는 치명적인 오류를 범하는 예가 적지 않다.

본서의 연구팀은 정기적인 스터디 모임을 통해 현대 중국어 어휘 간 결합에 있어 한국인 학습자들이 범하는 오류의 형태에 초점을 맞춰 연구와 논의를 진행해왔다. 그 과정에서 현대 중국어 搭配, 즉 단어 간 결합관계에 관한 연구방법과 교수학습 이론 및 실제를 체계적으로 기술한 『面向对外汉语教学的常用动词V+N搭配研究』를 선정하여 번역하기로 하였다. 때마침 저자이신 북경대학교 대외한어학원의 辛平 교수님께서 이화여자대학교 외국어교육특수대학원 국제중국어교육학과에 초빙교수로 오시게 되어 연구팀은 정기적으로 辛平 교수님을 모시고 번역 과정 중에 의문점이나 한국어와 중국어 간에 차이를 보이는 한자어 결합관계 양상에 대해 토론할 수 있게 되었다. 본 연구팀의 이러한 기회는 진정 행운이 아닐 수 없었다. 그 후 본서의 연구팀은 2014년도 한국연구재단의 글로벌연구네트워크(GRN) 사업에 선정되어 『한국인 학습자를 위한 중국어 연어 관계 연구(A study of the Chinese collocation for Korean learners)』의 사업을 수행하는 영광을 누리게 되었다.

본서는 한자문화권에서 한중 한자어의 결합 차이가 '왜?' 생기는가에 대한 의구심에서 출발하였다. 아울러 이를 바탕으로 그러면 한국인 중국어 학습자를 대상으로 중국어를 '어떻게?' 교수해야 하는가에 대한 교수법을 모색하는 과정에서 도출된 연구 집적물이라고 할 수 있다. 우리들의 노력과 열정이 향후 한국인 중국어 학습자를 위한 맞춤형 중국어 교수법에 기여할 수 있기를 소망한다.

2015년도 마지막 달력을 넘기면서
역자 일동

목 차

외국인을 위한 중국어 교수 과정에서 학습자들은 중국어 단어의 결합 관계를 무척 어려워한다는 것을 알 수 있다. 그러나 중국어 단어 결합관계에 관한 연구 성과는 수량도 많지 않고 연구의 깊이나 체계도 충분하지 않을 뿐만 아니라 말뭉치 데이터에 기초한 실증적 연구 성과도 아직 많지 않다. 중국어 단어 결합관계의 양상과 규칙을 파악하고 동시에 중국어 단어 결합관계 습득에 대한 학습자들의 실제 상황을 이해해야만 교수내용을 체계적으로 선정하여 효율적인 교수 모형을 세울 수 있을 것이다. 동목 결합관계는 중국어 단어 결합관계에 있어서 자주 보이는 형식이므로 이는 중요한 중국어 교수 내용이다. 본서에서는 검증된 데이터에 기초하여 외국어로서의 중국어 교육에서 상용되는 동사의 동목 결합관계를 연구 내용과 대상으로 삼고자 한다.

1. 연구 대상 및 내용

본서의 연구 대상은 동목(V+N) 결합관계로, 중국어 모어 화자가 사용하는 동목 결합관계와 중국어 학습자들이 출력해내는 동목 결합관계를 포함한다.

1) 상용동사로 구성되는 동목(V+N) 결합관계

본서에서의 상용동사는 『중국어 수준별 어휘 및 한자 등급 요강(汉语水平词汇与汉字等级大纲)』(이하 『大纲』이라고 함)에서의 갑(甲)급 동사를 말한다. 갑급 어휘에는 일부 겸품사[1])를 포함하여 단음절 동사 143개, 이음절 동사 108개 등 251개의 동사가 있다. 본서에서는 대규모 의 중국어 모어 말뭉치를 사용하여 상용동사가 실제 언어에서 사용되 는 동목 결합관계를 검색하였고 이를 바탕으로 상용동사의 동목(V+N) 결합관계의 전체적인 양상과 규칙에 대해 체계적으로 기술하고 분석하 였다.

2) 학습자의 언어자료에 나타난 동목(V+N) 결합관계

본서에서 사용한 학습자 언어자료는 학습자가 자연스럽게 출력해낸 텍스트로서 모두 20여만 자로 그 중 동목(V+N) 결합관계인 3,245개를 추출하였다. 본서에서는 이를 고찰하여 학습자들의 단어 결합관계 습득 양상을 분석하였다.

2. 이론적 배경

1) 언어의 확률적 속성

최근 언어연구에 있어 확률적 속성이 특히 제2언어 습득 연구에서

---

1) 겸품사는 동사로 쓰일 경우에만 본서의 고찰범위 내에 포함시켰다. 예를 들어 '派'는 동사와 명사로 사용될 수 있는데 '동사'로 쓰일 때만 고찰범위에 포함시켰다.

주목받고 있다. 언어의 확률적 속성에 대한 이론은 말뭉치 언어학의 이론적 기초가 될 뿐만 아니라 언어습득이나 심성어휘집(mental lexi-con) 이론에서 중요한 위치를 차지하고 있다. 언어연구와 언어학습에서 확률의 개념은 다음 두 가지 각도로 살펴볼 수 있다.

(1) 언어연구의 확률적 접근법(Probabilistic Approach)

2001년 미국언어학회는 워싱턴에서 제1차 언어학의 확률이론(Probability Theory in Linguistics) 심포지엄을 개최하였는데 토론된 의제와 논문은 Bod 등(2003)이 편집한 『확률언어학』(桂诗春 2004)을 참고할 수 있다. 2003년에는 애틀랜타에서 제2차 확률언어학(Probabilistic Linguistics) 심포지엄이 개최되어 확률언어학을 현재 언어학 조류에 적용시키는 문제를 심도 있게 논의하였다. 확률언어학에서는 많은 증거들이 언어가 확률적이라고 보여주고 있으며 확률이 언어의 이해와 언어습득에서 큰 역할을 하는 것으로 여긴다. 桂诗春(2004)에 따르면 언어 이해에 대한 확률의 작용은 다음 세 가지 각도에서 살펴볼 수 있다.

① 심성어휘 및 문법의 각도에서 볼 때, 언어구조의 추출은 일종의 확률적인 행위이다. 즉 쉽게 추출되는 구조일수록 시간과 노력이 적게 든다.
② 중의성을 해소할 때 확률이 큰 해석이 선택될 가능성이 높다. 따라서 확률은 중의성 해소에도 핵심적인 작용을 한다.
③ 언어이해의 처리과정에 있어 처리 난이도가 높은 문장은 확률이 낮은 문장이다.

만약 추출 가능한 구조가 여러 개이면 확률의 작용으로 확률이 높은 것부터 신속하게 추출된다.

(2) 확률 작용에 대한 제2언어 습득 연구자들의 인식

2002년 케임브리지대학에서 출간된 『제2언어 습득 연구(SSLA)』의 특집호에서는 확률의 중요한 개념인 빈도 효과와 그것이 제2언어 습득 이론에 미치는 영향을 집중적으로 다루었다(文秋芳 2003). 이전과는 달리 이번 호에서는 심포지엄 형식으로 편집부에서 먼저 영국 웨일즈대학 심리학과 교수 Nick Ellis에게 주제논문 「언어처리에 있어서의 빈도 효과 (frequency effects in language processing)」의 저술을 요청하였다. 기존의 연구에 따르면 서로 다른 층위의 언어현상의 처리와 가공은 언어의 빈도에 의존한다. 이를 바탕으로 Ellis는 빈도 중심의 제2언어 습득 이론을 제시한 후, 다수의 전문가들을 초청하여 다양한 각도에서 그 논문에 대해 논의하였다. 채택된 토론문은 편집부와 Eills가 공동으로 상정한 후, 끝으로 Eills는 「언어처리 과정에서 빈도 효과에 대한 소견(reflections on frequency effects in language processing)」이라는 제목으로 글을 써서 전문가들의 비평에 일일이 해답을 제시하였다. 특집호가 다각적인 토론방식을 택한 목적은 빈도 효과를 현재 제2언어 습득 연구 영역에서의 핵심 의제들과 연계시키고 다양한 시각과 논쟁을 일으켜 최종적으로 완전한 제2언어 습득 이론을 만드는 것에 도움이 되고자 하였다.

본서는 빈도에 기초한 단어 결합관계 이론이 단어 결합관계와 그것이 사용되는 실제 상황을 연결시키고 사용자가 상용하는 단어 결합관계에 중점을 두는 것으로 간주한다. 이렇게 단어의 전형적인 결합관계를 주시하는 것은 제2언어 교수 연구에 일조함과 동시에 본서의 연구 목적과도 일치한다. 따라서 본서는 빈도에 기초한 단어 결합관계 이론을 연구의 근거로 삼고자 한다. 언어의 확률이론은 단어 결합관계에서 주로 다음 두 가지 개념으로 표현된다.

① 단어 결합관계의 확률적 속성

Halliday, Sinclair, Hoey 등을 대표로 하는 신 Firth학파는 Firth의 이론을 계승 발전시켜 단어 결합관계의 기본속성 중 하나가 확률이라고 여겼다. Sinclair(1966)는 결합관계는 어떠한 형태이든 가능하지만 단지 그 결합관계가 상용이냐 아니냐의 차이만 존재한다고 하였다. Partington (1998)은 단어 결합관계의 개념을 문자적인 것, 통계적인 것, 그리고 심리학적인 것으로 나누었다. 단어 결합관계의 통계학적인 정의는 텍스트에서 하나의 단어가 다른 단어와 공기(共起)할 확률이 임의적인 확률보다 클 때 그것을 결합관계라고 하였다. 단어들이 공기되는 확률은 불균형적이어서 어떤 단어는 공기할 확률이 크지만, 어떤 것은 공기할 가능성이 적고 출현 빈도도 비교적 낮다.

② 전형적인 결합관계

전형적인 결합관계란 고빈도 결합관계로서 모어 사용자가 늘 사용하고, 모어 말뭉치에서 자주 출연하는 결합관계이다. Hoey(2005)는 연구를 통해 고빈도의 단어 결합관계란 자연스러운 언어를 구성하는 중요한 요소로서 언어를 학습할 때 고빈도의 결합관계를 확실하게 파악하면 학습자가 출력하는 언어는 더욱 자연스러워질 것이라고 하였다. 그러므로 전형적인 결합관계는 단어 결합관계 습득에서 중요한 역할을 한다.

2) 심성어휘집 이론 및 언어학습 이론

(1) 심성어휘집의 구성과 추출 형식 이론

심성어휘집에는 빈도 효과(frequency effect), 단어 우월 효과(word superiority effect), 의미적 점화 효과(semantic priming effect) 등이 존재한다. 많은 어휘 추출 모형들이 이러한 심성어휘집의 각종 효과를 해석해낼 수 있다. 특히 연결주의(connectionism) 모형은 중심어(node), 의미망(semantic network), 활성화 등의 개념을 제시하여 전반적으로 심성어휘집의 각종 영향 요소를 해석하였다.

(2) 언어습득의 이원화 이론

Skehan(1998)이 제시한 가설은 제2언어 습득의 현실을 잘 보여준다. 그는 언어 지식이 장기 기억에 저장되는 형식에는 두 가지가 있다고 하였다. 첫째는 규칙 기반 분석 체계(rule-based analytics system)이고, 둘째는 메모리 기반 공식 체계(memory-based formulaic system)로서 학습 규칙과 전체 기억의 강화는 언어습득에서 반드시 필요하다고 하였다.

3) 인지언어학 이론

(1) 단어 결합관계의 인지언어학적 이해

인지언어학에서는 발화 중 어휘의 공기현상이 개념의 공기가 말로 표출된 것으로 본다. 따라서 개념, 단어, 문장 등의 의미는 언어구조의 어떤 층위에서도 추상적이지 않으며 정도는 다르지만 우리의 생활 경험과 직접 체득한 물질적, 사회적 경험에서 생겨난다.

(2) 개념의 범주화 이론과 원형 이론

인지언어학 이론에 따르면 기본 층위 범주에 속하는 어휘들은 대부분 bird, apple처럼 단일한 의미항목으로 구성된 단어인데, 어떤 어휘 체계에서는 상위범주에 속하는 어휘들이 때때로 결여되기도 한다. 그러나 기본 층위 범주의 어휘는 상위범주나 하위범주의 어휘보다 사용빈도가 높기 때문에 고빈도로 사용된다는 점에서 기본 층위 범주에 속하지 않는 어휘와 구분된다.

(3) 세계를 인지하는 방식으로서의 은유

개념은유(conceptual metaphor)는 인지언어학의 가장 중요한 이론 중의 하나이다. 이 이론에서는 은유를 하나의 구체적인 개념영역이 추상적인 개념영역의 체계로 반영된 것으로 본다. Lakoff(1993)는 사람들이 하나의 구체적인 개념영역 즉 원형에 있는 어휘를 사용하여 또 다른 추상적인 개념영역 즉 대상을 묘사한다고 하였다. 개념은유 이론의 핵심내용은 은유가 교차영역(cross-domain)의 체계적인 반영이라는 것이다. 원형역의 의미도식 구조는 대상역의 내부구조와 일치하는 방식으로 대상역을 투사한다. 이때 반영은 신체의 경험을 기초로 하는 것으로 임의적인 것이 아니며 신체나 사람들의 일상경험 및 지식과 서로 연관되어 있다.(Lakoff 1993: 244-245)

(4) 인지언어학에서의 유표성 이론

沈家煊(1999)은 해외 인지언어학 이론을 참조하여 유표적 항목과 무표적 항목을 판단하는 여섯 가지 판별 기준인 결합기준, 계열기준, 분포기준, 빈도기준, 의미기준, 역사기준을 제시하였다. 沈家煊에 따르면 중국어처럼 형태가 결핍된 언어는 분포표준과 빈도표준이 특히 중요하다고 하였다(沈家煊 1994: 34). 언어습득에서 무표적 성분은 인지적으로 두드러지기 때문에 그것들은 쉽게 사람들의 주의를 끌고 쉽게 저장되고 추출되며 사람들의 기대와 예측에 잘 부응한다. 즉 무표적 성분에서 유표적 성분까지의 현저성 등급이 감소함에 따라 습득의 난이도는 조금씩 증가한다.

3. 연구 방법

본서는 정량적 데이터 기술과 정성 분석을 결합시킨 실증적인 연구방법을 채택하였다.

1) 정량적 데이터 기술

(1) 연구의 목적과 필요에 따라 본서에서 사용하는 말뭉치언어학의 연구 방법은 색인 검색을 통해, 모어 말뭉치에서 동사 결합관계를 검색하였다. 그리고 키워드의 결합관계 분포 데이터에 근거하여, 단어 결합관계의 양상을 기술하고 그 안의 규칙을 찾아내었다. 말뭉치 데이터에 근거한 연구에서 빈도수는 중요한 개념이다. 따라서 모어 말뭉치에서 단어 결합관계의 빈도수에 근거하여 고빈도 단어 결합관계를 확정하였다. 또한 학습자의 언어자료에 근거하여 학습자의 단어 결합관계 습득 양상도 고찰하였다. 사용한 언어자료의 출처는 다음과 같다.

　① 모어 말뭉치
a. 단어별로 품사 태깅이 되어 있는 가공 말뭉치인 국가 말뭉치(国家语委现代汉语平衡语料库) 2천만 자(字).
b. CCL 북경대학교 언어연구센터의 현대 중국어 말뭉치.

　② 학습자 언어자료
본서에서 사용된 학습자의 중국어 언어자료는 학습자들의 작문을 수집한 것으로 학습자는 화교집단을 포함하지 않은 유럽과 미국 두 지역(뉴질랜드 포함)의 학생들이다. 작문의 체재는 논설문과 설명문으로서, 학습자의 중국어 수준은 중고급이며 총 글자수는 20만여 자이다.

(2) 중국어 학습자가 만들어내는 단어 결합관계의 타당성은 중국어 모어 화자로 하여금 판단하게 하였다.

2) 정성분석

첫째, 본서는 말뭉치 데이터에 근거하고, 단어 결합관계 사전을 참조하여 중국어 상용동사와 조합을 이룬 동목(V+N) 결합관계의 전반적인 상황에 대해 유형별로 분류하여 기술하였다. 이를 바탕으로 상용동사 동목(V+N) 결합관계 규칙을 추출하였으며 확률언어학 이론 및 인지언어학 이론 등을 활용하여 상세히 분석하였다.

둘째, 모어 화자가 사용하는 단어 결합관계와 학습자가 만들어내는 단어 결합관계를 대조·분석하였다. 또한 모어 화자와 제2언어 학습자 간의 단어 결합관계에 관한 지식과 단어 결합관계 구사능력의 차이를 분석하였으며, 아울러 그 원인을 분석하여 단어 결합관계 교수에 일조하였다.

셋째, 학습자의 단어 결합관계 습득 상황을 고찰하여 학습자가 만들어내는 오류를 분석하고, 언어학습 이론에 근거하여 단어 결합관계 습득에 영향을 주는 각종 요소를 논의하였다.

4. 연구 방향

첫째, 고찰하려는 동사의 범위를 정하고, 모어 화자의 말뭉치 중에서 이러한 동사의 명사 목적어 분포 상황을 관찰하였고, 중국어 상용동사로 구성되는 동목(V+N) 구조에 대해 전체적인 기술과 분석을 진행하였다.

둘째, 동목(V+N) 구조가 말뭉치에 분포되어 있는 상황에 따라 그 제약 정도를 정하고, 이것에 근거하여 동목(V+N) 구조를 분류하였다.

통계적으로 동목(V+N) 구조가 공기되는 임의적인 확률을 계산해내어, 상용되는 결합관계 중에서 전형적인 단어 결합관계 및 동사-목적어의 주요한 의미 범주를 정하였다.

셋째, 학습자의 언어자료 중에 나타나는 전체 동목(V+N) 결합관계를 고찰하고, 학습자가 만들어내는 단어 결합관계와 모어 화자의 상용 단어 결합관계를 대조·분석하였다. 이들 단어 결합관계의 타당성 여부는 중국어 모어 화자가 판단하게 하였다.

넷째, 학습자가 출력하는 타당하지 않은 단어 결합관계들을 분류하여 오류 양상을 분석하였다.

다섯째, 외국인을 위한 중국어 교재에서 단어 결합관계의 실제 상황 및 학습자의 습득 상황에 근거하여 제2언어 단어 결합관계의 교수 내용, 교수 원칙 및 교수 방법을 고찰하였다.

5. 연구 목적 및 구성

1) 연구 목적

첫째, 응용적인 관점에서 대규모 말뭉치를 이용하여 중국어 상용동사와 조합하여 이루어지는 동목(V+N) 결합관계 양상을 전반적으로 기술하고자 한다. 나아가 중국어 동목(V+N) 결합관계의 일반적 특징 및 분포 규칙을 탐색하여 지금까지 중국어 단어 결합관계 연구의 기반이 되는 데이터의 공백을 보완하고자 한다. 동시에 제2언어 학습자가 출력해내는 동목(V+N) 결합관계를 대조·분석하여 참고할 만한 근거로 제공하고자 한다.

둘째, 본서는 학습자의 언어자료 데이터를 바탕으로 학습자가 자연적으로 출력해낸 동목(V+N) 결합관계를 고찰하여 단어 결합관계에 대해 전체적으로 서술하고자 한다. 나아가 습득의 난이도, 오류유형 및 언어습득에 영향을 미치는 관련 요소를 포함하여 학습자들의 단어 결합 관계 습득 양상을 이해하고자 한다.

셋째, 본서는 중국어 상용동사의 동목(V+N) 결합관계의 실제 사용 양상과 규칙의 특징 및 학습자 단어 결합관계의 습득 상황을 근거로 한다. 아울러 교재에 나오는 단어 결합관계의 수량과 내용에 대한 고찰 을 종합하여 단어 결합관계의 효과적인 교수 방안을 제안하고 교재 편찬과 실제 수업에 일조하고자 한다.

2) 구성

1장은 서론 부분으로 연구 내용과 연구 방법 및 연구의 이론적 배경에 대해 서술하였다. 2장은 문헌 연구를 통하여 기존의 연구 성과를 전반적 으로 분석하였다. 3장과 4장은 상용동사의 동목(V+N) 결합관계의 특징 과 단어 결합관계의 규칙을 전체적으로 탐색하였고, 상용동사로 이루어 진 동목(V+N) 결합관계에 대하여 시험적인 분류를 실시하였다. 5장과 6장에서는 학습자의 언어자료에 보이는 동목(V+N) 결합관계를 분석하 여 학습자의 단어 결합관계 습득 상황을 개괄하였다. 또한 학습자가 만들어내는 오류를 분석하여 유형별로 정리하였다. 7장에서는 영향력 이 있는 중국어 초급 교재에서 단어 결합관계의 내용, 수량 및 중복율을 고찰하였다. 8장에서는 단어 결합관계의 교수 문제에 대해 논의하였다. 9장에서는 본서의 결론을 개략적으로 서술하였고, 향후 연구 방향을 제시하였다.

1. 중국의 단어 결합관계 연구

1) 결합관계의 의미론적인 연구

훈고학이 시작된 이래로 중국에서는 단어의 의미를 단어가 출현한 문맥에 따라 고찰하는 전통이 있었다. 전통훈고학에서 문맥에 따라 의미를 해석하는 것은 실제 언어 환경 속에서 의미를 해석하는 것으로, 단어의 결합관계 대상에 근거하여 그 뜻을 이해하려는 것이다. 苏宝荣 (2000:141)은 전통훈고학이 "단어의 의미는 단어 간의 결합 안에서 결정된다고 우리에게 일깨워주고 있다. 엄격하게 말하면, 문맥 안에서 단어의 의미는 주로 단어 결합관계에 근거하여 결정되기 때문이다." 그러나 문맥에 따라 의미를 해석하는 것은 여전히 고문 경전을 해석하는 것에 중점을 두었고, 단어의 결합을 고찰했던 것은 자형, 자의를 고증하기 위한 것이었을 뿐 결코 단어결합 자체가 연구 대상이 된 것은 아니었다.

현대 중국어의 단어 결합관계 연구는 어휘 의미론의 틀 안에서 시작되어 중국어 의미연구는 1950년대부터 매우 큰 발전이 있었다. 周祖谟

(1959), 张世禄(1956)등은 현대 중국어 의미의 성질, 동의어와 반의어를 검토하였는데 동의어의 의미, 색채, 용법 등은 결합관계 속에서 고찰하고, 동의어 용법의 고찰은 그 응용범위와 단어 사이의 호응관계에 주의를 기울여야 한다는 것을 강조하였다. 당시 단어 의미 결합에 관한 연구는 기본적으로 개별적인 단어의 사례 연구였다.

90년대 이후에 서양의 현대 의미론이 중국에 도입되면서 중국어 어휘의 의미론적 연구가 전반적으로 발전하였다. 단어의 서로 다른 의미상의 결합능력과 단어가 결합할 때 일어나는 의미의 변화가 점차 연구자들의 관심을 받았다. 단어 의미 연구는 이미 언어 내부 계열관계의 기술을 넘어, 단어 의미의 결합관계를 분석하는 데까지 확대되었다. 이 시기의 학자들은 단어용법과 결합특징에 대한 고찰을 단어 의미 연구에 응용하였고, 단어 의미를 결합 안에서 분석할 것을 강조하였다. 符淮青(1996)은 단어의 결합 능력에 대한 분석은 형태소의 조어(造語)능력 분석, 단어의 통사 성질 분석, 단어의 의미별 결합 능력 분석을 포괄한다고 하였다. 실제 분석에서는 우선 단어의 통사 성질에 주의를 기울인 후에 단어의 의미별 통사 제약을 고찰하여 단어와 구의 결합 분포 즉, 어떤 단어와 결합할 수 있고 혹은 어떤 단어와는 공기할 수 없는지에 재차 주목해야 한다고 하였다. 苏新春(1997)은 의미 결합법을 의미를 분석하는 방법의 하나로 간주하였는데, 의미 결합법이란 한 단어가 여러 단어들과 어울려 여러 가지 결합관계를 형성해내는 것을 통하여 단어 의미를 판단하는 방법이다. 단어 결합 연구는 주로 다음의 두 가지 내용을 포함한다.

(1) 단어 의미의 결합 능력 연구
이 분야의 대표적인 연구 성과로는 符淮青(1996), 王惠(2004) 등이 있다. 符淮靑(1996)은 '紅'과 '打'를 대상으로 형태소로서의 조어능력과 단어로서의 결합 능력을 상세하게 분석하였다. '打'의 경우는 28개 의미항목으로 나누어 단어의 결합 능력을 고찰하였다. 즉, 각 의미별 결합능력을 통사기능적 측면에서 고찰하였다. '打'의 목적어와 보어의 분포 상황을 고찰함으로써 의미항목별로 결합능력이 다르고 '打'가 취하는 명사 목적어에 많은 제약이 있음을 발견하였다. '紅'의 경우에는 의미별 통사기능과 결합 능력을 주로 고찰하였다. 그 결과 '紅'이 결합할 수 있는 단어의 범위는 차이가 매우 크고, 출현 가능한 문장의 격식도 제약의 차이가 크다는 것을 발견할 수 있었다. 단어의 결합은 통사적인 제약 외에도 다른 제약들이 있는데, 이중 어떤 제약들은 매우 자의적인 것이다.

단어 의미소들의 결합상황에 관한 연구는 王惠(2004)의 연구에서 많은 발전이 있었다. 『現代漢語名詞詞義組合分析』에서 王惠(2004)는 4,300여 개의 명사 의미소[1]들의 결합 상황을 분석하였다. 연구에서 결합은 어휘뿐만 아니라 통사 심지어 언어습관, 수사법 등 많은 요소들과 관련이 있음을 밝혔다. 동시에 '통사제약'과 '결합제약'의 개념을 제시하였다. '결합제약'은 주로 어휘와 구조 두 가지 측면에서 실현된다. 어휘적인 제약은 결합하는 단어가 특정한 의미일 때 제한되어 나타나고, 결합 대상도 몇몇 특정한 단어로 제한된다. 또한 구조적인 제약은 '給……顔色看'과 같은 특정구조형식과 몇몇 고정구에서 나타난다.

(2) 단어 의미와 결합관계에 대한 검토

刘叔新(2005), 符淮靑(1996, 2004), 苏宝荣(1999, 2000), 张志毅·张庆

---

1) 王惠에 의하면 '义位'는 의미론적인 의미이고 '义项'은 사전적 의미라고 생각하여 '义位'라는 개념을 사용하였다. 그러나 그녀의 설명에 의하면 '义位'와 '义项'이 내포하는 바가 기본적으로 일치한다.

云(1994, 2005) 등은 다음과 같은 연구를 진행하였다. 张志毅·张庆云(2005)은 여러 가지 관점에서 형태소 의미와 단어의 의미가 결합 중에 보이는 미세한 변화에 대하여 이론적인 연구를 진행하였다. 그리고 결합 중에 생기는 의미소의 변화는 대부분 의미소의 변이체라고 인식하였다. 苏宝荣(2000:195)은 "단어의 결합관계가 단어의 계열관계를 제약하고 결정하며, 단어 의미의 모든 변별적 자질은 궁극적으로 단어의 결합관계 속에서 형성되고 변화하여 드러난다"고 하였다.

많은 학자들이 통시적인 각도에서 단어 의미와 결합의 관계를 고찰하였다. 蒋绍愚(2000)는 단어 결합관계의 역사적 변화는 주로 다음의 두 가지 측면에서 드러난다고 하였다. 첫째, 하나의 단어는 그 기본적인 의미는 변하지 않으나 역사 시기별로 결합관계에는 차이가 있다. 둘째, 어느 한 시기의 언어는 이전 시기의 단어와 통사성분을 계승함과 동시에 새롭게 생겨난 단어와 통사성분을 모두 가지기 때문에 이 둘 사이에는 결합관계에 있어 종종 차이가 생긴다. 张博(1999)는 통시적 각도에서 단어 결합관계에서 생겨나는 의미의 파생현상을 상세하게 분석하였다. '결합 동화'는 전통적인 단어의 인신 의미 이론에서는 설명할 수 없는 개념으로, 방향성을 가지고 있으며, 그 방향성은 결합하는 두 요소의 의미적 지위에 따라 결정된다. 李红印(2007)은 의미소 결합분석을 중국어의 색채어 의미분석과 유기적인 관계로 보았고, 형태론적 층위, 어휘 결합 층위, 통사적인 층위에서 현대 중국어 색채어의 결합을 분석하였다. 단어 의미결합 분석을 통하여 현대 중국어 색채어와 기타성분이 결합할 때 나타나는 의미의 새로운 상황을 기술하였다. 张诒三(2005)은 '먹다'류 동사와 '타다'류 동사의 선진시기부터 위진남북조시기까지의 단어결합상의 변화를 고찰하여 그 결합상의 차이를 찾아내었다. 그에 따르면 단어의 결합은 계승성을 지니지만, 역사 시기별로 변화 발전하기도 한다. 이로부터 단어의 의미, 용법, 기능 등의 변천을 알 수 있다. 단어 결합의 역사적인 변화는 단어의 의미 변화를 반영한다. 张志毅·张庆云(2005)은 단어 결합이 의미소에게 문맥상의 의미를 제공한다고 여겼고, 또한 '의미소'의 문맥상의 의미 연구가 언어의 자립적인 폐쇄성을 넘어서서 실제 언어 수행의 사용, 주체, 환경측면으로 확장된다고 하였다. 이것은 의미소가 언어 환경에서 보이는 세밀한 변이체를 탐구하는데 도움이 되고, 목표어를 완전히 습득하지 못한 제2 언어 습득 과정에서 단어와 담화를 이해하는 데 도움이 된다.

상술한 두 가지 측면에서의 연구는 기본적으로 단어 의미결합 연구의 이론적 배경과 연구 방향을 결정해준다. 즉, 단어 의미결합 연구는 의미 항목을 기본 단위로 하고, 통사기능을 기본틀로 삼아서, 단어 간의 결합 능력과 의미변화를 연구해야 한다. 결합관계에 대한 어휘의 의미층위 연구는 단어의 의미와 결합능력이 인과적이라는 것에 치중하였을 뿐, 단어 결합관계 자체에 연구의 중점을 둔 것은 아니다.

2) 통사 층위의 동목 결합관계 연구

(1) 동목구조의 의미연구

일찍이 관심을 받아왔던 동사와 목적어 사이의 의미관계는 최소 세 가지로 나뉠 수 있다. 胡裕树(1962)에 따르면 동사와 목적어 사이에는 주체, 객체, 중성의 세 가지 관계가 있다고 보고, 목적어를 주체목적어, 객체목적어, 중성목적어로 나누었다. 또 몇몇 연구자들은 동사와 목적어 사이의 의미관계를 더욱 세밀하게 나누었다. 예를 들면 丁声树(1961)는 객체, 장소, 결과와 주체목적어 등으로 나누었고, 李临定(1983)은 의미적인 관점에서 객체, 결과, 도구, 대상, 목적, 장소, 주체 등의 전형적인 목적어 외에도 유형, 원인, 역할, 근거, 방향 등의 비전형적인 목적어도 세분하였다. 제일 세밀하게 나눈 학자로는 孟琮과 郑怀德(1999)가 있다. 그들은 중국어의 명사성 목적어를 객체목적어, 결과목적어, 대상목적어 등 14종으로 나누고, 각각의 특징들에 대하여 세밀하게 기술하였다. 예를 들면, 대상목적어의 의미적인 특징은 어떤 행위(일반적으로 동작이 아닌 행위)가 모종의 대상을 향하여 표출하는 것이고, 형식적인 특징은 일반적으로 모두 '对/向/与……' 등을 이용하여 명사를 동사 앞으로 전치할 수 있다는 것이다. 연구자들마다 동사와 목적어 사이의 의미관계에 대하여 견해가 다르고 그 개괄에도 차이가 있지만 근본인 차이는 크지 않다.

(2) 동목구조의 결합관계 연구

李临定(1983)은 목적어의 제약 문제를 제시하였다. 목적어에는 제한성을 지니는 목적어와 자유로운 목적어가 있고, 자유목적어에는 다음과 같은 다섯 가지 조건이 있다고 하였다. 첫째, 목적어 앞에 관형어가 올 수 있고, 둘째, 동사 뒤에는 시량보어, '着', '了', '过'가 올 수 있다. 셋째, 때로는 목적어 생략이 가능하고, 넷째, 동사 앞으로 전치 가능하며, 다섯째, 단독으로 질문에 답할 수 있다. 그러나 다섯 개 조건 중에서 하나라도 부족하면 제한성을 지닌 목적어이다. 그에 따르면 동사와 목적어의 결합 정도가 다르며, 같은 동사라도 결합할 수 있는 목적어의 유형과 수량도 다르다고 하였다.

魏红(2008)은 상용동사와 목적어의 결합상황을 고찰하여, 동사가 목적어와 결합하는 유형과 목적어의 유추성과 확장성을 분석하였다. 유추성은 장소류, 도구류 등과 같은 동일한 목적어 의미류 안에서 유추가능 여부를 가리키며, 대량유추, 제약유추, 유추불가로 분류하였다. 대량유추 목적어는 동일한 목적어 의미류에 속하는 목적어로 대부분 치환이 가능하다. 예를 들면, 동사 '来'는 뒤에 장소목적어가 오면 '来学校, 来这个地方, 来北京火车站' 등으로 말할 수 있다. 제약유추는 동일한 목적어 의미류에 속하는 치환 가능한 목적어가 몇 가지로 제한되는 것이다. 예를 들면, '来' 뒤에 객체목적어가 올 때 '来包裹了, 来了一封信'이라고 말할 수는 있지만, '来书了, 来西瓜了'2)라고는 말할 수 없는 경우를 말한다. 또 유추불가는 동사목적어처럼 같은 의미류 목적어로 치환할 수 없는 경우를 말한다. 예를 들면, 동사 '打'가 동족목적어를 가질 때는 '打架' 한 가지 경우만 있으므로 유추불가에 속한다. 확장성은 고정구를 구별하는 기준으로서 만약 동목 결합구조가 확장될 수 없다면 이 구는 이미 고정화된 것이다. 이렇듯 魏红은 동목 결합구조를 심도 있게 분석하여, 목적어들의 유형에 따라 활용되는 범위가 다르다는 것을 지적하였다. 그 중 객체목적어와 대상목적어가 활용되는 범위가 가장 넓어서 유추와 확장은 가능하고 제약은 가장 적다.

(3) 동목 결합관계의 관점에서 본 동사의 통사적 특징

많은 연구자들이 의미 유형의 각도에서 의미가 비슷한 동사류와 목적어의 결합상황을 연구하였다. 예를 들면, 王国璋(1984)은 '克服', '缺乏' 유형의 동사가 가지는 목적어의 특징을 분석하였다. 杨华(1994)는 '担心' 등의 심리상태 동사와 목적어의 결합현상을 고찰하였다. 王一平(1994)에 따르면 '당하다'류는 소량의 폐쇄류 동사로서 일종의 목적어부착동사이다. 陈昌来, 胡建锋(2003)은 '做主' 등과 같은 동사의 통사의미적 특징을 고찰하였다. 이런 동사들은 의미관계에서 볼 때 객체성분과 결합할 수는 있지만, 그 객체성분이 동사의 목적어가 될 수는 없다.

---

2) '来书了'와 '来西瓜了'는 魏红 논문에 나오는 예문이다.

이상의 연구는 주로 동사와 목적어의 결합현상을 분석하여, 그 동사들의 통사의미적인 특징을 귀납하였다. 徐杰(2001)는 객체 명사구와 결합할 수 있는지의 잠재적인 능력에 따라 동사를 자동사, 잠재적 타동사, 단일목적어타동사, 이중목적어타동사로 나누었다. 이런 분류 방법은 목적어의 존재 여부에 따라 타동사, 자동사로 이분하던 이전 방법에서 벗어나 동사를 더욱 세밀하게 분류하여 통사 현상을 이해하는 데에 도움을 준다.

(4) 결합가 이론을 활용한 단어 결합관계 연구

1950년대 이후, 范晓, 邵敬敏, 袁毓林 등 중국의 연구자들은 결합가 이론을 도입하여 중국어의 동사와 목적어 문제를 심도 있게 다루기 시작하였다. 邵敬敏(1995)은 이음절동사+이음절명사 결합 중에서 동형이구조(同形異構造)인 경우를 결합가 이론으로 연구하였다. 그에 따르면 동목 결합은 결합가 조합으로 개방적이고 상대적으로 비교적 자유롭지만, 수식 결합관계는 결합가에 의한 조합이 아니므로 비교적 폐쇄적이어서 일정 조건의 제약을 받는다. 현대 중국어에서 각각 한 개의 동사와 명사성분이 결합하여 하나의 구조를 형성할 때 동목 관계가 될 가능성이 가장 크다. 왜냐하면 동사와 목적어 사이에는 결합가 관계가 존재하기 때문에 '결합가 조합'을 구성한다. 그러나 수식관계를 이루는 경우도 있는데 그 때는 결합가의 관계가 존재하지 않아 '비결합가 조합'을 형성하게 된다. 요컨대 통사적 층위의 동목 결합관계 연구는 그 연구 대상으로 통사성분으로서의 동사와 목적어 결합관계를 다룰 뿐 구체적인 두 단어 간의 결합관계를 다루지는 않는다.

3) 단어 층위의 결합관계 연구

단어 층위의 결합관계는 일정한 통사적 틀 안에서 구체적인 단어들 사이의 결합관계 문제를 가리키는 것이다. 1980-1990년대에는 중국어 단어 결합관계에 대한 연구가 붐을 이루어 그 성질과 분류에 대하여 邢公畹(1980), 文炼(1982), 马挺生(1986), 宋玉柱(1990), 沈开木(1988), 常敬宇(1990), 朱永生(1996) 등의 집중적인 논의가 이루어졌다.

(1) 단어 결합관계의 성질

1980년대 이전에는 학자들 사이에 '我喝饭'과 같은 결합관계 오류가 통사적인 문제인지 어휘적인 문제인지에 대한 논쟁이 있었다. 당시 중요한 연구 중의 하나는 邢公畹(1980)의 『词语搭配问题是不是语法问题』가 있다. 그는 심층적으로 보더라도 여전히 통사적인 문제라고 여겼다. 그러나 이후의 연구자들 중 혹자는 결합은 단어의 의미적인 문제라 여겼고, 혹자는 의미와 통사의 종합적인 문제라고 하였다. 또 어떤 연구자들은 단어결합이 통사, 의미의 문제일 뿐만 아니라 관습적 사용도 포함한다는 것을 인식하기 시작하였다. 常敬宇(1990)는 단어 간의 결합은 결국 단어의 의미 혹은 논리의 문제라고 하였다. 동목 결합관계가 합당한 지는 주로 동사와 목적어의 의미자질 결합가능여부에 달려 있다고 보았다. 예를 들어 '克服问题'라고는 말하지 않지만 '克服困难', '解决问题'라고는 말할 수 있다. 그 원인은 동사 '克服'와 명사 '问题'의 의미소 자질 분석에서 찾아야 한다. 苏新春(1997) 등도 단어 결합은 단어 의미 체계와 긴밀한 관계가 있다고 보았다. 상술한 의미설과 다른 의견을 지닌 연구자로 文炼(1982)이 있다. 그에 따르면 단어 결합관계는 선택적인 것으로, 그 선택성은 어휘와 문법 모두에서 나타날 수 있다. 따라서 단어 결합관계는 어휘와 통사의 결합이다. 林杏光(1990)은 『词语搭配的

性质与研究』에서 단어 결합은 단어의 의미뿐만 아니라 문법과도 관련이 있으므로 어휘문법범주 즉 의미문법범주에 속한다고 하였다.

몇몇 연구자들은 단어 간의 결합에는 관습적 요소가 존재한다는 것에 주목하였다. 马挺生(1986)은 결합은 단어의 의미와 관계가 있지만, 동시에 관습적인 사용의 제약을 받는다고 보았다. 많은 단어들의 상호 결합은 단어 자신의 의미에 기초를 두어야 하지만 동시에 일정한 관습에 따라야 한다고 하였다. 예를 들면, '热烈, 剧烈, 强烈, 激烈'가 '抖动, 讨论, 争论, 抗议'와 결합할 때에는 임의적으로 할 수 없고 반드시 단어의 의미와 결합관계 관습에 따라 '热烈地讨论, 剧烈地抖动, 强烈地抗议, 激烈地争论'이라 해야 한다. 宋玉柱(1990)는 단어 결합을 세 가지 상황으로 나누었다. 첫째, 문법 선택에 의한 결합관계, 둘째, 사회적 약속에 의한 결합관계, 셋째, 논리적 상황에 의한 결합관계이다. 사회적 약속에 의한 단어 결합은 문법적인 문제가 아니라, 일종의 습관상의 문제이다. 비록 문법도 일종의 습관이지만 그것은 유추적 사용이 가능한 반면, 사회적 약속에 의한 결합관계는 유추할 수 없다. 또 어떤 학자들은 더 넓은 각도에서 단어 결합의 성질 문제를 연구하였다. 王希杰(1995)는 결합은 단지 언어적인 문제에 국한되는 것이 아니라 의사소통 상황, 사회문화, 민족심리와 개인심리와 같은 많은 비언어적인 요소와도 관련이 있다고 하였다. 李葆嘉(2003)는 단어 결합은 우선 인지적 논리에 기초한 의미 관련 원칙에도 맞아야 하고, 동시에 기타요소의 영향도 받는다고 여겼다. 간단히 요약하면, 단어 결합관계에는 인지논리성, 문맥의 상황성, 관습적 사용성, 개인적 창의성의 네 가지의 기본 원칙이 있다. 邢公畹(1980:84)은 단어 결합의 통계적인 성질의 문제를 제시하였다. 그는 '과학형 언어와 예술형 언어로 구분하고, 과학형 언어를 문법 연구의 대상으로 한다. 그 실제 내용은 다음의 작업을 위하여 기초를 다지는 것이다. 단락에서 각 실사구들이 생산해낼 수 있는 '연상검색'을 일정한 범위내로 제한하여, 그 중의 통계적인 성질을 발견할 수 있게 하기 위함이다'라고 하였다. 여기서 통계적 성질이라 함은 단어 결합관계의 확률적 속성을 말한다. 즉, 단어 결합관계에 대한 연구를 일정한 범위 내로 제한하여 양적 연구를 진행함으로써 단어 결합관계의 양적 특징을 제시하는 것이다.

(2) 단어 결합관계의 분류 문제

단어 결합관계의 분류 문제에 관한 연구는 많지 않다. 그러나 대부분의 연구에서 결합의 성질을 얘기할 때 결합의 유형 문제를 다루고 있다. 그 중 张志毅·张庆云(2005)과 冯奇(2006) 두 학자의 관점이 비교적 참신하다. 먼저 张志毅·张庆云(2005) 등은 결합 빈도에 따라 일반적인 유형의 결합을 중심류 결합, 주변류 결합, 중간류 결합으로 나누었다. 이렇게 언어의 사용빈도를 기준으로 단어의 결합 유형을 나눈 그의 분류 방법은 기존 연구와 차별성이 있다. 冯奇(2006)는 『核心句的词语搭配研究』에서 단어 결합의 성질과 분류에 대하여 다음과 같은 견해를 제시하였다. 그에 따르면 단어 결합은 공시적인 것과 통시적인 것으로 나뉜다. 한 언어 체계 안에 존재하는 결합3)에는 자유결합, 반자유결합, 고정결합이 있다. 冯奇는 각각의 결합 유형에 정의를 내리고 결합의 실례도 제시하였다. 결합의 실례는 중국어와 영어이고, 분류는 주로

---

3) 冯奇(2006)가 제시한 세 가지 결합관계 유형에 대한 정의는 다음과 같다. ① 자유결합: x+y가 자유결합이면 전체적인 결합 의미가 吃饭, 玩篮球 처럼 x와 y의 단일 의미항목의 총합(x+y, x+y)이다. ② 제약결합: x+y가 제약결합이면 전체적인 결합의미가 x와 y가 결합한 단일 결합항목의 총합(x+y, x+y)이지만, 吃官司처럼 단어 의미 범위의 제약을 받는다. ③ 고정결합: x+y가 고정결합이면 吃醋, 点燃激情 처럼 전체적인 결합의미가 x에도 속하지 않고 또 y에도 속하지 않는 새로운 의미 z가 생긴다.

이론을 통해 연역적으로 이루어졌다. 상술한 분석을 바탕으로 학자들이 단어 결합의 성질 문제에 주목하기 시작했다는 것을 알 수 있다. 그리고 그것은 문법, 의미, 관습적 사용이라는 세 가지 주요 요인에서 살펴볼 수 있다. 단어 결합관계의 성질과 유형에 대한 이런 논의들은 이에 대한 연구를 이론적으로 한층 발전시켰으며 그 중요한 의의는 다음 세 가지 측면으로 나타난다.

① 단어 결합관계 연구는 다른 언어 현상 연구를 위한 방법과 시각이 될 수 있을 뿐만 아니라 그 자체로도 연구의 중요한 내용이 되기 시작하였다.

② 단어 결합관계 연구는 기존의 언어 내부적인 요인을 중시하던 것을 넘어, 그 전형성과 사용에 있어서의 빈도 문제를 제시하는 등 언어 사용적인 측면에 대해 관심을 가지기 시작하였다.

③ 현대 중국어의 단어 결합관계 연구는 내용면에서 점차 서양의 연구 경향을 접목시키는 추세이다.

4) 결합관계에 대한 다각적 연구

최근 들어 연구자들은 많은 새로운 이론들을 활용하여 결합관계 현상을 연구하였는데, 그 관점과 방향이 매우 참신하고 다양하다. 인지 이론, 음률 이론과 자본위 이론(sinogram-based theory) 등을 활용한 단어 결합관계에 대한 연구 성과들이 출현하기 시작하였다.

(1) 인지 이론적인 해석

张国宪(1989a, 1989b, 1989c, 1997), 王灿龙(2002), 齐泸扬(2004), 李晋霞(2008), 张颂(2007), 税莲(2007) 등의 연구자들은 모두 정도는 다르지만 언어의 외부적인 요인을 이용하여 단어 결합관계를 연구하였다. 张

国宪(1997)의 『'V双 + N双' 短语的理解因素』에서는 원형 이론(Prototype Theory)을 이용하여 이음절동사+이음절명사의 구조를 심도 있게 연구하여 다음의 세 가지를 제시하였다. 첫째는 명사의 유정성(animacy), 지시-한정성, 통제성, 의미역할이고, 둘째는 동사의 타동성, 동작성 정도, 의미제약이며, 셋째는 구조적 운율에 따른 문법적 강세와 음절이다. 그의 연구는 다양한 이론을 활용하여 종합적인 경향을 띄고 있다. 张颂(2007)의 『汉语动名述宾组配的选择机制及其认知基础』는 인지 이론에 근거하여 동사와 명사를 기본 단어, 하위 단어, 상위 단어로 나누고, 이를 기초로 하여 V+N 결합관계의 우선 선택 관계를 제시하고 그 결합 원리를 설명하였다. 王灿龙(2002)은 인지 의미론적 시각에서 동목구조와 수식구조에 나타나는 1·2음절 단어의 선택 문제에 대해 중점적으로 논의하였다. 그에 따르면 '인접성 원리'와 '유사성 원리'가 동목구조의 문법적 적법성을 결정하며, 통사적 결합을 판단하는 가장 결정적인 요인은 인지적 의미라고 하였다. 한편, 李晋霞(2008)는 전형성, 유정성, 구체성 등과 관련된 인지문법 이론들을 활용하고, 동시에 운율구조와 결합가 이론 등 다양한 관점으로 결합관계를 분석하였다. 그는 한정어-핵심어 관계에 있는 V双 + N双 결합관계의 특징을 논의하면서 동목관계에 있는 V双 + N双을 참조하여 인지 이론을 통해 V双 + N双 결합관계의 동형이구조 현상을 설명하였다. 이것은 중국어의 단어 결합관계 구조를 설명하는 인지적 모형을 제공하였다. 그리고 税莲(2007)은 『现代汉语词语搭配原理与动宾搭配研究』에서 주로 담화문맥과 은유 두 가지 측면에서 동목 결합관계를 분석하였다. 이 논문에서는 인지이론을 토대로 현대 중국어의 단어 결합관계의 원리를 해석하였으며, 동목 결합관계가 만들어지는 원인과 방식을 분석하였다.[4]

(2) 운율 연구

冯胜利(1998), 端木三(1999), Lu Bingfu 등(1991), 王洪君(2001) 등과 같은 많은 연구자들이 단어 결합관계에 존재하는 운율 문제를 연구하였다. 그 중 Lu Bingfu 등(1991)은 'Nonhead length Rule(비핵 구조의 길이 제약 규칙)'을 제시하였다. 이 규칙은 핵-비핵 혹은 비핵-핵구조의 통사관계에서 핵 성분의 길이는 비핵 성분을 초과할 수 없다는 것이다. 이에 따르면 동목구조의 목적어는 비핵성분이므로 목적어가 동사의 길이보다 긴 경향이 있다. 그러므로 삼음절 형식의 동목구조에서 '1+2' 음절 형식이 '2+1'의 음절 형식보다 선호된다. 한편, 端木三(1999)은 강세이론을 이용하여 수식구조와 동목구조의 음절 결합문제를 분석하였다. 이에 따르면 단어 이상의 강세는 통사관계로 결정된다. 하나의 중심성분과 하나의 보조성분이 결합한 구조에서 보조성분이 중심성분보다 무겁다. 이것이 '보조 성분에 무게가 실리는 원칙(辅重论)'이다. 동목구조에서 핵심어는 동사이고 목적어는 보조어이므로 목적어는 동사보다 무겁다. '2+2'는 허용 가능하나, '2+1'의 구조는 동사가 목적어보다

---

4) 税莲(2007)은 동목구 결합의 유연성 정도에 따라 그것을 자유구와 고정구로 분류하였다. 이를 바탕으로 자유구를 기본 의미에 기초한 자유구와 파생의미에 기초한 자유구로 세분하였다. 전자에 대한 분석은 담화문맥 이론을 이용하였는데, 단어가 사용된 문맥에 대한 분석을 통해 해당 단어들과 인지적 의존성을 형성하는 사물이나 동작을 판단하여 그 단어들의 의미 관계망(semantic network)을 구성하였다. 후자는 주로 은유가 단어 의미가 파생되는 과정에서 일으키는 작용을 분석하였다. 사물이나 동작의 유사성을 분석함으로써 단어 간에 이루어지는 의미적 투사(projection)의 가능성을 판단할 수 있다. 이렇게 은유라는 방식을 빌어 단어 의미의 전이를 설명하였다. 한편, 고정구는 주로 은유와 사회적 관습 등을 통해 분석하였다. 이런 구들은 역사나 문화적인 전고(典故)에서 비롯된 것으로 그 연원이 오래되어 역사 변천 과정에서 의미가 대부분 전이되었다. 심지어 일부는 원래 의미를 완전히 소실하여서 그 단어 내부의 결합관계는 의미적 파생과 투사의 결과물로 볼 수밖에 없다.

무거워서 이 원칙을 위반한다. 그리고, 冯胜利(1998)는 일반강세규칙으로 동목구조에서 동사와 명사의 음절 결합문제를 분석하였다. 일반강세는 하나의 문장이 별도의 특수한 문맥이 없는 상황에서 표현된 강세구조를 가리킨다. '1+1'과 '1+2' 형식의 동목구조는 모두 일반강세규칙에 부합하므로 허용 가능하지만, '2+1'형식의 동목구조는 동사가 무겁고 명사가 가벼운 강세 형식이므로 허용되지 않는다.

(3) '字'결합 이론과 단어 결합

徐通锵(2001)은 '字组'의 개념을 이용하였는데 이것은 한자의 결합을 가리킨다. '字'의 위치에 따라 의미가 결정되는 상호관계에 근거하여 '字组'의 구조를 고찰하는 것을 '组字法'라 한다. 이는 원래 개념을 표현하는 '字'를 결합함으로써 원래의 개념과 상관있는 새로운 개념을 표현하는 방법이다. '组字法' 연구는 핵심이 되는 글자(이하 '핵심자'라 한다)의 위치를 참조점으로 삼아 다른 글자와의 결합관계를 고찰하는 것이다. 핵심자가 '字组' 내의 뒤쪽에 위치하여 의미장으로 기능하면 그것과 결합한 그 앞 글자의 제약, 지배 및 수식을 받아서 자체의 추상적이고 모호한 의미가 구체적이고 명확하게 드러난다. 핵심자가 앞에 위치하면 의미소 또는 의미자질로 기능하여 '字组' 내의 뒷 글자의 의미를 제약, 지배, 제어한다. 이를 통해 핵심자는 특정 의미장을 제약 또는 수식하는 기능을 한다. 핵심자가 뒤에 위치한 '字组'는 '구심형자조'라 하고, 핵심자가 앞에 위치한 '字组'는 '원심형자조'라 한다. 본서에서는 '字组'가 단어 및 단어의 결합관계를 포함하는 것으로 간주하며 '字组'의 구조와 의미의 대응규칙이 단어 결합관계에 적용된다고 본다. 王洪君(2005)은 『动物, 身体两义场单字组构两字的结构模式』에서 동물과 신체라는 두 의미장을 대상으로 단일 글자가 두 글자 단어를 구성하는 모형을 고찰하였다. 이를 통해 의미장, 결합한 두 글자 조합의 빈도수, 결합 능력의 등급(H/M/L), [±형태소], [±교착], 의미장 등급(H/M/L), 기타 특징 등 字의 관련정보를 고찰하였다. 王洪君은 한자의 결합에서 구조 규칙과 의미자질은 불가분의 관계에 있다고 지적하였다. 가령, '鸡'와 '猪'는 모두 먹을 수 있는 것이지만 '去超市买只鸡吃吃'이라 말하고, '*去超市买头猪吃吃'이라고 할 수는 없다. 또한 두 글자 조합을 구성하는 방식에도 명확한 차이가 있다. '鸡'는 '烧鸡, 烤鸡, 卤鸡, 腌鸡, 炖鸡' 등 타동사와 결합하여 명사로 기능하는(Vt+N→n) 두 글자 조합을 구성하지만, '猪'는 이 구조의 두 글자 조합을 구성할 수 없다. 이를 통해 '鸡'는 [+食品] 자질을 지니고 있지만, '猪'는 그렇지 않음을 알 수 있다.

'字本位(Sinogram-based theory)'에서의 단어 결합관계 연구는 '组字'의 구조와 '字组'의 의미자질의 대응규칙 문제를 중시하였고, '글자가 단어를 통제한다'라는 가능성과 근거를 구 층위에서 탐구하였다.

5) 말뭉치 언어학적 방법론을 이용한 결합관계 연구

(1) 말뭉치 언어학과 단어 간의 결합관계 연구

컴퓨터 기술의 발전에 따라 대형 말뭉치가 출현하기 시작하였다. 서양의 연구자들은 단어 결합관계 연구에 말뭉치 데이터와 통계 방법을 응용하면서 새로운 연구영역을 개척하였다. 중국의 외국어 교사들과 자연 언어 처리 종사자들은 일찍이 서양의 결합 개념과 연구 방법의 변화를 접하고 그와 관련된 서양의 이론을 중국에 소개하였다. 중국에서는 1990년대부터 10여 년 동안 서양의 단어 결합관계 개념과 연구방법을 소개하는 논문들이 쏟아져 나왔다. 孙茂松 등(1997), 孙健 등(2002), 卫乃兴(2002a, 2002b, 2003), 邓耀臣(2003) 등의 학자들은 말뭉치 언어학적 방법론을 활용한 서양의 단어 결합관계 연구 상황을 소개하고 동시에 이 방법을 중국어 단어 결합관계 연구에 적용하기 시작하였다. 孙茂松 등(1997)은 『汉语搭配定量分析初探』에서 외국의 언어학과 말뭉치 언어학의 단어 결합관계 연구 성과를 참고하여 '통계적 검증력(statistical power)', '산포도(dispersion)', '첨도(kurtosis)'의 세 가지 통계값를 포함하는 결합 정량 평가체계를 제시하고 이에 상응하는 결합관계 판단 계산법을 제작하였다. 그리고 이 계산법을 이용하여 新华社 뉴스 말뭉치 710만 단어 중 '能力' 라는 단어가 구성할 수 있는 단어 결합관계를 분석하였다. 실험 결과 '能力'의 결합관계를 자동적으로 추출한 이 계산법의 정확도는 약 33.94%였다. 이 연구는 중국어 단어 결합관계 연구의 새로운 길을 개척하였다. 한편 邓耀臣(2003)은 단어 결합관계 연구에서 자주 사용되는 세 가지 통계방법을 중점적으로 소개하였다. 특히 단어 결합관계 연구에서 자주 보이는 MI값(Mutual Information)과 T값을 자세히 소개하고 아울러 각 방법의 장단점을 소개하였다. 仝昌勤(2005)은 결합관계의 정의와 이를 응용한 자연 언어 처리 방법을 소개하였다. 현재 널리 사용되고 있는 통계모형에 기초한 단어 결합관계 자동 추출 방법을 중점적으로 분석하고, 결합관계의 통계적 검증력을 가늠하는 여섯 가지 통계지표를 상세하게 비교하였다. 卫乃兴(2002b)은 말뭉치에 기초한 단어 결합관계 연구의 기본 방법과 주요 원칙을 소개하고 논의하였다. 기본 연구 방법은 '말뭉치 기반 접근법(Corpus-based)'과 '말뭉치 주도 접근법(Corpus-driven)'으로 나눌 수 있다. '말뭉치 기반 접근법'은 말뭉치 용례를 기본 근거로 하여 전통적인 통사 틀에서 어휘항목들의 결합관계에 대하여 검토하고 개괄하는 것이다. '말뭉치 주도 접근법'은 통사 구조를 기본 틀로 삼지 않는다. 일련의 개념체계, 절차와 순서를 설계하고 활용하여 단어 결합관계를 추출하고 아울러 통계적 측정방식을 통하여 단어 결합관계의 모형을 연구하거나 기술적인 방법을 통해 단어군(word cluster)을 추출하고 계산하는 것이다. 卫乃兴(2003)은 서양의 여러 가지 단어 결합관계 연구 체계와 각 연구 체계의 특징과 차이점을 상세히 소개하고 결합관계 개념의 변천사와 연구 방법의 발전사를 개괄하였다.

(2) 언어 교수를 위한 영어 결합관계 연구

단어 결합관계에 대한 서양의 이론이 중국에 소개된 이후에 영어와 중국어 단어 결합관계 연구에서 많은 성과가 있었다. 연구 내용면에서 보면 영어 연구의 대부분은 외국어 교수에 집중되어 있고, 중국의 말뭉치 언어학 연구 또한 처음부터 외국어 교육과 밀접하게 결합되어 있다. 영어 중간언어 말뭉치도 지속적으로 구축되고 있어 단어 결합관계 연구에 토대를 마련해 주었다.

李文中 등(2004)은 단어 결합관계 연구를 전체적이고 객관적으로 정리하였다. 2003년 상해 말뭉치 언어학 국제회의에서 발표된 논문을 살펴보면 중국 학습자 말뭉치(CLEC)에 기초한 중간언어 연구가 가장 많아 대략 49%를 차지하였다. 이 연구들은 대부분 중간언어 대조분석(Contrastive Interlanguage Analysis) 방법을 채용하여 학습자 말뭉치와 영어 모국어화자 말뭉치를 대조분석한 것이다. 그 목적은 중국인 영어학습자의 문법, 어휘, 결합 등에서의 중간언어 특징을 기술하기 위한 것이다. 두 번째로 많은 연구 내용은 영어와 그 교수 연구로서 약 21%를 차지하였다. 다음으로 병렬말뭉치에 기초한 언어 연구는 8.2%를 차지하였다. 병렬말뭉치 연구는 최근 들어 말뭉치 언어학 발전의 새로운 추세이다. 눈여겨보아야 할 점은 많은 연구자들이 단어 결합관계 혹은 의미 처리의 모듈화가 언어 학습에서 지니는 의의에 주목한다는 것이다. 예를 들면, 濮建忠(2003)의 '덩어리말(chunk)', 李文中(2004)의 '단어군(word cluster)', 卫乃兴(2003)의 '결합관계(collocation)' 등의 연구들은 여러 단어로 이루어지고 반복적으로 출현하는 구성들이 뚜렷한 특징을 지니고 있기 때문에 교육면에서 볼 때 독립된 한 단어보다 중시되고 연구될 가치가 있다고 하였다. 陆军(2006)은 말뭉치와 통계 소프트웨어를 이용하여 대학영어의 초급반, 고급반 작문에서 나타나는 단어 결합관계 빈도와 작문 수준을 분석하였다. 이 연구는 영어학습자 단어 결합 사용능력과 작문 실력 사이의 관계를 설명하고 있다. 연구 결과는 다음과 같다. 첫째, 작문 수준은 단어 결합관계 사용비율과 정확히 정비례한다. 둘째, 초급반, 고급반 작문의 단어 결합 사용빈도는 현저한 차이를 보인다. 셋째, 초급반, 고급반 학생은 단어 결합의 분포 모형 즉, 결합유형, 결합오류, 결합단어의 활용에서 많은 차이가 있다. 넷째, 기존의 단어 결합관계 연구 결과는 고급반 학생들의 상황을 잘 대변하지 못하고 있다. 邓耀臣(2005)은 연구를 통해 중국인 영어학습자가 허화된 동사의 결합관계를 과도하게 사용하고 기타 다른 동사의 사용을 회피하려는 경향이 뚜렷하다고 하였다. 그에 따르면 중국인 영어 학습자가 능숙하게 사용하는 단어 결합관계의 유형은 상당히 제한적이며 결합관계의 오류도 비교적 많았다. 崇兴甲(2006)는 상용동사 'take'를 예로 들어 중국인 영어학습자의 영어 작문에서 보이는 동사와 명사 결합의 전형적인 특징을 분석하였다. 그 결과에 따르면 동사와 명사의 결합은 전체 수량 면에서 비교해 볼 때 중국 대학생과 영어 모국어화자 사이에 현저한 차이는 나지 않았다. 그러나 중국대학생은 결합 강도와 식별력에 있어 모국어화자와 비교적 큰 차이를 보였다. 이는 모어인 중국어의 영향을 받았을 뿐만 아니라 학습자가 배우고자 하는 목표어의 사용규칙을 완전히 파악하지 못했기 때문이다. 때문에 대학영어의 단어 교육에서 단어의 상용 결합관계를 익히는데 중점을 두어야 한다. 결론적으로, 영어 단어 결합관계 교육 연구에서 영어학습자 말뭉치의 개발과 공개적인 사용에 따라 학습자 말뭉치의 연구성과도 많이 나타나기 시작하였고, 언어 교수를 위한 결합관계 연구도 새로운 단계에 접어들기 시작하였다.

(3) 중국어 단어 결합관계의 자연 언어 처리 연구

서양 말뭉치 언어학 연구방법의 영향을 받아 통계를 활용한 단어 결합관계 연구도 관심을 받기 시작하였고, 근래에는 중국어 단어 결합에 대한 자연 언어 처리의 연구성과도 매우 많아졌다. 이는 다음의 두 가지 내용을 포함하고 있다.

① 단어 결합관계에 대한 컴퓨터의 자동식별 연구

단어 결합관계에 대한 자동식별 연구는 주로 동사-명사 결합관계와 형용사-명사 결합관계의 구별에 집중되어 있다. 詹卫东(1999), 高建忠(2001), 王霞(2005), 程月 등(2007), 贾晓东(2008), 程月(2008) 등이 중국어 단어 결합관계 자동식별 연구를 하였다. 王霞(2005)는 결합관계 성질에 대한 분석을 바탕으로 통계에 기초한 동목 결합관계의 자동식별 계산법을 제시하였다. 수동 태깅한 50만개 단어의 학습 말뭉치를 통하여 데이터를 얻고, 획득한 데이터를 자동식별에 이용하였다. 폐쇄 측정과 개방 측정의 정확도는 각각 94.7%와 81.2%로, 그 실험결과는 학습 말뭉치에서 획득한 데이터가 자동식별에 비교적 유효하게 이용될 수 있음을 보여주었다. 程月(2008)는 동목 결합관계 연구에서 정밀하게 태깅한 TCT973(清华汉语树库语料)의 언어 자료를 기반으로 하여 동목 결합관계에 대한 다각적인 고찰 및 자동추출과 식별 작업을 진행하였고, 程月 등(2007)은 『同义词词林』의 의미류 정보를 기초로 하여, 동목 결합구를 고찰하고 실험하였다[5].

이상의 연구들은 기본적으로 동일한 통계방법을 사용하였으며, 단어 결합관계에서 자동추출에 사용되는 통계적인 기술은 이미 성숙한 단계에 이르렀다. 언어자료에서 단어 결합관계가 출현하는 빈도는 통계적 측면에서 매우 중요하기 때문에 많은 연구자들이 단어 결합관계의 출현 빈도를 고찰하였다. 단어 결합관계의 식별에서는 대부분『同义词词林』을 근거로 하여 의미 귀납문제를 다루었다.

② 말뭉치 기반의 단어 결합관계 연구

吴云芳 등(2005)과 王惠(2004)는 말뭉치에 기반하여 단어 결합관계의 의미제약, 문법기능, 결합 능력에 대하여 고찰하였다. 吴云芳 등(2005)은 말뭉치에서 동사가 목적어 명사에 미치는 의미적 제약을 세밀하게 고찰하였다. 하우넷(HowNet)의 개념 분류체계를 근거로 명사 목적어를 가질 수 있는 고빈도 동사 46개를 분석하여 동사가 결합할 수 있는 목적어 명사의 의미류를 정리하였다. 또한 동사의 목적어 의미에 대한 제약 상황에 근거하여 동사의 결합 능력을 5개의 유형으로 분류하였다. 이 연구의 목적은 자연 언어 처리와 단어 의미의 중의성(WSD)을 해소하는데 있고, 연구의 중심내용은 동사가 목적어에 미치는 의미적 제약 능력을 기술하는 것이다. 연구결과는 동목(V+N)의 결합관계 연구에 가치 있는 근거자료를 제공하였다.

말뭉치 언어학적 접근법은 말뭉치 데이터와 통계를 결합한 것으로 이 접근법의 응용은 단어 결합관계 연구에 새로운 시각을 제공하였다.

---

5) 이 연구는 100만자 규모의 TCT973(『清华汉语树库』)에서 두 가지 유형의 동목결합관계 단어쌍을 추출하였는데 토큰은 총 50611(tokens)개였다. 고빈도 이음절 동사가 가지는 목적어의 의미류 분포 상황을 고찰하였고 아울러 의미류에 기반하여 TCT973에 있는 동사에 대해 동목구 식별 실험을 실시하였으며, '发展'을 예로 들어 의미류 정보의 장단점을 논의하였다.

이로써 단어 결합관계를 체계적으로 기술하고 실제의 언어 환경에서 단어 결합관계의 분포 특징을 밝혀 그 규칙을 종합해낼 수 있게 되었다.

6) 단어 결합관계 연구와 외국어로서의 중국어 교수

1980년대 이후 서양 언어학 이론의 영향으로 기타 응용 영역에서도 단어 결합관계를 연구하기 시작하였다. 张涛康(1986)의 실사 간의 결합관계 연구는 큰 의미가 있어 제2언어로서의 중국어 교육에도 일조하는 바가 있다. 자연언어처리를 연구하는 孙宏林(1998: 129-134)에 따르면 단어 결합관계(collocation)는 언어 결합에서 나타나는 현상으로 하나의 단어가 다른 단어와 결합하는 것이다. 따라서 언어에 존재하는 단어 결합관계 데이터를 대량으로 수집하는 것은 제2언어 학습뿐만 아니라 자연언어처리에서도 매우 중요하다. 20세기 후반에 이르러 연구자들은 단어 결합관계 연구가 외국어로서의 중국어 교수에서 특수한 역할을 담당한다고 주장하였다. 林杏光(1995)은 단어 결합관계 연구에서 이루어져야 할 네 가지 항목을 제시하였다.[6] 그에 따르면 단어 결합관계의 규칙 연구는 단어 결합관계의 유형을 제시하여야 한다. 결합관계의 유형 분류 없이는 체계를 논할 수 없기 때문이다. 단어 결합관계를 연구하

---

6) 林杏光(1995)이 제시한 네 가지 연구항목은 다음과 같다. 첫째, 일반적인 단어 결합관계와 결합관계 사전에 수록되어야 할 단어 결합관계를 구분해야 한다. 예를 들면, '词典'이라는 단어가 결합할 수 있는 수식구조 결합관계에는 好词典, 坏词典, 优秀的词典, 有用的词典, 无用的词典 등과 같은 것이 있고, 또 语文词典, 百科辞典, 双语词典, 单语词典 등과 같은 것이 있다. 이 두 부류 중 후자가 결합관계 사전의 수록 대상으로서 더욱 적합하다. 둘째, 결합관계 사전은 동의어와 동음어의 구분에 대한 정보를 가능한 많이 싣고 있어야 한다. 셋째, 결합관계 사전은 외국어로서의 중국어 학습에서 틀리기 쉬운 결합관계를 부각시켜야 한다. 넷째, 단어 결합관계의 규칙 연구는 단어 결합관계의 유형을 제시하여야 한다. 결합관계의 유형 분류 없이는 체계를 논할 수 없기 때문이다.

는 것은 결합관계의 적법성을 밝히고 올바른 사용법을 알리는 것이므로 매우 중요하다. 더 나아가 이 연구들은 언어교육과도 밀접한 관계가 있기 때문에 더욱 그 가치가 있다.

여러 연구자들이 제2언어교육에 있어 단어 결합관계의 중요성은 인식하고 있지만 지금까지의 연구 성과로는 여전히 만족스럽지 못한 실정이다. 본서에서는 단어 결합관계에 대한 최근의 연구 성과를 명확히 이해하기 위해서 '词语搭配(단어 결합관계)'를 표제어로 CNKI(中国知网)에 있는 네 개의 데이터베이스를 검색하였다. 논문의 발표시기는 2004년 1월에서 2009년 9월까지로 제한한 결과 검색된 논문은 총 551편이었다. 네 개의 데이터베이스와 검색해 낸 연구 성과의 수량은 다음과 같다.

中国期刊全文数据库(중국정기학술간행물 전문데이터) (416편)
中国博士学位论文全文数据库(중국박사학위논문 전문데이터) (9부)
中国优秀硕士学位全文数据库(중국우수학사학위논문 전문데이터) (106부)
中国重要会议论文全文数据库(중국중요회의논문 전문데이터) (20편)

논문제목과 내용초록을 근거로 교육과 관련된 단어 결합관계 연구논문을 선별하여 중국어의 단어 결합관계와 외국어의 단어 결합관계 연구 성과를 분류하였다. 상세한 내용은 다음과 같다.

표 2.1 교육 관련 논문(2004.1-2009.9)

	중국어	외국어
학술논문	14	26
박사학위논문	3	1
석사학위논문	5	12
회의논문	2	0
합계	24	39

통계 데이터에 의하면 교육과 관련된 중국어 단어 결합관계 연구논문은 많은 편은 아니어서 총 24편으로 년 평균 약 4.4편이며 기타 외국어 연구논문 대비 0.56:1로 나타났다. 즉 중국어 단어 결합관계 연구논문의 수량은 기타 외국어 연구 성과 수량과 비교할 때 40% 이상 차이 난다. 교육 관련 중국어 단어 결합관계 연구 성과는 내용상 세 종류로 나눌 수 있다. 첫째, 단어 결합관계의 교수 연구, 둘째, 외국인 학습자를 위한 단어 결합관계 사전의 편찬연구를 포함하는 단어 결합관계 교수와 습득에 관한 종합적 연구, 셋째, 단어 결합관계 습득연구이다. 이 세 가지 연구 중에서 첫번째인 교수관련 단어 결합관계 연구 성과가 가장 많고, 세번째 습득 관련 연구성과가 가장 적다. 많은 연구들이 학습자의 습득 상황을 언급하고는 있지만 대부분 예를 나열하는 것에 불과하다. 대표적인 연구 성과는 앞의 두 경우에 집중되어 있다.

李晓琪(2004)는 비교적 이른 시기부터 단어 결합관계가 외국어로서의 중국어 교수에 미치는 영향에 주목하였다. 그는 제2언어 문법 교육에 단어 결합관계를 도입하면 학습자에게 직관적이고 과학적인 언어 결합관계의 기반을 제공할 수 있고 교수와 학습 두 가지 측면에서 어휘항목의 의미자질과 단어 결합관계의 특징을 빠르고 정확하게 파악할 수 있게 함으로써 교수와 학습의 효과를 향상시킨다고 주장하였다. 특히 중고급 단계에서 단어 결합관계의 학습을 강화하는 것은 더욱 중요하다. 齐春红(2005)은 서양의 단어 결합관계에 관한 이론들과 분류방법을 소개하였다. 또 제한된 결합관계의 일반적인 결합, 수사적인 결합, 전문적인 결합, 관례화된 결합의 네 가지 유형을 중점적으로 소개하면서 각 유형의 중국어 실례를 들었다. 그리고 유형별 특징에 따라 네 가지 유형의 교수전략을 제시하였다. 이 논문은 서양 이론의 소개에 치중하여 서양의 단어 결합관계 연구이론과 외국어로서의 중국어 교수를 결합함으로써 후속 연구에 일정한 기여를 하였다. 그러나 중국어 단어 결합관계 연구 자체에 대한 기술과 분석 및 학습자 습득 상황에 대한 분석은 결여되어 있다. 周新玲(2007)은 齐春红의 결합의 개념과 다르게 넓은 의미에서 단어 결합관계의 각종 형식들을 논의하였다. 외국어로서의 중국어 교수의 관점에서 단어 결합관계의 이론에 근거하여 단어결합을 자유결합, 반고정결합, 고정결합 및 이합사 네 종류로 나누었다. 자유 결합은 '神圣的土地, 领导关怀, 珍惜机会, 赶上去, 爬起来, 走进去' 등과 같이 단어와 단어가 자유롭게 결합하는 것으로 관습적 결합관계, 양사 의 결합관계, 각종 보어의 결합관계를 말한다. 반고정결합은 '从……来 看, 以……方式, 越……越……, ……来……去, ……就……在, 非…… 不可' 등과 같이 전치사구조, 고정형식, 일부 연결어를 포함한다. 고정결 합은 성어, 속어, 관용어 등의 숙어를 가리키며 이에 대한 교수전략을 제시하였다. 周新玲의 연구는 단어 결합관계의 범위가 매우 넓어 다양 한 결합관계, 문법구조, 전치사구조, 성어, 이합사 등을 모두 포함하고 있다. 그의 단어 결합관계에 대한 개념은 비교적 광범위하고 연구에서 다루는 문제도 복잡한 편이다. 魏红(2008)[7]은 설문지를 이용하여 유학 생의 각종 목적어 파악실태를 조사하였다. 그 결과에 따르면 가장 잘 파악하는 것은 동족목적어이고, 가장 어려워하는 것은 도구 목적어인 것으로 나타났다. 이러한 조사결과에 근거하여 그는 유학생이 동목 결

---

7) 魏红의 조사 자료는 167개의 상용동사가 결합한 여러 가지 유형의 동목구조이 다. 결론은 유학생은 동족목적어를 가장 잘 습득하였다. 상용동사가 동족목적어 를 지니는 경우는 '唱', '吹', '打', '走', '关', '谈' 6개 동사 뿐이었다. 동족목적어를 포함하는 구는 순서대로 '唱歌', '吹气', '打架', '走路', '关张', '谈话'이다. 동족목적어 다음으로 정확도가 높은 것은 대상목적어로 67%에 달한다. 그 다음은 객체목적 어와 장소목적어이다. 상용동사가 도구목적어를 지니는 경우의 정확도가 가장 낮았으며 그 다음은 방식, 기타류, 원인목적어 순이다.

합관계를 학습할 때 목표어의 동사와 목적어의 '단어의미'에 대한 이해 뿐만 아니라 그것들에 의해 구성되는 동목 구조의 '문법의미'를 이해하여야만 '挤电影票'와 같은 동목 결합관계를 알 수 있다고 하였다. 周建(2005)은 단어 결합관계를 중국어의 '덩어리말(chunk)'의 하위개념으로 두었고[8], 단어 결합관계를 중국어 덩어리말(chunk)의 주요 구성 성분으로 보아 외국어로서의 중국어 교수에 있어 그것의 중요성을 강조하였다. 언어 사용자는 기억체계에 대규모로 저장된 덩어리말을 더 많이 사용하는 경향이 있는데, 특히 고정표현은 대부분 다른 사람이나 자기가 이전에 사용했던 것으로 창조적인 것은 아니라고 하였다.

결론적으로, 언어교육과 관련 있는 단어 결합관계 연구는 다음과 같은 특징을 지닌다.

(1) 단어 결합관계에 대한 개념이 연구 성과마다 차이를 보인다. 이것은 연구자의 단어 결합관계에 대한 이해에 차이가 있어 공통적인 인식이 결여되어 있다는 것을 반영한다.

(2) 연구자들은 다각적으로 단어 결합관계 교수의 중요성을 강조하였고 중국어 교육에서 단어 결합관계의 교수 원칙과 방법을 논의하

---

8) 周建은 중국어와 중국어교육의 실제를 결합하여, 중국어의 덩어리말을 대략 세 가지로 나누었다. 첫째, 단어들이 결합한 덩어리말이다. 예를 들면, '医院下了病危通知, 老王肾功能已经……' 다음에 이어질 말은 대부분 '衰竭'이므로 '功能-衰竭'의 결합은 하나의 덩어리말로 볼 수 있다. 이런류의 상용결합관계는 매우 많다. 예를 들면, '手下-留情', '争取-主动', '采取-措施(方式, 步骤)', '引起(产生)-强烈的共鸣', '挑战与机遇-并存', '尽了-最大的努力', '受到-挫折(打击)', '巨大的-压力(动力)' 등을 들 수 있다. 둘째, 관용구로 관용어, 숙어 등을 포함하며 고정형식과 반고정형식이 있다. 특히 평소에 자주 사용하지만 사전에서는 찾기 힘든 구와 짧은 문장 형식을 모두 포함한다. 예를 들면, '撒腿就跑', '没完没了', '吓我一大跳', '可不是吗', '千不该万不该', '老的老, 小的小', '公事公办', '排球篮球什么的', '说着玩的', '老大不高兴', '桥归桥, 路归路', '墙里开花墙外香', '话又说回来' 등등이 있다. 셋째, 문장 내 연결 성분 등의 고정구조이다.

기 시작하였다.

(3) 단어 결합관계의 유형 연구를 중시하였다. 周新玲, 齐春红, 魏红의 연구는 모두 단어 결합관계의 분류 문제를 언급하면서 단어 결합 관계의 유형과 교수방법을 연계하였다. 이들은 결합관계 유형에 따라 다양한 교수방법을 채택하여야 하고 동시에 덩어리말과 단 어 결합관계를 연결시켜야 한다고 주장하였다.

(4) 학습자의 단어 결합관계 습득 상황이 주목받기 시작하였다. 周新 玲과 魏红은 설문 조사를 통해 학습자의 단어 결합관계 습득 상황 을 고찰하고 분석하였다.

2. 외국의 단어 결합관계 연구

1) 단어 결합관계의 개념과 유형

(1) 단어 결합관계의 개념

단어 결합관계 연구는 서양의 어휘연구에서 지속적으로 연구되어 왔으며 결합관계(collocation)라는 개념을 처음으로 제시한 사람은 Firth (1957)이다. 이후 많은 연구자들이 다양한 각도에서 단어 결합관계에 대한 개념에 정의를 내렸다. 지금까지 제시된 단어 결합관계의 개념은 단어, 의미, 구조, 심리적 층위에서의 정의 네 가지로 나눌 수 있다.

단어 층위에서의 정의는 단어가 공기하는 확률에 기초를 둔다. 이 관점의 대표적 인물은 신Firth학파의 주요인물인 Halliday와 Sinclair 등 이 있다. 그들은 Firth의 많은 관점에 체계적인 설명을 하여 단어 결합관 계의 개념을 발전시켰다. 그들은 단어 결합을 단어의 단선적 공기(线性 共现)현상으로 보았는데 이것이 단어 결합관계를 정의하는 가장 중요한 기준이다. 단어 결합관계는 어휘항목의 개별적 결합 행위의 경향성을 반영하며 이런 경향성은 단지 확률적인 것이어서 통계적인 방법으로 단어 결합관계의 확률을 측정하여야 한다. 사실상 모든 결합관계가 가능하고 가능성의 정도의 차이만 존재할 뿐이다(Sinclair, 1966).

의미론 층위에서 단어 결합관계를 정의하는 것은 주로 의미론자들의 연구에 반영되어 있다. 의미론자들은 결합관계를 연구할 때 의미성분은 하나의 어휘항목이 다른 어휘항목을 선택하여 수용 가능한 결합관계를 이루게 하는 기초라고 주장한다. 이에 따르면 의미 선택 제약규칙을 어기면 잘못된 단어 결합을 만들 수 있다. 단어 결합은 어휘항목들 사이에서 선택 제약규칙이 작용한 결과이고 의미 결합의 구체적인 실현이라고 보았다. Cruse(1989)는 단어의 결합관계를 선택적 제약(selectional restrictions)과 결합관계적 제약(collocational restrictions) 두 가지로 나누었다. 선택적 제약은 논리적으로 필수적인 의미제약 조건이고, 결합관계적 제약은 논리적으로 필수적인 공기 조건이 아닌 자의적인 제약 조건이다. 결합관계적 제약은 체계적인 것(systematic), 준체계적인 것(semi-systematic), 독특한 것(idiosyncratic)으로 나뉜다. 선택적 제약과 결합관계적 제약을 구분해 낸 것은 의미론자들이 선택 제약 규칙이 해석에 있어 한계가 있다는 것을 인식한 결과이다. 단어 결합관계는 의미론적인 문제일 뿐만 아니라 언어 소통의 다양한 층위에서 드러나는 복잡한 요소을 포함하고 있다.

미국의 구조주의 언어학자인 Benson et al.(1985)은 결합관계를 문법적 결합관계와 어휘적 결합관계로 나누었다. 문법적 결합관계는 동사, 명사, 형용사와 같이 지배적 지위에 있는 어휘항목 하나가 전치사 같은 기능어 하나와 구성하여 반복적으로 출현하는 결합구조를 가리킨다. 어휘적 결합관계는 V+N 결합관계와 같이 평등한 두 개의 어휘항목들로 구성된 결합이다. Benson은 결합관계 안에서 나타나는 문법 작용을 중시하였고 공기하는 어휘항목이란 일정한 통사적 패턴 안에서 구성 성분들이 공기하는 현상이라 하였다.

어떤 연구자들은 통사, 의미, 단어를 하나의 통합된 체계로 보아 종합적으로 연구해야 한다고 하였다. 단어 결합관계에 대한 종합적인 연구 방법이 학계에 미친 영향은 상당히 크며, Cowie 등이 1975년에 출판한 『Oxford Dictionary of Current Idiomatic English』은 그런 특징을 잘 보여주고 있다. Partington(1998)[9]은 결합관계의 개념을 텍스트적, 통계적, 심리적인 것으로 나누었다. Hoey(2005)는 결합관계는 심리언어학적인 현상이고, 단어 간의 심리적 연결(최대 네 개의 단어)이며, 이것은 단어가 공기하는 확률로 증명될 수 있다고 하였다. 말뭉치에서 이런 단어들이 공기하는 확률이 무작위로 분포하는 공기 확률보다 크다는 것은 단어 결합이 일종의 심성어휘집의 속성을 지니고 있다는 것을 말한다. Hoey(2005)는 Leech의 단어 결합관계에 관한 정의에서 가장 가치 있는 것은 심리적 층위의 함의와 통계적 증거를 함께 거론한 것이라 하였다. 또 그는 결합관계에는 통계적인 현실성과 심리적인 현실성이 모두 존재하며 양자 간에는 모종의 인과관계가 있다고 하였다.

이상의 연구들을 보면 다양한 연구이론과 방법 속에서 결합관계에 대한 개념이 다르지만 종합적으로 보면 이런 연구들은 단어 결합관계의 가장 중요한 세 가지 특징을 드러내고 있다. 첫째, 단어 결합은 자주, 반복적인, 습관적인 단어들의 공기 현상이다. 단어들의 공기 확률은 무작위 분포 확률보다 크다. 둘째, 단어의 결합관계는 문법 규칙의 제약을 받는다. 셋째, 결합관계는 문법적인 제약 외에도 의미선택적 제약과 결합관계적 제약을 받는다. 단어 결합관계는 일정한 문법의 틀 안에서

---

9) Hoey(2005)에서 재인용

단어들이 공기하는 것으로 의미선택 제약 원칙에 부합하는 동시에 결합 관계 제약 원칙에도 부합하여야 한다. 즉, 대부분의 단어 결합관계는 논리적인 근거가 있지만 일부분의 결합관계는 문법, 의미상의 논리적 근거를 찾기 어렵고 그 제약이 자의적이다.

(2) 단어 결합관계 유형

단어 결합관계의 분류 문제는 많은 연구자들이 주목하는 과제이다. Cowie(1981, 1994)에 의하면 결합관계는 단어들이 결합하여 이루어지는 것으로 단어 결합관계는 숙어와 자유결합 사이의 언어 단위라 보았다. 그에 따르면 결합에는 합성적인 결합(composite)과 공식적인 결합(formula)이 있다. 공식적인 결합은 'How are you?'와 같은 화용적 기능을 가지고 있다. 그리고 합성적인 결합이 단어 결합관계를 포함한다. 그는 결합하는 구성 성분이 치환될 수 있는지의 여부와 결합이 글자의 표면적인 의미를 보유하고 있는지의 여부(의미의 투명성 여부) 이 두 가지 기준에 근거하여 결합을 네 가지로 나누었다.

① **자유 결합(free combinations)**: 치환은 특정 의미장에서만 제한적으로 가능하다. 즉 일정한 의미 범위에서 임의적으로 치환할 수 있다. 자유결합의 구성 성분들은 'drink tea(차를 마시다)'와 같이 글자의 표면적인 의미들을 유지하고 있다.

② **제약적 결합관계(restricted collocations)**: 부분적인 치환은 가능하지만 자의적인 치환은 제약이 따른다. 예를 들면, 'perform a task(일을 수행하다)'와 같이 적어도 하나의 성분은 글자의 표면적 의미가 아니고 다른 하나의 성분은 글자의 표면적 의미를 지닌다.

③ **비유적인 관용구(figurative idioms)**: 일반적으로 치환할 수 없다. 예를 들면, 'do a U-turn(유턴하다)'처럼 구 안에 비유적인 의미를

지니지만 글자의 표면적인 의미도 어느 정도 지니고 있다.

④ 숙어(pure idioms): 치환할 수 없고 비유적인 의미만 지닌다. 예를 들면, 'blow the gaff(비밀을 발설하다)'와 같이 글자 표면상으로는 그 뜻이 드러나지 않는다.

Cowie는 이 네 가지의 결합이 명확한 경계가 있는 것이 아니라 단지 정도상의 변화만 있고 실제로는 하나의 연속체를 구성한다고 강조하였다. 그는 자유결합과 결합관계를 각각 개방적인 결합관계와 제약적인 결합관계로 나누었다. 물론 Lyons(2000)[10] 같은 학자의 경우에는 결합관계가 자유 결합과 제약적인 결합을 모두 지칭하기도 했지만 기타 연구자의 분류는 대부분 Cowie의 분류법과 같다. Benson은 결합관계와 숙어 사이에 과도기적 조합(transitional combination) 혹은 과도기적 결합관계(transitional collocation)가 있다고 하였다. 그에 따르면 자유결합과 결합관계를 구별하는 기준은 치환가능성이고 결합관계와 숙어를 구별하는 기준은 의미 투명성이다. Nesselhauf(2003)는 선행 연구 성과들을 종합하여 단어 결합관계의 판단 기준은 결합성분의 치환성 단 하나라고 보았다. 이 기준을 근거로 하여 자유 결합인지 결합관계인지를 판단하였다. 기존의 연구를 종합해 보면 의미 투명성과 결합 성분의 치환성이 단어 결합관계를 분류하는 주요 기준임을 알 수 있다.

2) 단어 결합관계와 언어학습 연구

많은 연구자들이 언어 학습에서 단어 결합관계의 중요성을 강조하였다. Halliday(1976)는 언어 학습에서 발생하는 많은 오류들은 단어 결합관계의 각도에서 해석하여야 한다고 하였다. McCarthy(1984)는 어휘교

---

10) 2000년은 이 책이 중국에서 출판된 해이고, 원서의 출판 시기는 1977년이다.

수에서 어휘항목의 계열관계와 결합관계를 중시하여야 한다고 주장하였다. Sinclair & Renouf(1988)는 COBUILD 프로젝트의 연구 성과에 근거하여 언어 학습에서 어휘에 중점을 두고 단어의 전형적인 결합을 학습해야 한다고 강조하였다.

언어학습과 관계가 비교적 큰 것은 미리 조립된 덩어리말이다(pre-fabrications, pre-fabricated chunks). 미국의 언어학자 Bolinger(1979)는 생성문법학자들이 미리 조립된 덩어리말을 중시하지 않는다고 지적하면서 미리 조립된 덩어리말이 현실에 많이 존재하고 있는 현상을 해석할 방법이 없다고 하였다. 미리 조립된 결합구조는 정형화된 배열(for-mulaic sequences), 덩어리말(chunks), 다단어 단위(multi word units) 등으로 불리기도 한다. 단어 결합관계도 일종의 미리 조립된 단위이다. 이는 숙어처럼 정형화된 표현으로 단지 고정성의 정도가 다를 뿐이다. Nattinger(2000)[11]는 단어 결합관계가 학습하고 기억하는 과정에서 하나의 덩어리로 추출되어 사용되고, 형식과 의미는 일체가 되어 이 모든 것이 동시에 일어난다고 하였다. 기억 저장의 관점에서 보면 형태소는 심성어휘집에 존재할 수도 있고 그렇지 않을 수도 있지만 단어와 단어의 결합은 심성어휘집에 반드시 존재한다고 하였다. Hoey(2005)는 심리학적인 관점에서 단어 결합관계의 학습문제를 연구하였다. 그에 따르면 하나의 단어를 습득할 때 이 단어가 어떤 단어와 결합하는지의 지식을 함께 습득한다고 하였다. 단어 결합관계가 대량으로 입력되어 학습자의 심성어휘집에서 언어적 점화가 유발되어야만 적합한 많은 단어 결합관계를 출력할 수 있다. 언어 학습의 과정은 적절한 어휘 점화(lexical priming)를 향상시키는 과정이다. Frank Boers et al.(2006)은 단어 결합

---

11) 2000년은 이 책이 중국에서 출판된 시간이고, 원판은 1992년에 출판되었다.

관계를 포함하는 다단어 단위(多词单位)를 파악하는 것이 제2언어 학습자들에게 다음과 같은 장점이 있다고 하였다. 첫째, 허용되는 많은 다단어 단위들은 문법적 규칙이나 구성 성분 자질로는 예측할 수 없다. 따라서 자연언어의 관용구적 층위를 습득하는 것은 학습자가 모국어 화자처럼 말할 수 있도록 도와줄 수 있다. 둘째, 다단어 단위들은 미리 조립된 결합구조 또는 덩어리말처럼 기억에서 통째로 끄집어낼 수 있기 때문에 그것들이 실제 상황에 맞추어 유창한 언어적 표현을 용이하게 해 준다. 셋째, 미리 조립된 다단어 단위를 능숙하게 사용하게 되어 안전한 범위 내에서 적절한 표현을 사용할 수 있게 되면 오류의 위험성을 줄일 수 있다.

3) 단어 결합관계 습득 연구

단어 결합관계의 습득 연구는 대부분 영어를 연구 대상으로 진행되었다. Bahns(1993), Howarth(1996, 1998), Nesselhauf(2003) 등은 EFL(영어를 외국어로 하는) 학습자들이 출력하는 서면어를 분석 연구하여 단어 결합관계의 습득상황을 고찰하였다. 관련 연구들은 다음의 세 가지 내용을 포함하고 있다.

(1) 학습자 오류 분석

Bahns et al.(1993)는 EFL 고급 학습자를 대상으로 서면어 번역과 빈칸 채우기 테스트를 실시하여 15개의 V+N 결합관계에 대한 지식을 측정하였다. 이 연구에 따르면 학습자들이 출력한 결합관계는 사용된 어휘의 23%를 차지하며 그 중 48%가 오류인 것으로 나타났다. 단어 결합관계 능력이 일반적인 어휘 지식과 비례하여 발전하는 것은 아니기 때문에 단어 결합관계는 고급 수준의 학습자들에게도 여전히 어려운 문제라

하였다. Nesselhauf(2003)는 제2언어학습자 말뭉치를 이용하여 V+N 결합관계의 습득 난이도를 분석하였다. 15만 단어 규모의 모국어가 독일어인 영어 학습자 말뭉치에서 V+N 결합구조를 추출하였는데 그 결과 결합관계의 오류에서 동사의 오류가 가장 많아 1/3을 차지하는 것으로 나타났다.

(2) 학습자 모어가 단어 결합관계 습득에 미치는 영향

Biskup(1992)은 빈 칸 채우기 테스트를 이용하여 모어가 아랍어인 고급 수준의 학습자 81명을 대상으로 50개의 V+N 결합관계를 측정하였다. 결합관계의 첫 번째 성분을 제시하고 학습자가 나머지 성분을 채우도록 하였다. 연구 결과 학습자의 결합관계에 대한 지식은 전체적인 언어 수준과 모어 영향이 긴밀하게 연관되어 있음을 발견하였다. Cross and Papp(2008)는 말뭉치 데이터를 통하여 모어가 중국어인 학습자와 모어가 독일어와 그리스어인 학습자의 영어 V+N 습득 상황을 대조하였다. 모어가 중국어인 학습자가 비영어적인 결합관계를 더 많이 사용하였고 그들의 결합관계에는 창조성이 부족했다. Granger(1998)는 말뭉치 데이터를 통하여 제1언어가 제2언어의 단어 결합관계 습득에서 중요한 역할을 한다는 것을 발견하였다. 제1언어 영향의 문제에 있어서 몇몇 연구자들은 상반된 의견을 내놓았다. Lesniewska and Witalisz(2007)는 단어 결합관계 습득 면에서 언어 간 전이의 영향이 있는지 조사하였는데 실험 데이터상으로 근거를 찾을 수 없어 제2언어 습득에서 제1언어의 영향은 없다고 하였다.

(3) 중간 언어 말뭉치 데이터와 모국어 말뭉치 데이터의 대조분석

Howarth(1996)는 심화 연구를 진행하였으나 사용한 데이터 규모가

작다. 연구에 사용된 데이터는 모어가 다른 학습자들의 대략 25,000 단어 규모로 구성된 작문 10편이다. 그중에서 V+N 결합관계를 추출하여 모어 화자의 서면어 자료와 비교하였다. 그 결과 학습자가 사용한 결합관계가 모어 화자에 비하여 적었으며, 또한 결합관계의 사용량과 허용 정도는 학생의 전체적인 언어 수준과 관련이 없는 것으로 나타났다. 또 학습자는 모어 화자와 비교하였을 때 특정 결합관계를 과도하게 사용하는 것으로 나타났으며 결합관계에 자의적인 제약이 존재하고 있다는 사실을 의식하지 못하는 것으로 나타났다. 이 연구는 단어 결합관계 습득이 어휘 학습에서 나타나는 기타 다른 문제들보다 더 심각하다는 것을 보여준다. Siyanova & Schmitt(2008)의 연구가 주목하는 바는 제2언어가 출력하는 A+N 결합관계이며 이 논문은 다음 세 가지로 요약될 수 있다. 첫째, 모어가 러시아어인 영어학습자의 작문 32편에서 추출해 낸 1810개의 A+N 결합관계를 연구하였다. 이 결합관계의 절반은 BNC(British National Corpus 영국 국가 말뭉치)에서 고빈도로 출현하고, 1/4은 BNC에서 보이지 않으며, 나머지 1/4은 BNC에서 출현 빈도가 매우 낮다. 둘째, 비모어 화자의 단어 결합관계에 대한 직관은 모어 화자와 비교하면 큰 차이를 보이는 것으로 나타났다. 셋째, 비모어 화자의 단어 결합관계 처리는 모어 화자보다 훨씬 느린 것으로 나타났다.

단어 결합관계 습득 연구에서 말뭉치 데이터에 기반한 연구방법이 점차 주목을 받고 있다. Nesselhauf(2003)처럼 학습자 말뭉치에 기반한 연구도 있지만, Sylviane Granger(1998), Peter Howarth(1998), John Cross and Szilvia(2008), Anna Siyanova & Norbert Schmitt(2008) 처럼 모어 화자 말뭉치데이터와 대조분석한 연구가 더 많다.

3. 기존 연구의 성과와 과제

1) 단어 결합관계 연구의 성과

(1) 단어 결합관계의 성질에 대하여 많은 논의가 있어 왔으며 이에 대해 연구자들마다 각기 다른 관점을 가지고 논의를 진행하였다. 각각의 관점을 종합해 보면 단어 결합관계의 성질은 다음과 같이 정리되어질 수 있다. 단어 결합관계는 일정한 문법의 틀 안에서 단어들이 결합하는 것으로 의미선택 제약에도 부합하는 동시에 관습적 요소도 지니고 있다. 常敬宇(1990), 苏新春(1997), 李葆嘉(2003), 冯奇(2006) 등은 단어 결합관계는 의미적인 성질의 것이라고 하였다. 또 马挺生(1986), 林杏光(1990) 등의 많은 학자들은 단어 결합관계가 의미와 통사의 결합 혹은 의미와 관습적 사용의 결합이라고 하였다. Lyons(2000)와 Cruse(1989)는 단어 결합관계는 의미 제약과 결합관계의 선택적 제약을 포함한다고 보았다. 단어 결합관계에서 의미는 매우 중요한 요소이다. Nesselhauf(2003)는 단어 결합관계는 소수의 예외를 제외하면 대부분 의미론적으로 해석 가능하며 이는 언어의 실제 상황에 부합한다고 보았다.

(2) 단어 결합관계의 유형 분류가 연구자들의 주목을 받았다. 연구자들은 대부분 결합관계의 내부적인 차이점에 주목하고 다양한 분류 기준에 근거하여 단어 결합관계의 유형문제를 논의하였다. 기존의 연구들은 사용, 제약 정도, 관습적 사용의 정도 등을 분류의 기준으로 삼았다.

Hoey(2005)와 같은 일부 연구자들은 사용적 측면에서 단어 결합관계를 고빈도 단어 결합과 비고빈도 단어 결합으로 분류하였다. 张志毅 · 张庆云(2005)의 분류도 이 분류법과 기본적으로 일치하며 단어들이 결합하는 출현 빈도에 근거하여 중심 결합관계, 중간 결합관계, 주변 결합관계의 개념을 제시하였다. 또 Cowie와 같은 몇몇 연구자들은 제약의 정도를 근거로 단어 결합관계를 자유 결합관계, 제약적 결합관계, 고정 결합관계로 나누었다. 단어 결합관계의 다양한 유형들은 경계를 확연하게 구분지울 수 없고 그 제약 정도는 하나의 연속선상에 있으므로 제약 정도에 따라 자유결합, 제약적 결합, 비유적인 구, 숙어로 나누어진다고 하였다. 이러한 분류 방법은 중국어 단어 결합관계 연구에도 영향을 미쳐 齐春红(2005), 卫乃兴(2002a) 등의 연구자들이 이 분류 기준을 소개하기도 하였다. 단어 결합관계의 사용빈도는 제약 정도와 상관성을 가지므로 단어 결합관계의 사용 빈도가 높을수록 구성 성분들의 공기 횟수가 많아지고 결합관계에는 일정정도의 제약성이 존재한다. 林杏光 (1994)은 결합에는 논리적 결합관계와 습관적 결합관계가 있다고 하였다. 宋玉柱(1990)는 결합에는 문법적 결합, 관습적 결합, 논리적 결합이 있다고 하였다. 실사 결합관계의 범위 내에서 이 두 연구자의 관점은 동일하다. 따라서 단어 결합관계는 해석 가능 여부를 기준으로 논리적인 것과 관습적인 것 혹은 습관적인 것 두 종류로 나눌 수 있다. 단어 결합관계 연구는 이 두 가지 유형으로 분류할 필요가 있다.

최근 들어 결합관계 분류의 연구 성과는 주로 외국어의 단어 결합관계 연구에 집중되어 있다. 중국어의 단어 결합관계 유형 연구도 서양의 연구 성과를 참고하여 논의를 진행하고 있다. 중국어 단어 결합관계의 유형 연구는 아직도 개념을 논의하는 수준에 머물러 있지만 본서의 유형 분류 연구에 많은 도움을 주었다.

(3) 단어 결합관계의 의미론적 연구에서 수많은 연구 성과가 있었다. 이러한 연구들은 의미항목을 연구 단위로 하여 의미적 자질과 문법적 형식을 포함하는 의미항목별 결합관계적 특징을 고찰하였다. 이를 통해 의미항목의 결합 능력을 고찰하거나 혹은 단어의 결합에서 의미의 변천을 고찰하는 등 상대적으로 과학적인 연구방법을 발전시켰으며 단어

결합관계 연구에 모범을 제시하였다.

(4) 통사 층위의 동목구조 연구에서는 문법성분 사이의 의미관계 유형, 목적어의 제약 정도, 여러 의미장에 속하는 동사가 목적어를 취하는 상황 등에서 많은 연구 성과가 있었다. 결합가 이론으로 동목 결합관계에 대하여 연구할 때는 의미적 관계와 형식적 기능의 결합을 중시하였고, 인지언어학 이론을 활용한 연구에서는 동형이구조의 V+N을 해석하고자 하였는데, 이러한 연구들은 본서의 연구에도 도움을 주었다. 또한 특수한 유형의 목적어에 대한 연구에서도 상당한 성과를 이루었는데 이는 본서가 말뭉치에서 V+N 결합관계를 추출하는데 있어 통사론적 근거를 제공하였다.

(5) 단어 결합관계의 습득에 대한 연구 성과도 많은 편이다. Nesselhauf(2003)는 학습자 말뭉치로부터 학습자가 단어 결합관계를 출력하는 상황을 고찰하였다. 또 Granger(1998), Howarth(1998), Cross and Papp(2008), Siyanova & Schmitt(2008) 등은 모어화자가 사용하는 단어 결합관계와 학습자들이 출력하는 제2언어의 단어 결합관계를 대조분석하였다. 중국어 단어 결합관계의 습득연구에서 말뭉치 데이터를 이용한 경우는 많지 않다. 정량 연구는 주로 설문지 조사 방법을 사용하고 다양한 유형의 단어 결합관계 습득 난이도 문제를 분석하였다. 전반적으로 연구성과는 주로 외국어의 단어 결합관계에 집중되어 있는데 이런 연구들은 본서의 연구에 중요한 영향을 미쳤다.

(6) 말뭉치 언어학의 방법론을 활용한 단어 결합관계 교수의 연구도 큰 진전을 이루었다. 특히 외국어의 단어 결합관계 연구가 심도있게 진행되고 있다. 중국어의 단어 결합관계 연구성과는 주로 자연언어 처리에 집중되어 있으며 외국어로서의 중국어 교수와 관련된 연구 성과는 적은 편이다. 그러나 이런 연구들은 방법론적인 측면에서 본서에 영향

을 주었다.

2) 중국어 단어 결합관계 연구의 과제

(1) 기존의 연구성과는 단어 결합관계에 대한 이론적인 논의를 중시하였다. 구체적인 언어의 실례를 귀납분석하고 다양한 시각에서 단어 결합관계의 규칙을 탐색하였다. 실제 언어 사용 자료로 구성된 대규모의 말뭉치 데이터에 기반한 단어 결합관계 연구는 많지 않고 특히 체계화된 연구 성과가 수량적으로 많지 않다. 그러므로 앞으로의 연구에서는 양적 데이터에 의해 지지되며 단어 결합관계를 전면적으로 분석 기술하여 그 규칙을 귀납하는 것이 필요하다. 언어의 실제 사용데이터에 기반한 연구 성과는 단어 결합관계에 대한 교육적 실천에 중요한 가치를 지닌다. 이는 단어 결합관계 교수 연구의 전제이며 본서가 추구하는 발전 방향이기도 하다.

(2) 많은 연구자들이 단어 결합관계의 유형 문제를 다루었다. 이러한 연구들의 목적은 주로 단어 결합관계의 성질을 논의하는데 있었으나 명확한 분류 기준을 내세우지는 못하였다. 지금까지의 분류 연구는 기본적으로 명명의 단계에 머물러 있어서 단어 결합관계의 내부적 차이에 대한 연구자들의 이해에 따라 결합관계 유형에 다양한 명명이 이루어졌다. 최근 10년 간의 연구는 외국의 단어 결합관계 분류연구에 대한 성과를 중국에 도입하는 단계로 연구자들은 직접 외국의 단어 결합관계 분류에 대한 명칭과 정의를 들여와 그에 해당하는 중국어 결합관계의 실례를 덧붙이는 정도였다. 중국어의 실제 상황에 부합하는 단어 결합관계의 분류 연구는 아직 충분한 관심을 받지 못하고 있으며 이 점이 본서를 시작하는 동기가 되었다.

(3) 사용빈도는 단어 결합관계의 중요한 변수 중 하나로 특히 이는

단어 결합관계의 응용연구에서 더욱 중요하다. 현재 자연언어 처리 영역에서 이루어지는 연구들은 단어 결합관계의 사용빈도를 매우 중시하여 중요 지표의 하나로 간주한다. 그러나 외국어로서의 중국어 교수 영역에서 단어 결합관계의 사용빈도에 관련된 연구는 많지 않다. 단어 결합관계 사용 빈도를 조사하여 중국어 모어 화자가 사용하는 고빈도 결합관계를 추출하고 그 결합관계 성분의 고빈도 의미류를 귀납함으로써 단어 결합관계 교수와 습득 연구에서 토대를 마련하는 것이 본서가 추구하는 연구 목표이다.

(4) 학습자의 단어 결합관계 습득 연구는 기본적으로 연구자 개인의 경험에서 출발하여 학습자가 출력하는 예문에서 증거를 찾아내는 체계이나 최근 몇 년 사이에 학습자를 대상으로 설문 조사를 진행하는 연구가 등장하였다. 학습자의 자연언어 출력에 기초한 단어 결합관계 습득 연구는 아직까지 적은 편이다. 그런데 학습자가 자연스럽게 출력하는 단어 결합관계가 학습자의 실제상황을 객관적으로 반영하므로 이를 통해 단어 결합관계 습득의 어려움과 그 영향 요인을 분석해낼 수 있으며 또한 단어 결합관계 교수 현황에 적절한 피드백을 제공할 수 있다. 이에 착안하여 본서는 20만자 규모의 학습자 말뭉치를 기반으로 기존 연구의 단점을 보완하고자 하였다.

(5) 단어 결합관계 교수에 대한 연구 성과는 수량적으로 많지 않다. 그러나 많은 연구자들은 단어 결합관계 교수의 중요성을 인식하고 있으며 다양한 이론으로 제2언어 학습에 대한 단어 결합관계의 역할을 강조한다. 본서는 이 연구들을 기초로 단어 결합관계의 교수 방식, 교수 원칙, 교수 내용을 논의할 것이다. 지금까지의 연구 성과를 정리 분석함으로써 중국어 단어 결합관계 연구는 특히 외국어로서의 중국어 교수 측면에서 다양한 발전 가능성을 지니고 있음을 알 수 있다.

1. 말뭉치 검색 방법과 검색 규모

3장에서는 총 251개의 갑급(甲級) 동사를 대상으로 말뭉치 검색을 실시하였다. 251개 갑급 동사에는 일음절 동사 143개와 이음절 동사 108개가 포함되어 있다. 중국어 동목 결합구조의 형식은 이중목적어 구문, 겸어문, 존현문, 병렬 구조의 목적어 구문 등으로 다양하고 복잡한 양상을 나타낸다. 본서에서는 선행연구들로 부터 동목 결합관계에 대한 기존의 연구 성과를 참고하고, 연구 목적에 따라 동목(V+N) 결합관계의 말뭉치 자료 추출 범위를 확정하였다.

검색된 데이터 중 다음 6가지 동목(V+N) 결합관계는 통계범위에서 제외하였다.

(1) 이중목적어, 즉 직접목적어와 간접목적어(예: 刚才小李告诉我一个好消息。)

(2) 이합사가 분리된 형태로 사용된 경우의 목적어(예: 离两次婚。)

(3) 속어 및 고정구에 사용된 목적어(예: <u>照葫芦画瓢</u>, <u>一见血就会晕倒</u>。)

(4) 명사 병렬구로 구성된 목적어(예: <u>形成独特的风格和特点</u>。)

(5) 대조구문에 사용된 목적어(예: <u>退耕还林</u>。)

(6) 존현문에 사용된 목적어(예: <u>桌子上放着一套茶具和两个花瓶</u>。)

말뭉치를 수동 검색한 결과에 대해서는 다음 두 가지 내용을 수동으로 태깅하였다.

(1) 해당 명사의 한정어에 의한 수식 여부

(2) 결합관계 속 동사의 부정표지 사용 여부

1) 본서에서 사용된 말뭉치 검색 방법

본서는 중국국가어문위원회가 구축한 중국어 균형 말뭉치(国家语委现代汉语平衡语料库)를 주요 자료로 사용하였다. 이 말뭉치는 단어 분절 및 품사 표지가 완료된 통용 말뭉치로, 사회과학과 자연과학을 포괄하는 종합적인 언어 자료로 균형성을 확보하였으며, 특히 1992년에서 2002년에 발행된 언어 자료를 집중적으로 수집하였다. 이 말뭉치의 주요 용도 중 하나는 언어의 연구 및 교육과 학습에 있다. 현재 사용 가능한 말뭉치 규모는 약 2,000만 자(字)로 연구 수요를 만족한다. 국가어문위원회 말뭉치 외에도 본문에서는 필요에 따라 북경대학교 언어연구센터가 개발한 말뭉치인 CCL 자료를 일부 사용하였다.

본서는 말뭉치 기반 연구 방법론을 따른다. 이 방법론의 언어 자료 검색 모델은 키워드를 중심으로 말뭉치에서 추출된 용례색인(con-cordance)에 따라 연접범주(colligation)[1]를 분석의 틀로 삼는다. 다시 말해 키워드의 결합관계 행위를 파악하는 것이다. 용례색인이란 말뭉치에서 목표 키워드가 포함된 문장 분절 단위를 가리킨다. 각 용례색인에서 키워드는 용례 행의 가운데에 출현하며, 키워드를 중심으로 좌우에 문맥을 구성하는 단어들이 나열된 형식이다. 단어의 용례색인을 추출한 후에는 키워드의 결합관계 행위를 관찰하여 통사적, 의미적 특징을 개괄하고 기술한다.

구체적인 운용 순서는 다음과 같다. 첫째, 먼저 말뭉치 자료로부터 상용동사의 결합관계 행위를 일일이 고찰하여 수동으로 명사 목적어를 선별한다. 둘째, 선별된 명사 목적어를 다시 종합, 분류하고 동사가 구성하는 동목(V+N) 구조의 결합관계 상황을 분석한다. 구체적인 예를 들면 다음과 같다. 우선 CCL에서 '发展'을 키워드로 용례색인 500개를 무작위 추출하고, 이로부터 다시 행을 걸러 가며 용례를 추출한다. 다음은 이렇게 추출된 용례이다.

1. 他的想法是，各民主党派在组织上不但要巩固，而且也要【发展】。
2. 周恩来提出和平共处五项原则是列宁这一思想的重要【发展】。
3. 我们的经济遗产落后，【发展】不平衡，还是一个农业国，工业大多在沿海。
4. 第一次是１９５３年。这一年是执行国民经济和社会【发展】第一个五年计划的开始。
5. 根据中共'八大'通过的≪关于【发展】【国民经济】的第二个五年计划的建议的报告≫。
6. 地方工业盲目【发展】。周恩来不可能从根本上来制止这些。
7. 他说：１９５８年这一年，经验有两点，一是高速度的【发展】必须建立在

---

1) 연접범주란 텍스트에 나타나는 추상적인 문법 범주 간의 결합을 가리킨다. 즉 연접범주란 통사 구조에 관한 서술로, 단어 결합관계보다 더 추상적인 개념이다. 따라서 추상적으로 추출되어 통사 범주로 서술되는 결합관계의 유형이라 할 수 있다. 이는 또한 단어 결합관계의 문법적 관계 또는 단어 결합관계의 틀(framework)로도 불린다. 예컨대 동목(V+N)은 그 자체로 하나의 연접범주로, 대표적인 결합관계의 유형이다.

客观可能性的基础上, 一是必须遵守有计划按比例【发展】的法则。

8. 中央到基层的民主生活遭到了严重损害, 在经济上使'左'倾错误更加【发展】, 并延续更长时间。

9. 应该'吧所有制的改变要根据生产力【发展】水平和农民觉悟成都来决定的意思写进去'。

10. 中国政府一贯主张全面禁止和彻底销毁核武器, 中国进行核试验、【发展】【核武器】, 是被迫而为的。

11. 接着, 毛泽东亲自主持召开中共中央书记处扩大会议, 讨论中国【发展】原子能【事业】问题。

12. 1956年, 周恩来亲自领导制定我国第一个科学技术【发展】的十二年规划。

13. 但是这方面的工程不仅没有下马, 反而有了很大的【发展】, 决心要把原子弹、导弹搞出来。

14. 第一颗原子弹爆炸成功后, 周恩来要以此带动间断事业的全面【发展】, 并把专门委员会的工作转移到战略导弹和人造卫星上来。

15. 原子弹、氢弹、导弹、人造卫星的成功, 是周恩来关于我国科学技术【发展】的正确思想在科学实践中的丰硕成果。

16. 我国的国防科研和国防工业, 能够独立自主地顺利【发展】, 十年动乱的严重破坏下也没有中断,

17. 整个国民经济的任务已经基本上完成, 整个国民经济将要进入一个新的【发展】时期。

18. 政治协商会议第一届全体会议上通过的≪共同纲领≫中, 也提出, '【发展】新民主主义的人民【经济】, 稳步地便农业国为工业国。'

19. 这年9月, 他在中央'八大'作≪关于【发展】【国民经济】的第二个五年计划的建议的报告≫。

20. 而现代化的目标一经提出, 随着实践的【发展】, 周恩来的认识也继续【发展】着。

이상 20건의 용례 데이터를 살펴보면, 명사 목적어를 가지는 '发展'의 용례는 5개로 각각 '国民经济, 核武器, 事业, 经济, 人民经济' 등을 목적어 명사로 가진다. 추출된 용례 결과를 살펴보면 이 5개의 동목(V+N)

결합관계를 제외한 나머지 15개 용례에서 '发展'은 목적어를 가지지 않는 것을 발견할 수 있다. 이렇게 추출된 목적어 5개에서 '经济'류 명사와 '发展'의 공기 빈도는 3회이며 나머지 두 명사와의 공기 빈도는 각 1회이다.

열거한 적은 수의 용례만으로는 '发展'+명사의 결합관계 규칙을 직접적으로 기술할 수 없지만, '发展'과 '经济'류 단어가 공기할 기회가 상대적으로 크다는 대체적인 경향은 발견할 수 있다. 용례를 대량으로 추출할 수 있다면 '发展'의 결합관계 상황을 더욱 전면적으로 이해할 수 있으며, 이를 통해 '发展'의 결합관계 행위와 규칙을 상세하게 개괄할 수 있다.

2) 검색 및 용례 추출의 규모

단어의 용례색인을 작성할 때 중요한 것은 무작위 추출 방식을 취해야 한다는 점이다. 대형 말뭉치에서는 키워드를 포함하는 용례를 대단히 많이 발견할 수 있다. 특히 상용 단어는 빈도수가 수천에서 수만에 달하는 경우도 있다. 예컨대 말뭉치에서 '做'를 검색하면 용례는 총 6,280건이며, '作'의 용례는 4,338건, '去'의 용례는 13,525건으로 나타난다. 데이터 검색에서 우선적으로 고려해야 할 문제 중 하나는 검색에 필요한 데이터의 양이다. 모든 용례를 추출하는 것은 불필요할 뿐만 아니라 관찰과 기술에도 불편하다. 그러므로 우리는 무작위 추출 방식을 응용하여 단어의 용례를 추출함으로써 대표성을 확보할 수 있다. 예를 들어 특정 텍스트에 한정하여 부분적인 용례를 추출한다거나, 모든 용례로부터 행별, 혹은 페이지별로 선택적으로 추출하는 등의 방식으로 데이터를 수집한다. 언어 사용은 어느 정도 확률의 문제이므로 무작위 추출법은 특정 언어 현상의 확률적 속성을 반영한다고 할 수 있다.

꼬乃兴(2002)은 용례 추출의 수량에 대해 사용되는 말뭉치의 규모가 비교적 크고 어느 정도 대표성이 보장되면 연구 결과 역시 높은 정도의 타당성을 확보할 수 있으며, 이에 따라 실제 언어 사용에서 단어의 결합관계 현상을 관찰하여 기술하는 것이 가능해진다고 주장하였다. 그에 따르면 단어 용량이 약 500만자 규모인 중형 말뭉치에서 연구자가 무작위 추출법을 통해 특정 결합관계의 용례 수십 개를 검색, 추출할 수 있다면 그 결합관계는 단어 결합의 전형성을 반영하는 것으로 간주한다.

꼬乃兴이 언급한 '수십 개의 용례'가 말뭉치 내에서 특정 결합관계의 총체적 특징을 얼마만큼 반영할 수 있는지를 밝히기 위해 본서는 대조 실험을 진행하였다. 실험에는 '取得'를 무작위 선택하여 말뭉치에서 그 용례를 검색하였다. 검색을 통해 말뭉치로부터 400개의 용례와 1,360개 용례를 얻었으며, 용례에 출현한 동목(V+N) 결합관계를 추출하여 두 집합에 나타난 목적어 명사의 상황을 대조하였다. 이하 400개의 용례가 포함된 샘플을 A세트로, 1,360개 용례 중 추출된 샘플을 B세트로 구분하겠다. A세트와 B세트의 샘플에서 목적어 명사 및 목적어 명사의 분포가 기본적으로 일치한다면 이 두 샘플의 양적 데이터로부터 얻은 결과가 일치하는 증거로 간주할 수 있다. 다음은 A세트와 B세트 두 집합을 대조한 결과이다.

표 3.1에서 A세트에 나타난 공기 빈도에 따라 나열된 11개 명사에서, 상위 6개 명사의 출현 횟수는 5번 이상이며 최저 출현 횟수는 2번이다. B세트에서는 공기 횟수 5회 이상을 기준으로 13개 명사를 선별하여 공기 빈도 순서로 나열하였다.

표 3.1 동사 '取得'의 명사 목적어 분포 대조

일련 번호	A세트 샘플 중 공기 횟수가 5회 이상인 명사	A세트 샘플 중 출현 빈도	B세트 샘플 중 공기 횟수가 5회 이상인 명사	B세트 샘플 중 출현 빈도
1	成果	48	成果	115
2	成绩	38	成绩	112
3	效益	21	成就	69
4	成就	20	效果	61
5	效果	16	效益	57
6	成效	15	成效	32
7	政权	4	资格	19
8	资格	4	地位	15
9	经验	3	经验	14
10	文凭	2	政权	9
11	证书	2	结果	8
12			意见	8
13			优势	7

A세트와 B세트의 샘플 중 고빈도 결합관계의 분포 상황을 대조하여 두 가지 사실을 확인할 수 있다.

① 400개의 용례에서 공기 횟수가 5회 이상 출현한 고빈도 결합관계는 6개이며, 1,360개의 용례에 출현한 고빈도 결합관계는 13개로 두 세트 간에는 수량적 차이가 관찰된다. B세트의 용례는 양적으로 더 크기 때문에 단어 결합관계의 출현 횟수도 그에 따라 증가하며, 중복 출현할 기회와 가능성 역시 늘어나므로 명사의 출현 횟수는 자연스럽게 증가한다.

② A세트의 샘플에서 동사와의 공기 횟수가 5회 이상인 명사는 6개인

데, 이 6개의 명사는 B세트에서도 고빈도 공기 명사이다. 또한 A세트에 속하는 6개의 고빈도 명사는 B세트에서도 상위 6개의 명사라는 점에서 일치도가 높음을 확인할 수 있다.

전반적으로 A세트와 B세트의 샘플은 결과적으로 상당히 높은 일치도를 보인다. 즉 고빈도 결합관계의 단어는 동일하며 이들 명사가 각 세트에서 나타나는 공기 횟수에 따른 배열 순서 또한 기본적으로 일치한다. 한편 검색된 샘플량이 증가하면서 출현하는 고빈도 결합 단어의 수량도 그에 상응하여 증가한다는 점도 주목해야 한다. 본서의 목적은 동목 (V+N) 구조의 말뭉치 분포 상황을 관찰하여 중국어 상용동사의 동목 (V+N) 구조의 특징을 기술하고 이 구조에 대한 교수에 이론적 참고를 제공하는 데 있다. 그러므로 본서는 동사가 취하는 목적어의 분포 경향 및 전형적인 고빈도 단어에 관심을 둔다. 고빈도 결합관계의 수량은 우리의 주된 관심사가 아니므로, 연구 목적에 따라 이 두 세트의 샘플이 반영하는 목적어의 분포 경향은 기본적으로 일치한다고 간주할 것이다.

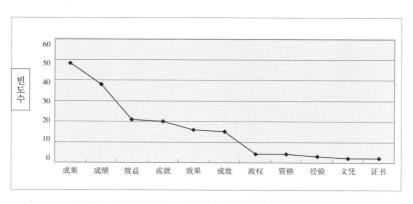

그림 3.1 A세트에서 나타나는 '取得'의 목적어 분포도

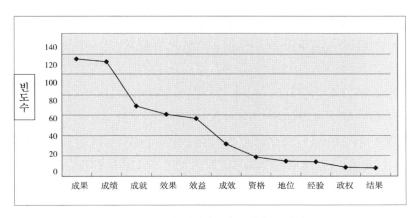

그림 3.2 B세트에서 나타나는 '取得'의 목적어 분포도

그림 3.1 및 3.2는 이 점을 분명히 반영한다.

두 그림에 나타나는 곡선의 추세는 기본적으로 일치하며, 이는 A, B 두 세트에 나타나는 고빈도 단어가 양의 상관관계(positive correlation)를 나타냄을 보여준다. 그러므로 이상 두 개의 샘플을 대조한 결과, 대형 말뭉치에서 추출한 용례가 400개 이상이면 본서의 수요를 만족할 수 있다는 결론을 얻을 수 있다.

이러한 결과는 郭曙纶의 최근 연구 결과와도 일치한다. 郭曙纶(2009)은 중국어 대형 말뭉치와 소형 말뭉치의 적용 비율 및 분포 비율 측면에서의 데이터를 통계 처리하여 대조한 결과, 검색된 샘플량은 평균 출현 횟수 및 전체 한자의 유형(type) 수와 양의 상관관계를 나타난다는 것을 밝혔다.

말뭉치를 관찰해보면 말뭉치에서 인접하여 위치하는 언어 자료는 기본적으로 동일한 텍스트에 출현하는 자료임을 알 수 있다. 즉 말뭉치 자료 내 언어 자료의 배열은 입력된 텍스트를 단위로 하여 순서적으로 나타난다. 그러므로 본서는 추출된 용례의 대표성을 확보하기 위해서 페이지별 추출 방식을 취하였다. 예컨대 홀수 페이지의 용례만 추출한다던가,[2] 4페이지 간격으로 첫 번째 페이지, 5번째 페이지, 11번째 페이지, 15번째 페이지처럼 마지막 숫자가 1이나 5인 페이지에서 용례를 추출하는 등의 방식을 사용하는 것이다. 이렇게 불연속적 추출 방식을 취하지 않으면 언어 자료의 내용이 유사해질 뿐만 아니라 동일한 작가의 언어 자료를 연속적으로 추출하게 되므로 말뭉치의 전반적인 면모를 반영할 수 없다. 본서에서 사용한 구체적인 추출 방식은 다음과 같다. 전체 말뭉치로부터 키워드로 검색한 결과 중 10개 페이지 이내의 모든 용례, 즉 한 페이지 당 용례가 40개씩 제시되도록 하여 검색 결과가 10개 페이지 이하로 나타나 동사의 용례가 400건 이하가 되면 용례 전체를 추출하여 분석에 사용한다. 검색결과가 20개 페이지 이하이면 10개 페이지만 선별하여 용례를 추출한다. 검색결과가 50개 페이지 이내일 경우에는 홀수 페이지에서만 용례를 추출한다. 51개 이상 100개 페이지일 때는 마지막 단위가 1과 5인 페이지를 선정하며, 100페이지 이상의 경우 1페이지, 11페이지……로 10개 페이지 마다 용례를 추출한다. 이러한 방법을 통해 본서에서 추출하는 언어 자료의 양은 말뭉치 내 데이터가 10개 페이지 이하인 동사를 제외하고 최소한 400개는 확보되도록 통제하였다. 본서는 이렇게 추출한 말뭉치 용례로부터 동목(V+N) 구조의 수량, 목적어 명사(N)의 수량과 형식, 각 목적어 명사의 출현 횟수를 통계적으로 처리하여 분석에 필요한 결합관계 관련 데이터를 수집하였다.

---

2) 여기서 페이지는 컴퓨터의 모니터 화면으로 보이는 한 페이지를 가리킨다. 본 연구를 진행한 시기에 말뭉치의 한 페이지는 40건의 용례색인 결과를 제공하였으며, CCL 말뭉치의 경우 한 페이지 당 50건의 용례색인 결과를 제공하였다.

2. 일음절 동사 동목(V+N) 결합관계의 특징

갑급 단어 중 일음절 동사는 총 143개로 다음의 네 종류 동사는 통계 범위에서 제외하였다.

첫째, 是, 像 등 관계동사[3] 2개

둘째, 躺, 死, 哭, 活, 睡, 疼, 笑 등 상태동사 중 '생리적 현상'을 나타내
 는 자동사 7개

셋째, 往(방향을 나타내는 명사 목적어만을 취함), 为(대부분 变A为
 B, 为人处世, 一分为二 등 고정적인 구조로 사용), 祝, 了 등
 명사 목적어를 거의 취하지 않는 동사 4개

넷째, 派, 让, 飞, 完, 站, 有, 指, 说 등 말뭉치 검색 결과 목적어가
 특수한 경우의 동사 8개

이 중 派와 让은 주로 겸어문에 사용되며, 飞, 完, 站이 취하는 목적어는 2개 미만이었다. 有, 指의 목적어는 거의 대부분의 명사를 포함하며, 说는 주로 직접인용문과 간접인용문의 동사로 사용된다. 그러므로 본서에서는 말뭉치 데이터 선별을 통해 네 번째 부류에 속하는 8개 동사가 구성하는 동목(V+N) 결합관계는 통계에서 제외한다.

본서는 동사의 특징과 말뭉치 자료에서 추출된 동사의 결합관계 상황에 따라 이상의 21개 동사를 제외한 122개 동사만을 통계 처리의 대상으로 한다. 이 122개 일음절 동사는 총 284개 의미항목으로 분류되는데[4]

---

3) 관계동사 및 타동사의 개념은 刘月华 등의 『实用现代汉语语法』(2007)을 참고하
 였다.

4) 본문에 사용된 의미항목의 수는 주로 『现代汉语词典』(제5판)에 따라 확정하였
 다. 이밖에 개별 의미항목은 결합관계 사전들(张寿康 등의 『现代汉语实词搭配词
 典』 및 孟琮 등의 『汉语动词用法词典』)을 참고하여 조정하였다. 본문에서 일컫는
 의미항목이란 명사 목적어를 취할 수 있는 의미항목, 즉 동목(V+N) 구조에 포함

각 동사의 평균 의미항목 개수는 2,327개로 구체적인 내용은 표 3.2에
제시한다.

표 3.2 일음절 동사와 의미항목의 개수

일음절 동사	의미항목의 총수	평균	최다	최소
122	284	2.327	14	1

(1) 동목(V+N) 구조에서의 상용동사

의미항목에 따라 구분한 동사가 구성하는 동목(V+N) 구조의 수량은
차이가 매우 큰 편이다. 각 의미항목별로 동사가 구성하는 동목(V+N)
결합관계 구조는 최다 255개에서 최소 1개로, 평균 약 36개에 달한다.

표 3.3 일음절 동사가 의미항목별로 구성하는 동목(V+N) 구조의 수량

의미항목의 수량	단일 의미항목이 구성하는 동목(V+N) 결합관계의 평균값	단일 의미항목이 구성하는 동목(V+N) 결합관계의 최대값	단일 의미항목이 구성하는 동목(V+N) 결합관계의 최소값
284	35.86	255	1

동사가 구성하는 동목(V+N) 결합관계의 수량으로 볼 때 의미항목별
로 동사가 명사 목적어를 취할 수 있는 능력에는 차이가 있음을 알
수 있다. 일부 동사는 매우 활발하게 동목(V+N) 구조를 형성하는 반면,
어떤 동사들의 경우에는 말뭉치 내 출현 횟수가 매우 적다.

다음의 동사를 예로 들어 동사가 구성하는 동목(V+N) 구조의 상황을
구체적으로 고찰하도록 하겠다.

되는 의미항목을 가리킨다.

표 3.4 일음절 동사가 의미항목별로 구성하는 동목(V+N) 구조

의미항목 단어	의미항목1 V+N수량	의미항목2 V+N수량	의미항목3 V+N수량	의미항목4 V+N수량	의미항목5 V+N수량	의미항목6 V+N수량	의미항목7 V+N수량	의미항목8 V+N수량	합계
关	34	14	14	5	/	/	/	/	67
过	71	35	1	/	/	/	/	/	107
举	68	13	1	/	/	/	/	/	82
下5)	61	44	38	34	26	16	5	2	226

'关'은 목적어를 취할 수 있는 의미항목이 네 개 있다.

① '열려 있는 물체를 닫다'의 의미로 총 34개의 동목(V+N)이 검색되었다.

    关门   关窗   关园

② '기기의 작동을 정지시키다, 전기 기계장치의 작업상태를 끝내게 하다'의 의미로 총 14개 동목(V+N)이 검색되었다.

    关灯   关电视   关机   关空调   关电脑

③ '기업 등이 도산하다, 영업을 정지하다'의 의미로, 검색된 데이터에서는 14개의 동목(V+N)이 검색되었다.

    关井   关厂

④ '안쪽에 두고 나오지 못하도록 하다'의 의미로, 5개의 동목(V+N)이 검색되었으며, 동사와 목적어 간의 의미관계가 달랐다.

    关地窖   关黑房间   关黑屋   关刑事犯   关政治犯

---

5) '下'는 총 11개 의미항목이 명사 목적어를 취할 수 있으나 표 3.4에서는 그 중 상위 8개만 제시하였다.

이상으로부터 목적어를 취하는 능력이 가장 강한 것은 첫 번째 의미 항목이며, 네 번째 의미항목이 목적어를 취하는 능력이 가장 약함을 알 수 있다. 언어 사용의 측면에서 보면 '关'이 사용된 동목 결합관계에서 가장 자주 사용된 '关'의 의미항목은 첫 번째이며, 목적어 명사의 수량은 주로 상위 3개의 의미항목에 집중적으로 나타난다.

'过'의 경우, 말뭉치에서 3개의 의미항목이 목적어 명사를 취하는 것으로 검색되었다.

① '하나의 시간에서 다른 시간으로 이동하다, 어떤 시간을 거치다'라는 의미항목으로 71개의 동목(V+N)이 검색되었다.

  过日子　　　过生日　　　过满月　　　过中秋　　　过除夕

② '하나의 지점에서 다른 지점으로 이동하다, 어떤 공간을 지나가다'라는 의미항목으로 35개의 동목(V+N)이 검색되었다.

  过草地　　　过大桥　　　过牌楼　　　过雪山

③ '(어떤 범위나 척도를) 넘다'라는 의미항목으로 1개의 동목(V+N)이 검색되었다.

  过膝盖

말뭉치에서 '过'의 각 의미항목이 구성하는 동목(V+N)의 수량은 차이가 매우 큰 편이다. 첫 번째 의미항목에 속하는 동목(V+N)의 출현이 가장 많은데, 전체 용례 중 60% 이상이 '하나의 시간에서 다른 시간으로 이동하다, 어떤 시간을 거치다'라는 의미로 사용되었다. 말뭉치에 나타나는 이러한 경향은 언중이 '过'를 시간과 관련 있는 단어에 연계하여 사용하는 경향이 있음을 반영한다.

'举'의 경우 3개의 의미항목이 포함된다.

① '위로 받쳐 들다, 위로 뻗다'의 의미로, 말뭉치에서는 68개의 동목 (V+N)이 검색되었다.

举刀　　　　举手　　　　举腿　　　举望远镜

② '제시하다'의 의미로, 말뭉치에서는 13개의 동목(V+N)이 검색되었다.

举实例　　　举例证　　　举旁证　　　举案例　　　举事例

③ '추천 선발하다, 선출하다'의 의미로, 말뭉치에서는 1개의 동목 (V+N)이 검색되었다.

举秀才[6]

　　세 개의 의미항목 중 첫 번째 의미항목이 구성하는 동목(V+N)이 전체 용례의 81.9%를 차지한다. 이는 언중이 '举'로 구성되는 동목 결합관계를 사용할 때 심성어휘집에서는 일반적으로 '举'를 높은 위치로 올릴 수 있는 명사와 한데 연계하여 사용하는 경향이 있음을 의미한다. '举'의 세 번째 의미항목인 '추천 선발하다, 선출하다'는 현대 중국어에서 이미 기본적으로 이음절 동사인 '选举'나 '推举'로 대체되었다. 그러므로 이 의미항목은 명사와의 결합 능력이 이미 점차 축소되고 있으며, 일반적인 경우 형태소의 자격으로 이음절 동사를 구성하거나 성어(成語)의 한 부분을 차지할 뿐임을 알 수 있다.

　　열거한 일음절 동사 중 '下'의 의미항목이 가장 많은데, 다음은 '下'의 각 의미항목별 명사 목적어 결합 능력에 대해 살펴보겠다.

　　말뭉치에서 '下'의 11개 의미항목은 모두 동목(V+N)의 용례를 가지고

---

6) 이 결합관계는 CCL 현대 중국어 말뭉치에 다음의 형태로 나타난다. 【举】秀才, 不知书。察孝廉, 父别居……

있지만, (V+N)의 출현 횟수가 2개 이상인 의미항목은 10개이다.

$下_1$ 높은 곳에서 낮은 곳으로 향하다(61개 동목(V+N) 구조)
病床、汽车27)、车3、城2、池4、床3、地、地道、地窖子、飞机6、
废料堆、股海、河、火车5、江堤、炕、坑、楼2、楼梯3、马2、面
包车、墙、桥2、山、山坡、山崖、树、水、田、溪、小百灵、斜
坡、崖4、专车、自行车

$下_2$ 눈, 비 등이 내리다(44개 동목(V+N) 구조)
雪11、雨40、雨雪3

$下_3$ (의견이나 판단 등을) 내놓다(38개 동목(V+N) 구조)
定义13、决心20、结论5

$下_4$ 가다, (장소에) 도착하다(34개 동목(V+N) 구조)
部队2、场子、车间、厨房3、村、达坂2、队、饭店、关东2、江南2、
连、农村、荣城、西洋15

$下_5$ 넣다, 투입하다(26개 동목(V+N) 구조)
本钱、赌注、钧、药、糖、大力2、工夫14、力量、力气3、气力

$下_6$ 발포하다, 보내다(16개 동목(V+N) 구조)
命令4、指示2、圣旨、通知、新单、战表、诏书、旨令、指标、逐
客令、订单、聘书

$下_7$ 바둑 등의 게임 혹은 시합을 진행하다(5개 동목(V+N) 구조)
棋4、象棋

$下_8$ 쓰다, 쓰기 시작하다(2개 동목(V+N) 구조)
倒、剪子

$下_9$ 떼어 내다, 제거하다(2개 동목(V+N) 구조)
枪、蚊帐

$下_{10}$ 낳다(2개 동목(V+N) 구조)
崽2

$下_{11}$ 정해진 시간까지 일상 업무나 공부를 끝내다(1개 동목(V+N) 구조)
夜班

---

7) 명사 뒤에 붙은 숫자는 해당 명사의 출현 횟수를 나타낸다.

명사 목적어를 취하는 의미항목들의 면모를 살펴보면 다음의 몇 가지 특징을 발견할 수 있다.

첫째, '下'의 의미항목 중 명사 목적어를 취할 수 있는 것은 11개이며 동목(V+N)의 출현 횟수는 231개이다. 추출된 말뭉치 데이터에서 각 의미항목이 명사 목적어를 취하는 능력은 차이가 상당히 크다. 명사 목적어의 수량을 살펴볼 때 가장 많은 것은 '下$_1$'로 61개의 목적어를 가지며, 가장 적은 것은 '下$_{11}$'로 1개의 목적어만 가진다. 의미항목별 목적어의 수량이 뚜렷하게 차이가 나는 것은 동사의 결합 능력이 의미항목마다 불균형함을 의미한다.

둘째, 의미항목이 명사 목적어를 얼마나 취할 수 있는가에 따라 동목(V+N) 결합관계에서 동사 의미항목의 상용성을 구분할 수 있다. 상술한 '下'의 의미항목 중 상위 6개 의미항목의 목적어 수량은 219개로 '下'가 취하는 목적어 총수량의 94.82%를 차지한다. 그러므로 '下+N' 구조의 결합관계에서 상위 6개의 의미항목이 출현할 가능성이 상대적으로 크며, 이중 결합 능력이 가장 강한 것은 '下'의 첫 번째 의미항목이다. 결합관계 측면에서 상용되는 의미항목과 동사의 상용 의미항목이 완전히 일치하지는 않으며, 동목(V+N) 결합관계 수량이 의미항목별 동사의 상용성 여부를 판단하는 유일한 표지는 아니지만 양자는 어느 정도 상관성이 있다. 특히 목적어를 취할 수 있는 의미항목별 동사에 대해서라면 상관성이 더욱 높다. 『现代汉语词典』에 따르면 동사 '下'의 의미항목 중 총 13개가 목적어를 취할 수 있는데, 상술한 11개의 의미항목을 제외하면 나머지 2개의 의미항목은 말뭉치에서 동목(V+N) 결합관계의 용례를 발견할 수 없었다. 대형 말뭉치에서 이 두 의미항목의 동목(V+N) 결합관계의 실례를 발견할 수 없었다는 것은 이 두 의미항목은 명사 목적어를 취하는 능력이 약하다는 것을 의미하며 동목(V+N) 결합관계에서는 상용되지 않음을 의미한다.

2) 동목(V+N) 결합관계에서의 고빈도 명사

(1) 목적어 명사의 수량

의미항목별로 분류된 동사 284개는 평균 21.1개의 명사 목적어를 취하며, 의미항목별로 단일 동사가 구성하는 동목(V+N) 구조 중 명사를 취하는 수량이 가장 많은 경우는 최대 190개에 달하고, 가장 적은 경우는 1개의 목적어 명사만을 취한다. 자세한 데이터는 표 3.5에 제시하였다.

표 3.5 동목(V+N) 구조에 나타나는 명사의 수량 분포

의미항목의 수	단일 의미항목이 명사 목적어를 취하는 평균값(개)	단일 의미항목이 명사 목적어를 취하는 최대값(개)	단일 의미항목이 명사 목적어를 취하는 최소값(개)
284	21.10	190	1

표 3.5의 데이터는 의미항목별로 나눠진 동사가 명사를 취하는 수량이 불균형하다는 점을 보여준다. 더 주목할 만한 점은 동목(V+N) 구조에서 명사 내부에도 분포 상황이 다르게 나타난다는 것이다. 어떤 명사는 재출현 횟수가 매우 높은 반면 어떤 명사는 재출현 횟수가 매우 낮은데, 목적어 명사가 출현 횟수 면에서 상당히 큰 차이를 보임을 알 수 있다.

(2) 목적어 명사의 분포 상황

동사가 목적어 명사와 함께 출현하는 횟수를 동사와 명사의 공기 빈도수라 한다. 평균 공기 빈도수는 무작위 공기 빈도수라고도 하며, 각각의 목적어 명사가 동사와 공기하는 평균 빈도수를 가리킨다. 검색

대상인 말뭉치에서 동목(V+N) 결합관계의 총수량과 명사의 개수의 비율은 다음의 공식에 따라 계산한다.

$$\frac{\text{동목(V+N)의 개수}}{\boxed{\text{N의 개수}}}$$

예컨대 말뭉치에서 총 15개의 동목(V+N) 결합관계가 검색되어 이중 10개의 목적어 명사가 출현하였다면, 동사와 명사의 평균 공기 빈도수는 15/10, 즉 1.5회이다. 다시 말해, 동목(V+N) 구조에서 각 명사의 평균 출현 빈도는 1.5회라는 것이다.

본서에서 진행한 통계 데이터에서 일음절 동사가 구성하는 동목(V+N)의 명사와 동사 간 무작위 공기 빈도수는 최대 22.25회, 최소 1회이다. 이는 일음절 동사가 구성하는 동목(V+N) 구조에서 많은 명사가 중복 출현한다는 것을 의미한다. 표 3.6을 살펴보자.

표 3.6 목적어 명사의 분포 상황

명사와 동사가 공기하는 무작위 확률의 최대값	명사와 동사가 공기하는 무작위 확률의 최소값	명사와 동사의 공기 횟수의 최대값	명사와 동사의 공기 횟수의 최소값
22.25	1	171	1

본서의 통계에 따르면 일음절 동사가 구성하는 동목(V+N) 구조 중 출현 횟수가 가장 많은 명사는 '作用'으로 동사 '起'와 동목(V+N) 구조를 구성하여 총 171회 출현하였다. '作用' 외에도 여러 명사가 '起'와 공기하였으나 공기 횟수가 많지 않고, '疑心', '烟雾' 등 많은 명사들이 단 1회 출현하였다.

이로부터 동사와 명사가 구성하는 동목(V+N) 구조에서 모든 명사의 작용이 같을 수는 없음을 알 수 있다. 추출된 동목(V+N) 결합관계 중 하나의 명사가 출현하는 횟수가 다른 명사의 출현 횟수보다 많으면 이 명사와 해당 동사가 함께 출현할 가능성도 다른 명사보다 높아진다. 즉 해당 동사가 구성하는 동목(V+N) 결합관계에서 동사가 이 명사를 선택하는 기회가 커지며, 해당 동사의 명사 목적어는 이 명사에 제한될 가능성이 높아지므로 이 명사는 다른 명사들에 비해 동목(V+N) 구조의 구성에 대한 중요도가 높아질 것이다. 동사와 명사의 공기 횟수가 특정 수치 이상으로 나타나면 이를 고빈도 결합관계라 규정할 수 있다.

이상의 데이터로 볼 때, 동사가 취하는 목적어 명사는 수량적 측면에서도 차이가 클 뿐만 아니라 목적어 명사 내부의 분포에서도 완전히 일치하지는 않음을 알 수 있다. 목적어 명사에 따라 출현 횟수가 많고 적음의 차이가 있으며, 동사가 구성하는 일련의 동목(V+N) 구조 내부에서도 어떤 명사는 출현 횟수가 균일하게 나타나는 반면, 어떤 명사는 공기 횟수가 집중적으로 나타나는 경향을 보인다. 표 3.7에 제시한 4개의 동사를 통해 목적어 명사의 분포 상황을 더 상세히 살펴보겠다.

표 3.7 동목(V+N) 구조 중 명사의 공기 확률

의미항목 동사	의미항목1 무작위 공기 확률 V+N/N	의미항목2 무작위 공기 확률 V+N/N	의미항목3 무작위 공기 확률 V+N/N	의미항목4 무작위 공기 확률 V+N/N
花	189/38 4.974	/	/	/
见	70/7 10	28/23 1.217	19/17 1.118	4/4 1
交	67/33 2.030	12/1 12	/	/
吹	50/23 2.174	25/13 1.923	24/17 1.412	2/1 2

동사 '花'에는 '쓰다, (비용을) 들이다'라는 단 한 가지의 의미항목만 존재한다. 이 동사가 구성하는 동목(V+N) 구조는 189개나 되지만 명사는 38개에 불과하다. 그러므로 각 명사의 평균 출현 횟수는 4.974회로 약 5회이다. 38개 목적어 명사가 동사와 공기할 확률은 명사별로 크게 차이가 나서, 공기 빈도가 5회 이상인 명사 6개를 출현 횟수에 따라 내림차순으로 나열하면 다음과 같다.

钱   时间   力气   功夫   气力   心血

표 3.8 '花'가 취하는 목적어 명사의 일부

의미항목	공기 횟수가 5회 이상인 명사	공기 횟수 상위 3개 명사	평균 빈도
쓰다, (비용을) 들이다	钱 62[8] 时间 45 力气 13 功夫 12 气力 8 心血 8	钱 62 时间 45 力气 13	189/38 4.974

'钱, 时间, 力气, 功夫, 气力, 心血' 등 6개 명사가 출현한 횟수의 합은 148회로 전체 V+N 구조의 78%를 차지한다. 즉 '花+N' 구조의 78%는 이 6개 명사 목적어와 결합한 형태로 나타난다는 것이다. 그러므로 '花'의 목적어는 이 6개 명사에 집중되어 있다고 할 수 있다.

동사 '见'의 의미항목 4개를 살펴보면, 명사의 수량과 명사가 출현하는 횟수가 불일치한다는 사실을 다시 한 번 확인할 수 있다.

① '见1'의 의미는 '출처 혹은 참조할 곳을 명확히 지시하다'라는 것으로 이와 공기하는 명사는 7개이며, 총 70개의 동목(V+N) 구조를 구성하

---

8) 단어의 결합관계 뒤에 표시된 숫자는 출현 횟수를 나타낸다.

여 각 명사의 평균 출현 횟수는 10회이다. 이는 이 의미항목에 해당하는 '见'의 목적어 명사가 주로 이 몇 개의 명사에 집중되어 있으며, 명사에 대한 동사의 범위가 비교적 강하게 제한된다는 것을 말해준다. 이 7개의 명사 중 출현 횟수가 가장 많은 상위 2개의 명사는 '图'와 '表'이다. 이 두 명사의 출현 횟수는 총 51회로 전체 동목(V+N) 구조의 72.85%를 차지한다.

② '见$_2$'의 의미는 '만나다, 접견하다'이다. '见'의 이 의미항목과 공기하는 명사는 23개로 28개의 동목(V+N)을 구성하며, 각 명사의 평균 출현 횟수는 1,271회이다. 이는 첫 번째 의미항목에 비해 목적어 명사의 수량이 상대적으로 많은 편이나 명사가 동사와 공기하는 확률은 상대적으로 낮아서, 명사가 비교적 균형을 이루어 분포하는 경향을 보인다. 또한 명사 목적어의 출현 횟수로 보아 명사의 최다 출현횟수는 4회이고 나머지 명사들도 2회 이하로 출현하므로 출현 횟수가 상대적으로 높은 명사가 두드러지지 않았다.

③ '见$_3$'의 의미는 '보다, 보이다'이며, 17개의 명사가 출현하여 19개의 동목(V+N)을 구성한다. 무작위 공기 확률은 1.118로 각 명사의 평균 출현 횟수는 모두 낮은 편이며 명사의 최다 출현 횟수는 2회에 불과하다.

④ '见$_4$'의 의미는 '알아보다, 나타내다'이며, 이 의미항목에 해당하는 '见'의 목적어 명사는 말뭉치에서 총 4회 출현하였고 각 명사의 출현 횟수는 모두 1회씩이었다. 이 4개의 명사는 다음과 같다.

笔力   成效   功夫   风格

이 의미항목에 해당하는 '见'이 구성하는 동목(V+N) 구조는 매우 드문 편이며 이 4개의 명사가 동사와 공기하는 확률 또한 균등하여 고빈도 명사가 존재하지 않는다. 또한 이 의미항목에 해당하는 '见'의 목적어 명사는 기본적으로 의미에 따른 유추가 불가능하고, 이 4개의 명사와 의미가 가까운 다른 명사라도 이 의미항목에 해당하는 '见'이 구성하는 동목(V+N) 구조에 사용될 수 없다.

동사 '交'의 경우를 살펴보자. '交₁'가 구성하는 67개 결합관계는 33개의 명사로 구성되며, 명사와 동사가 무작위로 공기하는 확률은 2.030이다. 이 중 명사 '费'가 16회 출현하며 기타 명사는 평균 1.59회 공기하는 것으로 나타났다. 그러므로 '费'의 출현 횟수는 기타 명사의 10.06배에 달한다. '交₂'가 구성하는 동목(V+N) 결합관계는 12개로, 명사는 '朋友' 하나만 나타난다. 그러므로 '交₂'의 목적어 명사는 기본적으로 '朋友'에 고정되어 있으며, '交₂'와 '朋友'의 결합 제한 정도가 상대적으로 강하다는 사실을 알 수 있다. 즉 '交朋友'가 기본적으로 '交'의 동목 결합관계를 대표한다.

동사 '吹'는 4개의 의미항목을 가지는데 이 4개의 의미항목에 따른 목적어 명사의 분포는 표 3.9에 제시하였다.

표 3.9 '吹'의 목적어 명사 분포 상황

의미항목	무작위 공기 확률	공기 횟수가 5회 이상인 명사	5회 이상 공기한 명사의 총 출현 횟수	점유 비율
1. 악기를 불어 연주하다	50/23[9] 2.174	笛 口哨 簫	20	40%
2. 입술을 모아 힘껏 공기를 내뱉다	25/13 1.923	气	10	40%
3. 바람이나 기류 등이 움직이다, 부딪치다	24/17 1.411	/	/	/
4. 치켜세우다	2/1 2	/	/	/

'吹₁'는 명사와 동사의 무작위 공기 확률이 2.174이다. 이중 '笛', '口哨', '箫'의 출현 횟수는 5회 이상이며 이 3개의 명사가 출현하는 총횟수는 20회로 전체의 40%를 차지한다. 기타 명사 20개의 평균 출현 횟수는 1.5회이므로 '吹₁'가 구성하는 동목(V+N) 구조에서 이 3개의 명사가 매우 중요하다는 것을 알 수 있다. 그러므로 중국어 교육에서 '吹'와 이 3개의 명사가 구성하는 결합관계는 주요 교수내용이 되어야 할 것이다.

'吹₂'가 명사와 공기하는 평균 공기 확률은 1.923이다. 이중 명사 '气'는 10회 출현하며, '气'로 구성된 결합관계는 전체 '吹₂'의 결합관계에서 40%를 차지한다. 따라서 '气'는 '吹₂'의 동목(V+N) 결합관계에서 주요한 목적어 명사이다. 한편, '吹₃'과 '吹₄'는 모두 명사와의 공기 확률이 낮은 편이며, 동목(V+N)에서 명사의 작용도 큰 차이가 관찰되지 않았다.

일반적으로 대형 말뭉치에서 동목 결합관계의 용례색인은 몇 백에서 몇 천, 몇 만개에 이르기 때문에 어떤 단어 결합관계가 말뭉치에서 2~3회 출현한 것만으로는 모어 화자가 상용하는 전형적인 결합관계라고하기 어렵다. 한편 말뭉치 자료에서 검색된 상용동사의 동목(V+N) 결합관계의 데이터를 관찰한 결과에 따르면 명사 출현횟수 5회를 기준으로 고빈도 명사를 판단할 수 있다. 즉 대다수의 동목(V+N) 구조에서 출현 횟수가 5회를 초과하거나 5회 미만인 명사는 수량적으로 뚜렷하게 구분되었다. 그러므로 본서에서는 출현 횟수가 5회를 초과하는 명사를 고빈도 명사로, 이러한 동목(V+N) 결합관계를 고빈도 결합관계로 간주할 것이다.

목적어 명사의 출현 횟수가 많다는 것은 동사와의 결합관계를 구성할 기회가 많다는 것이다. 이는 동목(V+N)에서 동사가 이 명사들과 공기하

---

9) '50/23'은 말뭉치에서 50개의 동목(V+N) 결합관계가 출현하였고 이 결합관계가 23개의 명사로 구성되었음을 나타낸다. 이하 동일.

려는 경향이 있음을 뜻한다. 또한 동사가 동목(V+N) 구조를 구성할 때 이러한 고빈도 출현 명사로 제한된다는 것을 말해준다.

이상의 데이터를 통해 중국어 상용동사가 구성하는 동목(V+N) 결합관계의 중요 특징들을 살펴보았다. 즉 동사가 구성하는(V+N) 결합관계는 내부적으로 다양한 양상을 보인다. 우선 동사가 목적어 명사를 취하는 수가 다르다. 또한 목적어 명사의 분포 측면에서 살펴보았을 때, 어떤 결합관계는 명사의 분포가 불균등한 반면 어떤 결합관계는 비교적 균등하게 나타난다. 전자의 경우 출현 횟수가 많고 출현 빈도도 높은 명사도 있지만, 대부분의 명사는 동사와의 공기 횟수가 비교적 적다. 후자는 명사가 집중적으로 분포하는 경향을 보이지 않으며 출현 횟수도 비교적 적다. 상용동사의 동목(V+N) 결합관계를 근거로 할 때, 동목(V+N) 결합관계의 특징을 구분하지 않고 논의하는 것은 매우 어려우며, 동목(V+N) 결합관계의 규칙도 모호하게 결론지을 수 없다.

3. 일음절 동사의 동목(V+N) 결합관계 분석

1) 동사의 결합 능력 차이 분석

이상의 논의를 통해 동사가 목적어 명사를 취하는 능력에는 차이가 있으며, 동사마다 말뭉치에서 발견되는 동목(V+N) 결합관계의 용례가 수량면에서 큰 차이를 나타내는 것을 알 수 있다. 이러한 차이는 특히 다의어 동사에 잘 반영되어 있다. 즉 동사가 의미항목별로 목적어 명사를 취하는 능력이 다르다는 뜻이다. 이에 대한 원인은 다음의 몇 가지를 들 수 있다.

(1) 인지언어학에서는 단어의 의미가 의미 범주의 속성을 가진다고 보고, 단어의 다의 현상을 범주 이론의 시각에서 설명한다. Lakoff

(1987:378)에 따르면, 다의어는 원형을 기초로 하는 범주화 과정에서 나타나는 특수한 예이다. 단어의 여러 의미항목은 각 범주 별 구성원으로서 어떤 의미항목은 중심의 위치에 가까워 원형성이 더 강하며, 원형성이 강한 의미항목은 핵심 원형 의미항목에 더 가깝다. 반면 원형성이 약한 의미항목은 중심 원형 의미항목으로부터 멀리 떨어져 있다. 동일 범주 내에서 원형 구성원은 주변 구성원보다 더 전형적이다. 李福印 (2009:337)에 따르면 "동일한 범주 내에서 원형 구성원은 주변 구성원에 비해 더욱 현저하게 드러난다. 이러한 현저성은 게슈탈트 심리학(gestalt psychology)에 기인하는데, 이는 어떠한 상황을 관찰할 때 가장 뚜렷하고 주의를 끄는 사물을 관찰대상으로 선택하는 현상을 말한다". 원형은 범주 내 가장 전형적인 구성원이다. 특정 분류의 본보기가 되는 것을 설명하도록 요구 받으면 사람들은 가장 전형적인 구성원을 묘사하는 경향이 있다. 인지언어학 이론과 말뭉치 데이터의 관찰에 따르면 동사 범주에서 가장 전형적인 구성원의 동작성은 주변 구성원의 동작성보다 강한 것이 일반적이다. '关'의 기본 의미는 '나무를 가로로 대어 문을 버티다'10)라는 것으로 문의 빗장을 가리킨다. 빗장으로 문을 닫는 것으로부터 '닫다'라는 의미가 인신(引伸)되었다. 고대에는 죄인이 칼을 두를 때 목이나 수족에 형구를 찼는데 이것 역시 '关'이라고 하였고 이로부터 '关'이 '구금하다'라는 의미를 나타내게 되었다. 현대 중국어에서 동사 '关'은 4개의 의미항목으로 구분된다. 이중 '关1'은 '열려 있는 물체를 닫다'이며, '关2'는 '기기의 작동을 정지시키다, 전기 기계장치의 작업상태를 끝내게 하다'이다. '关3'은 '기업 등이 도산하다, 영업을 정지하다'라는 의미이고, '关4'는 '안쪽에 두고 나오지 못하도록 하다'라는 의미이다.

---

10) 『說文解字注・門部』, p.590.

이 4개의 의미항목에서 '关₁'은 범주 내 가장 전형적인 구성원으로 '빗장'이라는 기본 의미에 가장 가깝다. 그러므로 '关₁'이 구성하는 구조에서 '关'의 현저성과 동작성이 가장 강하다. 반면 '关'의 나머지 어휘항목 3개는 나중에 인신된 의미이므로 현저성과 동작성이 약화되었다. 李晋霞는 동사의 전형성 정도와 동목(V+N) 결합관계 구성 능력이 정비례한다고 주장한다. 이에 따르면 동작성이 강한 동사가 동목(V+N) 구조의 구성 능력이 상대적으로 강하므로 '关₁'의 결합관계 구성 능력이 다른 의미항목보다 뛰어나다. '关'의 여러 의미항목에서 '关₁'이 동목(V+N) 구조를 구성하는 상용 의미항목인 것이다.

전형적인 동사는 현저성이 강하고 이미지가 뚜렷한 특징이 있다. 예컨대 동사 '举'[11]의 기본 의미는 '두 손으로 위를 향해 물건을 들다'이나, '윗사람에게 인재를 추천하다'와 '제기하다, 들추어내다'라는 의미로 인신되었다. 현대 중국어에서 '举₁'의 '위를 향해 들다, 위를 향해 뻗다'라는 의미는 기본 의미이자 범주 내 전형적 구성원에 해당한다. '举'라는 단어를 말하면 언중의 머릿속에서는 '위를 향해 들다, 위를 향해 뻗다'라는 이미지가 떠오를 것이다. 한편 '제기하다'라는 의미나 '추천하다'라는 의미는 '举'의 비전형적인 구성원으로 동작성이 낮고 현저성 정도 역시 낮은 편이다. 그러므로 '举'가 구성하는 동목(V+N) 구조에서 동사는 주로 첫 번째 의미항목에 집중되어 있다.

인지언어학적 시각에서 일음절 동사 중 현저성이 강하고 의미항목이 분명하며 동작성이 강한 것으로 해석된 동사는 목적어를 취하는 능력도 강하며, 이러한 동사들은 동목(V+N) 결합관계에서 자주 나타나는 상용

---

11) 『說文解字注 · 手部』에는 '举'를 '마주하여 들다(對擧也)'라고 풀이하고 있다. 이에 대해 段注는 '마주하여 든다는 것은 두 손으로 든다는 뜻이다'라고 풀이한다. p.603.

동사임을 확인할 수 있다.

(2) 동사의 사용 정도가 동목(V+N) 구조를 구성하는 능력을 결정한다. 현재 실제 언어에서 널리 사용되는 의미항목별 동사가 명사 목적어를 취하는 능력도 강할 것이다. 어떤 일음절 동사가 사용 범위가 넓은 동사인지를 검증할 수 있는 주요 지표로는 다음의 두 가지를 들 수 있다.

① 해당 동사가 동목(V+N) 구조에서 의미를 기본적으로 유지할 수 있는 상황에서 다른 동사로 치환될 수 있는가, 즉 실제 사용에서 치환 가능한 단어, 특히 이음절 단어가 존재하는가.

예컨대 동사 '过₁'의 의미항목은 '어떤 시점에서 다른 시점으로 이동하다, 특정한 시간을 보내다'이며 이 의미로 사용된 동목(V+N) 결합관계인 '过日子', '过生日'의 '过'는 다른 동사로 치환할 수 없다. 한편 '过₂'의 의미항목은 '어떤 지점에서 다른 지점으로 이동하다, 특정한 공간을 지나가다'이다. '过雪山', '过草地', '过大桥', '过牌楼' 등 말뭉치로부터 검색한 4개의 용례 중 '过雪山', '过草地'의 용법과 의미는 전문적인 의미를 담고 있으며 형식 또한 고정화되는 경향이 있다. 반면 '过大桥'와 '过牌楼'의 '过'는 '经过'나 '通过'로 치환 가능하다. 이로부터 동목(V+N) 구조를 구성하는 능력 면에서 '过₁'이 '过₂'보다 강하다는 사실을 확인할 수 있다. 즉 '过₂'가 명사 목적어를 취하는 능력이 '过₁'보다 약하다.

'举₃'의 경우, '추천 선발하다, 선출하다'라는 의미는 현재 '推举'로 대체되었으며 실제 사용빈도도 점차 낮아지고 있다. 그러므로 '举₃'이 구성하는 동목(V+N) 구조의 수량도 감소 추세를 보인다.

② 사전의 뜻풀이 방식에 따라 해당 단어를 다른 단어로 치환할 수 있는지 판단 가능한데, 일부 단어 항목의 뜻풀이는 다른 동사로 직접 풀이됨과 동시에 다른 부가적 조건이 표기되는 경우가 있다. 예컨대

'下₂'의 뜻풀이는 '(눈, 비 등이)내리다'인데, 이러한 풀이에는 제약 조건이 제시되어서 '눈'이나 '비'가 '下₂'의 결합 범위를 제약한다. '下₃'은 '(의견이나 판단 등을) 내놓다'로 풀이되어 있다. 이 역시 일반적으로 '의견'이나 '판단'류 명사만이 '下₃'의 목적어로 사용될 수 있다는 제약 조건이 제시되어 있다. 이 두 의미항목에 해당하는 '下'는 기본적으로 다른 동사들로 임의적인 치환이 불가능하다. 한편 '下₁'의 사전적 풀이는 '높은 곳에서 낮은 곳으로 향하다'라는 기술적인 내용의 구 형식을 취하고 있다. 이는 의미적으로 '下₁'과 유사한 다른 동사가 존재하지 않음을 뜻한다. 말뭉치 데이터를 통해 '下₁', '下₂', '下₃'이 구성하는 V+N 구조를 검색한 결과 이들 동사는 기본적으로 치환이 불가함을 확인할 수 있다.

일반적으로 동작성이 강하고 현저성이 두드러지며 심상 이미지가 뚜렷한 동사는 명사 목적어를 취하는 능력도 강하며 명사 목적어를 취하는 상용동사에 속한다. 사용빈도가 높고 사용범위가 넓으며 명사 목적어를 취할 수 있는 동사 또한 명사 목적어를 취하는 능력이 비교적 강한 것으로 보인다.

2) 목적어 명사의 분포 특징 분석

말뭉치에서 검색된 동목(V+N) 구조의 실제 용례에 따르면 목적어 명사의 수량과 분포는 다음의 세 가지로 정리된다.

(1) 많은 명사가 동목(V+N) 결합관계에 사용될 수 있으며, 목적어 명사의 출현 횟수는 균등하게 나타나고, 고빈도 명사는 발견되지 않는다. 이러한 결합관계에서 명사는 의미적 필요만 충족되면 여러 동목(V+N) 구조에 사용될 수 있다. 그러므로 이 경우 목적어 명사는 제약 정도가 작은 데 비해 자유도가 상대적으로 높기 때문에 일정한 의미 범위 내에서는 다른 단어로 치환 가능하며 이에 따라 목적어는 유추가

가능하다고 할 수 있다. 여기서 유추가 가능하다는 것은 동사와 목적어 명사의 의미에 따라 동목(V+N) 결합관계 구조에 사용할 수 있는 명사를 유추할 수 있다는 것을 말한다. '交₁'는 '구체적인 사물'을 나타내는 명사를 모두 '交₁+N' 결합관계에 사용할 수 있다. '关₂'의 목적어 명사는 '작동 중에 있는 정지시킬 수 있는 기기'로, '关电脑', '关灯', '关电视', '关电扇', '关空调', '关收音机', '关录音机' 등 동목(V+N) 결합관계를 구성할 수 있다. 다른 전기기구의 명칭도 이 구조에서 목적어로 사용 가능한데, 이러한 명사들은 유추 가능하며 상호 치환도 가능하다. '下₁'의 목적어는 '지면에서 일정한 거리를 두고 있으며 장소를 나타내'는 조건만 충족하면 된다. 이 동목(V+N) 구조의 목적어 명사의 수량은 개방적이어서 상당한 양의 명사가 이 결합관계에 사용될 수 있다. 이러한 상황은 결합 관계에서 동사의 제약이 상대적으로 작고 비교적 자유롭게 결합할 수 있다는 것을 나타낸다.

(2) 일부 명사만이 동목(V+N) 구조에 사용될 수 있는 경우가 있는데, 이런 결합관계의 특징은 다음과 같다. 첫째, 제약성이 강하다. 동목 구조에 사용될 수 있는 명사의 범위가 제한적이어서 목적어는 일부 명사에만 국한되어 자유롭지 못하다. 또한 제약성이 강할수록 목적어 명사의 범위도 작다. 둘째, 유추가 불가능하다. 즉 동의관계 혹은 유의관계에 있는 명사가 동목(V+N) 구조에 사용되는데 제약을 받는다. 셋째, 동사의 의미가 대개 인신의미로 뒤에 오는 명사와 합쳐지거나 심지어는 분리가 어려운 경우, 또는 동목(V+N) 결합관계 자체에 비유적인 의미가 있는 경우 등이다. 전자의 경우는 '谈恋爱', '开玩笑', '占便宜' 등의 예가 있으며, 후자의 예는 '碰钉子', '打招牌', '摆架子', '戴高帽', '走极端', '跳龙门' 등이 있다. 이러한 구조는 상대적으로 안정적인 구조에 속하며 일반적으로 결합관계를 구성하는 성분이 다른 단어로 대체될 수 없다.

상술한 두 가지 결합관계는 단어의 횡적 결합축에서 연속된 단어 결합축의 양 극단에 위치한다. 즉 자유도가 높고 제약성이 적은 결합관계는 목적어로 취할 수 있는 명사의 수도 많고 유추 가능성도 높은 편이며 그에 따라 동사의 결합관계 능력도 강하다. 반면 자유도가 낮고 제약성이 강한 결합관계의 경우에는 목적어가 몇 개의 특정한 명사에 고정되어 있어 제약성이 강하며 목적어의 수도 적다. 경우에 따라 동사의 의미가 의존적이어서 다른 단어와 결합관계를 구성하는 능력이 약하고, 명사의 유추적 사용이 제한된다.

(3) 양자 간에는 중간지대가 존재하는데, 목적어 명사의 수량은 많지만 특정 영역에 집중적으로 분포하는 불균형 현상이 나타나고, 목적어 명사 사이의 출현 빈도가 제각각 달라 특정 명사가 고빈도로 나타나는 경우이다. 이러한 중간 유형의 결합관계가 본서에서 검색한 데이터에서 상당히 큰 비중을 차지한다. 몇 가지 예를 살펴보면 다음과 같다.

'戴'의 경우, 말뭉치 자료에서 79개의 명사를 목적어로 취하며 동목 (V+N) 구조는 281개를 구성하는 것으로 나타난다. 그러나 소수의 명사만이 빈번하게 출현하였는데, 다음은 동사 '戴'와의 공기 횟수가 6회 이상인 명사 5개를 순서대로 나열한 것이다.

眼镜   帽   墨镜   红领巾   手套

이외에도 63개 목적어 명사가 출현하였으나 출현 횟수는 모두 2회 이하이다. 그러므로 79개 명사의 지위는 동등하지 않으며 '戴'와 공기하는 명사는 일정 정도 소수의 명사에 제한되어 있다. 그러므로 '戴'가 구성하는 동목(V+N) 구조는 단어 결합의 축에서 중간 지대에 위치함을 확인할 수 있다.

'擦'의 경우, 첫 번째 의미항목은 '헝겊, 수건 등으로 닦아서 깨끗하게 하다'이다. 말뭉치 자료에서는 40개의 목적어 명사가 검색되었으며 70개의 동목(V+N) 결합관계를 구성한다. 이 중 출현 빈도가 6회 이상인 명사는 다음의 두 개이다.

汗10   眼泪7

나머지 38개 명사의 출현 횟수는 3회 이하였고 그 가운데 단 1회 출현한 명사가 28개이다. 동사 '擦₁'가 구성하는 V+N 구조에는 명사 40개가 출현 가능하므로 제약 정도는 높지 않으며, 명사의 분포 횟수가 불균등하여 고빈도 명사가 존재하고, '汗', '眼泪' 등 소수의 명사만이 상대적으로 출현 횟수가 많다. 이에 반해 대부분의 명사는 출현 횟수가 적은 것으로 나타났다. '擦+N' 결합관계는 제약 정도가 다르고 자유도가 비교적 커서 결합관계에 출현할 명사 역시 유추 가능하다. 따라서 목적어 명사는 수량 면에서 개방적이지만 고빈도 명사 목적어가 존재한다. 즉 동사의 목적어가 소수의 명사에 집중되어 있으며 상위 3개의 명사와 구성하는 결합관계가 전체의 31.42%를 차지한다.

이러한 결합관계는 V+N 구조에서 명사의 분포 경향성을 분명하게 보여준다. 일부 고빈도 명사는 상대적으로 출현 빈도가 높아서 집중적인 분포를 보이는 반면, 저빈도 명사는 수량적으로 많고 분포도 균일하여 상대적으로 개방적이다. 이런 경우 의미와 문법적 규칙에 따라 동목(V+N) 구조에 사용 가능한 명사는 예상 가능하다. 그러므로 이러한 결합관계는 안정적이며 생산성이 높다는 특징이 있다.

3) 고빈도 명사의 출현 양상 분석

말뭉치 데이터를 관찰함으로써 동목(V+N) 구조에는 목적어 명사의 분포가 집중적으로 나타나는 경향이 있으며, 소수의 명사는 동사와 공기하는 확률이 높은 반면 대부분의 명사는 동사와의 공기 횟수가 적은 사실을 확인하였다. 이러한 현상은 다음의 몇 가지로 해석할 수 있다.

(1) 인지언어학에 따르면 담화에 나타나는 어휘의 공기 현상은 개념적 공기가 담화적으로 구체화되는 것이다. 즉 개념, 단어, 문장 및 각 층위에 출현하는 언어적 구조의 의미는 추상적인 현상이 아니라 우리의 실제 생활 경험에서 비롯된다고 보는 것이다. 예컨대 말뭉치에서 '吃饭'의 출현 횟수는 '吃药'보다 많을 것이다. 일상생활에서 식사('吃饭')하는 활동이 약을 먹는 활동('吃药')보다 빈번하게 일어나기 때문이다. 그러므로 '饭'과 '吃'의 공기 빈도가 상대적으로 높은 것이다. 결합관계는 사실상 언어 구조의 도상성, 개념적 범주화, 개념적 은유 제약이 작용한 결과물이다. 그러므로 일상생활에서 나타나는 일반적 상황이 출현 비율이 높으며, 사용빈도도 상대적으로 높다. '发'가 구성하는 동목(V+N) 결합관계인 '发工资'는 실제 생활에서 일어나는 중요한 활동이므로 '发水果'보다 출현 확률이 높을 것이다. 그러므로 '发'와 구성하는 동목(V+N) 구조에서 '工资'의 출현 횟수는 '水果'의 출현 횟수보다 많을 것이 분명하다. 다음의 예를 살펴보자.

> 写报告＞写诗
> 吹笛子＞吹笙
> 擦汗 ＞擦干血
> 戴帽子＞戴围裙
> 听音乐＞听谣言, 听真话
> 脱衣服＞脱背心

이상의 6가지 결합관계는 일반적으로 부등호 앞쪽 결합관계의 출현 횟수가 부등호 뒤쪽의 출현 횟수보다 훨씬 많다.

(2) 인지언어학에서 단어 결합의 동기(motivation)는 개념적 중복 (conceptual overlap) 또는 의미적 대응(semantic correspondence)이다. (李福印, 2008:287-290) 의미적 대응이란 하나의 의미 구조를 구성하는 성분이 다른 의미 구조의 성분과 일치하는 것을 가리킨다. 즉 결합관계의 두 성분이 의미적으로 일관되게 수용 가능한 것이어야 한다는 뜻이다. 李葆嘉(2003)도 비슷한 관점을 보인다. 그에 따르면 결합관계를 구성하는 두 단어 사이에는 의미적인 호환이 가능해야 한다. 본서에서는 개념적 중복의 정도와 결합관계의 안정성 정도 및 상용 정도가 서로 연관되어 있다고 보고, 의미적 대응 정도가 높을수록 결합관계의 중복 출현 횟수 역시 많아질 것이라고 간주한다.

일부 동목(V+N) 구조에서 명사의 의미자질이 동사에 이미 포함되어 있는 경우가 있는데 이런 경우 개념적 중복도가 큰 것으로 볼 수 있다. 이러한 결합관계에서 동사는 일반적으로 대체가 불가능하며, 결합관계의 공기 횟수는 상대적으로 높은 편이다. 예컨대 '点'의 의미는 '불을 붙이다'로, 이 의미로 사용되는 '点灯', '点烟'의 '点'은 다른 동사로 대체가 불가능하다. '吹'의 의미는 '입술을 모아 힘껏 공기를 내뱉다'로, '吹气'의 '吹'도 의미가 유사한 다른 동사로 대체할 수 없다. '喝'의 의미는 '액체 혹은 유동식을 삼키다'로, 결합관계를 이루는 두 성분의 의미적 호환성이 높으므로 '喝水', '喝酒', '喝茶' 등은 모두 고빈도 결합관계이다.

(3) 추상적인 의미의 동사들로 구성되는 동목(V+N) 구조는 말뭉치 데이터에서 공기 빈도가 높다. 일반적으로 이러한 동사들은 원래의 의미로부터 파생된 의미를 나타내며, 동사의 동작성이 감소한 반면 추상성은 강화되었으며, 구성된 동목(V+N) 구조에서 명사의 이미지는 현저

한 반면 동사의 현저성은 감소된다.

开玩笑　　　打电话　　　打喷嚏　　　起作用

　　동사의 동작성이 약화되고 그 이미지도 흐릿해지면, 해당 동사가 구성하는 동목(V+N) 결합관계에서 동사의 의미도 의존적으로 변화하여 결합관계의 의미로부터만 의미 획득이 가능해진다. 즉 동사의 의미가 결합관계를 이루는 명사 성분에 의존하여 확정되므로 결합관계로부터 의미가 획득되며, 동사와 명사의 결합관계의 긴밀성이 공고해지면서 구조적으로 안정된다. 동사가 특정한 명사에 고정되는 경향이 나타나므로 동목(V+N) 결합관계의 출현 횟수도 종종 증가하게 된다.

　　(4) 심성어휘집 이론에서 언어 단위의 사용빈도는 해당 언어 단위가 심성어휘집에서 활성화되는 역치(閾値)에 따라 결정된다. 그런데 심성어휘집에서 활성화되는 역치는 해당 언어 단위가 실제 언어에서 출현하는 횟수와 연관되어 있다. Langacker(2004:59)는 언어 단위에 대해 '하나의 구조가 사용될 때마다 매번 이 구조가 고정화되는 데 긍정적으로 작용하지만, 사용하지 않는 상태가 장기적으로 계속되면 부정적인 영향을 미치게 된다'고 언급하였다. Halliday(1961)는 임시적인 용법이 수용되는 정도를 확률로 설명하였다. 그에 따르면 언어 단위의 확립은 해당 단위가 현실 언어 환경에서 출현하는 빈도에 따른다.

　　결합관계가 실제 언어에서 허용되는 빈도가 높을수록 하나의 통합체로 습득될 가능성도 커지며, 심성어휘집에서의 안정성이 커질수록 출력되는 텍스트가 언중들에게 인정되는 정도도 높아진다. 이는 Hoey(2005:180)가 언급한 바와 상통한다. Hoey(2005)에 따르면, 단어 사용에 있어 개인의 어휘 점화는 사회화 과정에서 교육을 통해 조정된다. 즉 사람들은 교류 가능한 공통의 도구를 찾아내면서 개인적인 점화 특징을 극복하게 되고 결과적으로 단어 결합관계에서 동일한 형태로 수렴하는 경향을 나타낸다. 그러므로 고빈도 결합관계는 대다수의 사람이 공유하는 결합 형태라고 간주된다. 화용론적 시각에서 언어의 기능은 의사소통과 정보 전달에 있으며, 이는 부호화와 해독화 과정에서 이루어진다. 그러므로 한 언어공동체를 이루는 언중은 생각을 표현하고자 할 때 언어의 공통적 속성을 중시하며 사회적으로 널리 인정된 단어 결합관계를 사용하고, 대중적인 표현방식으로 생각을 표현하며 의사소통 과정을 완성하려는 경향을 보인다.

이상의 분석을 통해 고빈도 결합관계가 존재하는 동기를 알 수 있다. 언어의 확률성 이론과 어휘 처리 기제 및 대중적인 수렴성에 의해 나타나는 언어 선택의 경향성에 따라 고빈도 결합관계의 존재는 갈수록 뚜렷해지는 것으로 보인다. 사실상 고빈도 결합관계는 모어 화자가 학습자가 출력한 결합관계의 수용 가능성을 판단하는 잠재적 판정 기준이다.

4. 이음절 동사의 동목(V+N) 결합관계 특징과 분석

갑급 이음절 동사는 총 108개로 다음의 몇 가지 동사는 분석에서 제외하였다.

① 술어 목적어만 취하는 동사 9개:

进行	希望	认为	继续	开始	打算
感到	觉得	以为			

② 관계를 나타내는 동사 3개:

例如   不如   好像

③ 동사적 특징이 불분명한 동사 1개:

为了12)

④ 목적어를 취할 수 없는 동사 12개:

出发	工作	劳动	会话	考试	胜利
迟到	咳嗽	比赛	旅行	休息	照相

⑤ 말뭉치 데이터에서 명사성 목적어가 출현하지 않았거나 명사성
목적어의 출현 횟수가 1개에 불과한 동사 11개

变化	活动	运动	听写	告诉	服务
复习	集合	展览	再见	麻烦	

본서는 이상 동사 36개를 분석에서 배제하고 총 72개의 이음절 동사
가 구성하는 동목(V+N) 구조의 결합관계 상황을 고찰할 것이다.

1) 이음절 동사 동목(V+N) 결합관계의 특징

72개 동사에는 총 86개 의미항목이 있으며 각 동사는 평균 1.194개의
의미항목을 가지므로 평균 의미항목 수는 많지 않다.

---

12) 『汉语水平词汇与汉字等级大纲』(2001)에 따르면 '为了'는 동사 및 개사로 표기되어
있으나, 개정된 『现代汉语词典』(제5판)에는 개사로만 표기되어 있다.

표 3.10 이음절 동사의 의미항목 분포

이음절 동사	의미항목의 수	동사 별 평균 의미항목의 수	동사의 최다 의미항목 수	동사의 최소 의미항목 수
72	86	1.194	3개	1개

(1) 이음절 동사의 결합 능력에 대한 기술

본서에서 검색한 데이터로 볼 때 이음절 동사가 명사 목적어를 취하는 능력은 상당히 강한 편으로 각 동사별로 평균 126개의 동목(V+N) 결합관계가 구성되는 것으로 나타났다. 동사의 목적어가 수량적 측면에서 많다는 것은 상대적으로 결합 능력이 강하다는 사실을 나타내나, 이음절 동사간 결합 능력은 차이가 있어서, 동사가 취하는 명사 목적어의 수는 최대 683개, 최소 5개로 나타났다. 구체적인 수치는 표 3.11에 제시하였다.

표 3.11 이음절 동사가 구성하는 V+N 구조의 수량

의미항목의 수	동목(V+N) 결합관계 구성의 평균값	동목(V+N) 결합관계 구성의 최대값	동목(V+N) 결합관계 구성의 최소값
86	126	683	5

표 3.12 이음절 동사 5개를 예로 동사가 목적어 명사를 취하는 구체적인 상황을 고찰할 것이다.

표 3.12 '改变, 表示, 表现, 联系, 取得'가 구성하는 동목(V+N) 구조의 수량

단어	첫 번째 의미항목이 구성하는 (V+N) 구조 수량	두 번째 의미항목이 구성하는 (V+N) 구조 수량
改变	381	/
表示	48	142

단어	첫 번째 의미항목이 구성하는 (V+N) 구조 수량	두 번째 의미항목이 구성하는 (V+N) 구조 수량
表现	76	/
联系	128	/
取得	683	/

'改变'에는 의미항목이 1개인데 말뭉치 데이터에서는 동목(V+N) 구조 381개가 검색되었다.

改变面貌　　改变方向　　改变环境　　改变结构　　改变方法
改变关系

'表示'는 두 개의 의미항목을 가진다.
① 첫 번째 의미항목에 해당하는 동목(V+N) 결합관계는 총 48개가 검색되었다.

表示敬意　　表示谢意

② 두 번째 의미항목이 구성하는 동목(V+N) 결합관계는 첫 번째 의미항목보다 1개 많았는데, 이에 해당하는 동목(V+N) 결합관계는 총 142개가 검색되었다.

表示时间　　表示关系　　表示事件　　表示温度

'表现'은 의미항목이 1개이며, 동목(V+N) 결합관계는 76개이다.

表现生活　　表现感情　　表现情趣　　表现人物　　表现意识

'联系'도 의미항목이 1개이며, 총 128개의 동목(V+N) 결합관계가 검색되었다.

　　　　联系实际　　　联系群众

'取得'는 의미항목이 1개이나 결합 능력이 강해서 총 683개의 동목(V+N) 결합관계가 검색되었다.

이상의 이음절 동사 5개가 구성하는 동목(V+N) 결합관계는 수량적으로 차이가 있어서 최대 683개, 최소 48개가 검색되었다. 이로써 이음절 동사가 일음절 동사와 마찬가지로 명사 목적어를 취하는 능력에는 일정한 차이가 있음을 알 수 있다.

　　(2) 목적어 명사의 분포 상황

이음절 동사 72개에는 총 86개의 의미항목이 나타나는데, 각 의미항목별로 목적어 명사를 취하는 평균값은 58.6개로 단일 의미항목이 결합하는 명사는 최대 251개, 최소 5개로 나타났다. 상세한 내용은 표 3.13에 제시하였다.

표 3.13 이음절 동사의 목적어 명사 수량

의미항목의 수	목적어 명사의 평균값	목적어 명사의 최대값	목적어 명사의 최소값
86	58.6	251	5

명사가 동사와 무작위로 공기하는 확률은 최대 14.54회, 최소 1회이다. 단일 의미항목이 명사와 공기하는 횟수는 최대 313회로, 이는 검색된 말뭉치 자료에서 동일한 동목(V+N) 구조가 313회 출현함을 의미한다. 상세한 내용은 표 3.14에 제시하였다.

표 3.14 목적어 명사와 이음절 동사의 공기 빈도수

명사와 이음절 동사가 무작위로 공기할 최대 확률	명사와 이음절 동사가 무작위로 공기할 최소 확률	명사가 이음절 동사가 공기하는 횟수의 최대값(회)	명사가 이음절 동사가 공기하는 횟수의 최소값(회)
14.54	1	313	1

동사와 명사의 공기 횟수 최대값은 '解決'가 구성하는 결합관계에서 나타나는데, '解決'의 의미항목 하나에 목적어 450개가 출현한다. 이 중 출현 횟수가 6회 이상인 목적어 명사는 다음과 같다.

问题313　　　困难31　　　难题24　　　矛盾23　　　争端10　　　危机6

이에 따르면 '问题'가 '解決'와 공기할 확률은 매우 크다. 검색된 데이터에서 '解決问题'는 총 313회 출현하여 전체 '解決+N' 결합관계의 69.4%를 차지한다. 그러므로 '解決问题'는 '解決'가 구성하는 전형적인 동목 결합관계라고 할 수 있다.

'解決' 뒤에 출현하는 명사는 총 35개로, 상위 6개의 명사가 출현하는 횟수는 총 407회에 달하여 명사의 총 출현 횟수에서 90.4%를 차지한다. 한편 나머지 29개 명사의 출현 횟수는 모두 2회 이하로 나타난다. 즉 '解決'와 결합하는 명사의 82.85%는 출현 빈도가 낮고, 17.14%를 차지하는 일부 고빈도 명사만이 집중적으로 결합하고 있음을 나타낸다.

검색된 데이터를 살펴보면, 이음절 동사가 취하는 목적어 명사는 고빈도 명사에 집중적으로 분포되는 특징을 보인다. 명사가 동사와 무작위로 공기할 확률은 상대적으로 낮아서 대다수의 동사와 명사의 공기 횟수는 2회 이하로 나타난다. 상세한 수치는 표 3.15에 제시하였다.

표 3.15 목적어 명사의 공기 빈도수 예시

단어	첫 번째 의미항목이 구성하는 동목(V+N)의 수량	첫 번째 의미항목이 구성하는 동목(V+N)에 나타난 명사의 수량	동사-명사의 공기 확률(회)	두 번째 의미항목이 구성하는 동목(V+N)의 수량	두 번째 의미항목이 구성하는 동목(V+N)에 나타난 명사의 수량	동사-명사의 공기 확률(회)
认识	158	85	1.858			
访问	70	59	1.186	16	10	1.6
参观	51	40	1.275			
参加	291	119	2.445			
知道	70	59	1.186			
说明	185	95	1.947			

표 3.15의 데이터로부터 동사와 명사의 평균 공기 확률이 높지 않은 사실을 확인할 수 있다. 공기 확률이 가장 높은 것은 '参加'가 구성하는 동목(V+N) 구조로 중복 출현률은 2.445이다.

동사와 명사의 무작위 공기 확률이 낮기는 하지만, 고빈도 공기 명사가 집중적으로 분포되는 경향이 있으므로, 말뭉치 자료를 기반으로 동목(V+N) 결합관계에서 고빈도 명사의 작용을 찾아볼 수 있다.

예를 들면, '认识'의 고빈도 결합관계는 총 50개가 나타나며 이는 전체 결합관계의 31.65%를 차지한다. 이 결합관계는 5개의 명사로 구성되므로 '认识'와 5개의 명사로 구성되는 결합관계를 이해하면 기본적으로 '认识'가 구성하는 동목(V+N) 결합관계의 2/3를 파악할 수 있다. '参加'가 구성하는 고빈도 결합관계는 총 139회 출현하여 전체 결합관계의 47.77%를 차지한다. 이 고빈도 결합관계는 11개의 명사로 구성되는데, 이는 '参加'가 구성하는 동목 결합관계에서 11개 명사와 구성하는 결합관계가 절반가량을 차지한다는 것을 의미한다. 그러므로 이 11개 명사가 '参加'가 구성하는 동목(V+N) 결합관계에 사용되는 명사를 대표한다고 할 수 있다. '解決'가 구성하는 동목(V+N) 결합관계는 총 450개가 검색되었는데, 이중 5회 이상 출현하는 명사는 6개로 총 출현 횟수는 407회이다. 이는 이들 명사가 '解決'와 구성하는 407개의 결합관계가 전체 결합관계의 90.4%를 차지함을 의미한다. 그러므로 이 6개 명사는 전형성이 매우 뚜렷하며 이 6개 명사를 파악하면 기본적으로 '解決'가 구성하는 동목(V+N) 결합관계를 파악할 수 있다. 이러한 사실은 중국어 교수 측면에서 매우 중요한 의미를 지닌다. 평균 공기 빈도수로 볼 때 명사와 동사의 공기 횟수는 많지 않지만, 공기 횟수가 집중적으로 분포하는 경향은 매우 뚜렷하다. 공기 횟수가 일부 명사에 집중되는 것은 동사가 어느 정도는 이 일부 고빈도 명사에 제한되어 있음을 의미한다.

요컨대 말뭉치 데이터의 통계에 따르면 상용 이음절 동사가 구성하는 동목(V+N) 결합관계는 다음과 같은 특징을 가진다. 첫째, 각각의 이음절 동사는 의미항목별로 평균 126개의 동목(V+N) 결합관계를 구성한다. 수량적으로 상당히 많으나 의미항목별 동사 간에 차이가 매우 크다. 둘째, 목적어 명사가 출현하는 횟수는 균일하지 않아서 하나의 명사가 최대 313회 중복 출현하였으며 가장 적은 경우 1회에 불과하였다. 명사에 따라 동목(V+N) 구조에서 차지하는 중요성도 큰 차이가 나타났다. 결과적으로 이음절 동사가 구성하는 동목(V+N) 구조에는 여러 가지 면에서 차이가 있으며 실제 교수에서도 이러한 차이를 구분하여 접근해야 함을 알 수 있다.

2) 일음절 동사와 이음절 동사가 구성하는 동목(V+N)의 비교 분석

데이터 분석 결과에 따르면, 일음절 동사와 이음절 동사가 구성하는 동목(V+N) 결합관계에는 공통점이 상당히 많이 관찰된다. 결합관계에 따라 차이가 비교적 뚜렷한데 그 차이는 주로 동사가 명사 목적어를 취하는 능력의 차이로 나타난다. 즉 수량적인 측면에서 동사가 취하는 명사 목적어의 수가 다르며, 동목(V+N) 구조에서 명사의 수량과 분포 경향이 각기 다르게 나타난다. 상세한 내용은 표 3.16에 제시하였다.

표 3.16 일음절 동사와 이음절 동사가 구성하는 동목(V+N) 결합관계 비교

	동사의 평균 의미항목 개수	각 의미항목 별 동목(V+N) 개수의 평균	의미항목 별 목적어 명사 개수의 평균	동사와 명사의 최대 공기 횟수	최대 무작위 공기 확률
일음절 동사	2.327	35.86	21.1	171	22.25
이음절 동사	1.194	126	58.6	313	14.54

데이터의 비교를 통해 다음의 몇 가지를 알 수 있다.

① 일음절 동사 의미항목의 평균개수는 2.327개인 반면, 이음절 동사의 의미항목 평균개수는 1.194개로 일음절 동사의 절반가량이다. 王洪君(2008:60)은 '일음절 한자에는 (여러)의미가 있으며, 일음절 한자 두 개로 이음절 단어가 구성되면 구성 성분이 되는 일음절 한자는 이웃하는 다른 한자와의 관계에 의해 의미가 결정된다(单音有义、双音定义)'고 주장한다. 王洪君이 제안한 이러한 음운-의미의 관련성 모델에 따르면 하나의 한자에는 여러 개의 의미항목이 있을 수 있으므로 음절과 어휘 단위의 의미는 일대다 대응을 나타낸다. 반면 이음절 음운 형식은 두 한자가 상호 결합, 선택하면서 각 음절에 대응하는 의미가 단일화되어서 나머지 의미항목은 결합관계를 구성할 수 없기 때문에 배제되므로 다의 현상이 감소한다. 이에 따라 본서는 동사가 이음절화되는 과정에서 이음절 단어를 구성하는 두 형태소가 의미적으로 상호 선택, 상호 제약함으로써 다의어가 될 가능성을 상당 정도 감소시켰으며, 이로써 일음절 동사에 비해 이음절 동사의 의미항목도 감소된 것으로 본다.

② 이음절 동사는 목적어 명사를 취하는 능력이 강하다. 데이터에

따르면 이음절 동사가 동목(V+N) 구조를 구성하는 수량과 명사를 취하는 수량이 뚜렷하게 증가하는 추세가 관찰된다. 이음절 동사의 동목(V+N) 구조의 평균 수량은 일음절 동사의 동목(V+N) 구조에 3.51배이며, 이음절 동사의 명사 목적어의 평균수량 또한 일음절 동사의 2.77배에 달한다. 이는 이음절 동사가 구성하는 동목(V+N) 구조에 사용될 수 있는 명사가 많아 이음절 동사의 동목(V+N) 결합관계를 대량으로 구성한다는 것을 뜻한다. 동목(V+N) 구조에서 많은 명사가 치환 가능하다는 사실은 결합관계의 제약성이 비교적 약하고 자유도는 상대적으로 높음을 의미한다.

③ 이음절 동사가 명사와 공기하는 평균 횟수는 많지 않으나, 절대적인 고빈도 명사가 존재한다. 일음절 동사와 명사의 최대 무작위 공기 확률은 22.25%이며 동사와 명사의 최대 공기 횟수는 171회이다. 한편 이음절 동사와 명사의 최대 무작위 공기 확률은 14.54%이나 동사와 명사의 최대 중복 출현 횟수는 313회이다. 이를 통해 상당수의 이음절 동사는 명사와 무작위로 공기하는 횟수가 많지 않아 평균값도 일음절 동사에 비해 7.71회 적게 나타나지만, 개별 명사의 중복 출현 비율은 매우 높은 것을 확인할 수 있다. 본서는 공기 횟수 60회를 기준으로 일음절 동사 및 이음절 동사와 명사가 공기하는 상황을 조사하였다. 그 결과, 의미항목별로 구분한 이음절 동사 86개 가운데 10개 동사가 구성하는 동목(V+N) 구조에 공기 횟수가 60회 이상인 초고빈도 명사가 사용되고 있음을 발견하였다. 동사와 의미항목의 상세한 목록은 표 3.17에 제시하였다.

표 3.17 공기 횟수가 60회 이상인 고빈도 결합관계

동사(의미항목)	고빈도 결합관계	출현 횟수	전체(V+N)에서 차지하는 비율(%)
1. 反对	反对主意	84	34.16
2. 坚持	坚持原则	63	28.37
3. 解决	解决问题	313	69.40
4. 取得	取得成果	115	52.26
	取得成绩	112	
	取得成就	69	
	取得效果	61	
5. 讨论	讨论问题	60	48
6. 完成	完成任务	233	56.57
	完成计划	68	
7. 掌握	掌握知识	79	19.17
8. 回答	回答问题	60	81.08
9. 建设	建设社会主义	153	34.45
10. 提高	提高水平	95	25.03
	提高质量	71	

이음절 동사의 동목(V+N) 결합관계는 특정 형태에 집중적으로 분포하는 경향이 뚜렷하다. 동사는 주로 특정 고빈도 명사에 제한적으로 사용되며, 고빈도 결합관계가 전체 결합관계에서 차지하는 비율은 최저 19.17%에서 최고 81.08%에 이르고 평균 44.84%의 수치를 보인다. 이러한 사실을 통해 출현 빈도가 매우 높은 결합관계들이 검색된 전체 결합관계의 절반가량을 차지함을 알 수 있다. 그런데 일음절 동사의 의미항목 284개에서는 '花钱', '起作用' 2개만 각각 62회, 171회 공기하여 동사와 명사의 공기 횟수가 60회를 초과하였다.

출현 횟수가 절대적으로 높은 수치를 보이는 명사는 다음의 두 가지 종류가 있다.

① 추상적이며 상용도가 높은 명사. 이러한 단어들은 모두 해당 범주의 전형적인 구성원으로 사용빈도가 높은 편이다. '取得'의 고빈도 공기 명사인 '成果', '成绩', '成就', '效果' 등은 모두 동일한 의미 범주에 속하는 전형적인 구성원이다. 전형적 구성원은 무표적인데, 무표적 성분은 인지적 현저성이 높고 쉽게 주의를 끌며 저장과 추출이 용이하여 화자의 기대 혹은 예상치에 가장 근접해 있다. 이 의미 범주에는 이밖에도 '业绩', '劳绩', '硕果', '结晶', '功绩', '战绩', '伟绩', '伟业' 등 많은 명사가 포함된다. 그러나 이들 명사는 사용빈도가 훨씬 낮으며 이 범주의 전형적 구성원이라고 볼 수 없다. 그러므로 이들 단어가 '取得'와 공기하는 횟수도 낮을 수밖에 없다.

② 개괄성이 높은 단어. 일음절 동사가 구성하는 동목(V+N) 구조에도 일부 나타나기는 하지만, 이음절 동사의 동목(V+N) 구조에서 추상적이고 개괄성이 높은 단어의 중복 출현 횟수가 더 많았다. 이러한 단어들은 '问题', '主义', '水平', '危机', '情况' 등 개념 범주에서 일반적으로 기본 범주를 표시하는 어휘들이다. 추상 동사와 명사는 인지적 개념화 과정에서 동일한 층위에 존재하며, 단어 결합관계는 개념 층위의 선택적 선호 원칙에 의해 동일 층위의 개념을 선택하거나 혹은 하위 범주의 개념을 선택한다. 그러므로 상대적으로 동사성이 약한 동사와 추상 명사가 우선적으로 선호되는 경향이 나타나며, 추상 동사가 하위 범주에 속하는 명사를 선택하는 경향이 있으므로 단어 결합관계의 선택적 선호 원칙에서 추상적 동사는 동일 층위의 개념을 선택할 수도 있고 하위 범주의 개념을 선택할 수도 있다. 추상적 의미의 동사는 이음절 동사가 일음절 동사보다 많으므로 결합관계의 선택에 있어 동일 층위의 이음절 추상 명사 혹은 하위 범주의 명사를 선택하는 경향이 두드러진다. 그런데 중국어의 하위 개념은 대부분 '수식어+기본 층위의 개념어' 형식으로

구성된다. 예컨대 '危机'의 하위 개념으로 '政治危机', '经济危机', '信任危机' 등의 형태를 구성하고, '问题'의 하위 개념으로 '生产问题', '农民工问题', '卖粮难问题' 등의 형태를 구성하는 것이다. 일반적으로 기본 층위의 개념을 나타내는 단어와 하위 개념을 나타내는 단어는 개괄성이 높은 추상 명사를 포함하므로, 추상적이고 개괄성이 높은 명사가 초고빈도 현상을 나타낼 가능성이 높다.

모어 화자가 실제 언어 환경에서 이러한 결합관계를 반복적으로 접촉하면 화자의 심성어휘집에서도 결합관계의 두 성분 간 연결성이 증가하게 되며, 점화의 역치도 감소하여 언어적 출력에도 영향을 미치게 된다. 일부 결합관계에서 추상 명사의 의미 기능이 약화되는 경우가 있는데, 이는 주로 결합관계의 필요에 의해 나타나는 현상이다. 본서는 CCL 영중 이중언어 말뭉치에서 '发生问题'와 '出现问题'의 중국어 용례를 검색하였다. 이어서 이 두 결합관계의 영어 번역을 고찰하였는데, 이를 통해 본서는 두 용례의 영어 번역으로부터 중국어 용례에 나타나는 '问题'에 실질적인 의미가 없음을 증명할 증거를 발견하고자 하였다. 그 결과 영어 번역에서는 '问题'에 상응하는 영어 단어는 출현하지 않았으며 다른 방식으로 '问题'의 의미를 표현한다는 사실을 발견하였다. 다음은 중국어 문장과 이를 번역한 영어 문장이다.

> 如果搞资本主义，可能有少数人富裕起来，但大量的人会长期处于贫困状态，中国就会【发生】闹革命的【问题】。
> If we adopted the capitalist system in China, probably a small number of people would be enriched, while the overwhelming majority would remain in a permanent state of poverty. If that happened, there would be a revolution in China.
> 【文件名：\05-73.xml 文章标题：吸取历史经验，防止错误倾向】

在发达国家实现工业化的过程中注重机械化和自动化，与此同时【出现】
了一些失业【问题】。

During the course of industrialization, developed countries attached
importance to mechanization and automation, which has increased un-
employment.

　　【文件名： 文章标题：】

　　위의 영어 번역에는 모두 '发生问题'와 '出现问题'에 대응하는 결합관
계가 나타나지 않는다. 이는 중국어 원문에 등장하는 '问题'의 의미가
모호하여 필수적인 번역 성분이 아니므로 다른 방식으로 대체될 여지가
있기 때문이다. 이러한 사실이 '问题'가 주로 동사 '发生'과 '出现'의 결합
관계를 구성하기 위해 필요할 뿐 자체의 의미는 이미 약화되었다는
것을 의미하는지에 대해서는 앞으로 더 심도있는 논의가 필요하다.

　　중국어와 영어의 자료를 대조함으로써 또 다른 문제를 발견할 수
있다. 즉 동일한 의미가 언어마다 다른 표현방식으로 나타난다는 것이
다. 학습자 입장에서는 이런 모어와 목표어의 결합관계 차이를 크게
느끼므로 단어 결합관계의 교수는 외국어로서의 중국어 교수에 필수적
인 요소라고 할 수 있다. 그러나 본서는 대형 이중언어 말뭉치에 기반한
대조연구를 진행하지는 않았으므로 이상의 결론은 실험적인 단계에 머
물러 있다.

5. 결론

　　(1) 동사의 결합관계 구성 능력은 동사마다 다르며, 동사가 취하는
명사 목적어의 수량도 차이가 있다. 하나의 단어에 여러 개의 의미항목
이 존재할 경우 각 의미항목이 구성하는 동목(V+N) 구조의 수량과 목적

어 수량도 차이가 있으므로, 명사 목적어를 취하는 상용 의미항목이 존재한다.

(2) 동목(V+N) 구조에 명사가 출현하는 횟수와 분포는 각기 다르며 다음의 세 가지로 요약된다.

① 명사의 수량이 많고 명사의 출현 횟수가 균등하게 분포하며, 목적어 명사에는 내부적으로 고빈도 명사가 존재하지 않는다. 모든 명사에 대한 동사의 제약 정도는 기본적으로 동일하여 일반적으로 이러한 동사의 목적어 명사는 유추 가능성이 있는 것으로 간주된다.

② 명사의 수량은 많으나 명사와 동사의 공기 횟수가 균등하지 않아 일부 명사의 공기 횟수는 많은 반면 대부분의 명사는 공기 횟수가 적다. 즉 동목(V+N) 결합관계 내부에서 명사의 역할이 각기 다르고 고빈도 명사는 전형적인 의미를 나타낸다. 한편 대부분의 저빈도 명사는 출현 횟수가 균등하게 나타나며 일정 범위 내에서는 제한적이나마 유추적인 사용도 가능하다.

③ 명사 목적어의 수량이 매우 적어 동목(V+N) 결합관계에 사용 가능한 명사의 수량이 제한적이며, 일반적으로 명사가 동의 혹은 유의관계에 있는 다른 명사로 대체될 수 없어 목적어가 의미에 따라 유추하여 사용되기 어렵다.

(3) 상용 이음절 동사가 구성하는 동목(V+N) 결합관계에서 일부 명사의 출현 확률이 대단히 큰 경우가 있는데, 이 명사들은 일반적으로 추상적이며 개괄성 정도가 크다. 이러한 명사들은 동사와 반복적으로 공기하면서 모어 화자의 심성어휘집에서 활성화되는 역치가 낮아져, 모어 화자가 특정 결합관계에 대한 허용 가능성을 판단하는 기준으로 작용하게 된다. 또한 명사가 특정 조건 하에서 동목 결합관계의 수요를 만족시키는 수단으로 사용되는 경우도 발견된다. 3장에서는 인지언어학과 언

어기능이론의 관점에서 일부 명사의 고빈도 출현 현상을 이론적으로 설명하고자 하였다.

(4) 일음절 동사의 동목(V+N) 구조와 이음절 동사의 동목(V+N) 구조는 동사의 결합관계 능력과 제약 정도에 차이를 보인다. 즉, 이음절 동사가 일음절 동사에 비해 명사 목적어를 취하는 능력이 강하며, 많은 명사들이 이음절 동사의 동목(V+N) 결합관계에 사용될 수 있고, 목적어 명사에 대한 동사의 제약이 상대적으로 약하다.

(5) 일부 상용 이음절 동사가 구성하는 동목(V+N) 결합관계에서 명사 수식어가 의존적인 현상이 발견된다. 또한 일부 원형 명사는 수식어와 결합한 상태에서만 특정 동사가 구성하는 동목(V+N) 결합관계에 사용되는데, 이러한 현상은 특정 동사와 명사가 동목 결합관계를 구성하는 데 있어서의 제약조건을 드러낸다.

요컨대 상용 동사가 구성하는 동사의 동목(V+N) 결합관계는 내부적으로 큰 차이를 보인다. 중국어 동목(V+N) 결합관계의 특징을 체계적으로 기술하고 동목(V+N) 결합관계의 규칙을 고찰하기 위해 유형 분류가 이루어져야 한다. 그래야만 이를 기반으로 결합관계의 연구를 체계화시킬 수 있다. 4장에서는 3장의 결론을 바탕으로 말뭉치 데이터에 기반하여 중국어 상용 동목(V+N) 결합관계를 유형별로 분류할 것이다.

4장에서는 구체적인 결합관계에 대해 논의하겠다. 말뭉치에서 검색한 모든 결합관계의 실례를 전반적으로 고찰하고, 기존의 분류 연구 및 중국어 동목(V+N) 결합관계의 실제 상황에 따라 동목(V+N) 구조의 유형을 분류할 것이다. 또한 동사가 결합관계를 구성할 수 있는 명사의 의미를 분류하는 고찰하여 의미 부류를 매개로 동목(V+N) 구조를 체계적으로 기술할 것이다. 동사와 명사의 결합관계 유형에 대한 연구가 단어 층위에서의 결합관계 분류에 관한 연구라면, 목적어 명사의 의미 분류 연구는 목적어 명사의 의미 층위를 고찰하는 것이다. 이 두 측면에서의 기술과 중국어 모어화자가 사용하는 동목(V+N) 결합관계의 특징 분석은 외국어로서의 중국어 교육에서 단어 결합관계의 교수에 정량화된 데이터로 뒷받침되는 참고 근거를 제공할 것으로 기대된다.

1. 중국어 동목(V+N) 결합관계의 분류 기준

1) 기존 연구의 분류 기준 분석

중국어 단어 결합관계의 분류에 대한 연구 성과는 많지 않다. 邢公畹(1980), 马挺生(1986), 宋玉柱(1990), 林杏光(1994) 등이 결합관계에 각기 다른 유형 분류를 제안하였는데, 대표적인 관점은 단어 결합관계를 논리적 결합관계, 문법적 결합관계 및 습관적 결합관계로 분류하거나(宋玉柱, 1990) 논리적 결합관계와 사회적 약속에 의한 결합관계로 분류(林杏光, 1994)하는 것이다. 이러한 분류는 단어 결합관계의 성질에 대한 연구자의 인식을 반영한다. 즉 단어 결합관계에는 유추성이 존재하여 논리적, 의미적, 문법적 규칙에 따라 유추할 수 있다. 또한 결합관계는 언어적 습관과도 관련되어 있는데, 이러한 특성은 결합관계의 제약성을 반영하는 것이다. 어떤 단어 결합관계는 유추 가능하지만 어떤 단어 결합관계는 특정한 단어에만 제한되어 유추가 불가능한 경우도 있다. 이로 인해 연구자들은 단어 결합관계의 본질적 특성을 인식하고 그 성질과 유형을 논의하였지만 구체적인 분류 기준을 제시하지는 못하고 있다.

외국어 대상의 단어 결합관계 연구에서 단어 결합관계의 유형에 관한 연구는 항상 주목을 받아왔다. 현재까지의 연구 성과로 볼 때 분류 기준은 다음의 몇 가지로 정리된다. Cowie(1981:223-225)는 의미 투명성과 결합관계 성분의 대체 여부, 즉 치환 가능성을 기준으로 단어 결합관계를 자유결합, 제약적 결합관계, 비유적 결합관계와 숙어 네 가지로 분류하였다. Cowie는 또한 이 네 가지 분류 간에는 경계가 명확히 지어지지는 않는다는 점을 강조하고, 정도의 차이일 뿐 각 결합관계는 단어 결합의 연속선상에 있다는 점을 분명히 지적하였다. Howarth(1996:105)는 치환이 제한되는 성분의 수와 제약 정도를 기준으로 동목(V+N) 결합관계를 다섯 가지로 분류한다. Cowie와 Howarth는 단어 결합축을 의미 투명도와 치환 가능 정도에 따라 여러 영역으로 나누었으며 각 영역이 단어 결합관계의 유형에 해당한다. 그러나 단어 결합관계의 유형 간에는 확연히 구분되는 경계점이 존재하지 않으며 각 유형은 경계가 모호하다. 연구 문헌들로부터 관찰할 수 있는 가장 최근의 분류 기준은 Nesselhauf(2003:33)의 분류 방법이다. Nesselhauf는 기존 연구 성과를 바탕으로 결합관계 성분의 치환 가능 정도를 유일한 기준으로 삼아 단어 결합을 자유 결합관계, 제약적 결합관계와 숙어 세 가지로 분류하였다. 자세한 내용은 다음과 같다.

자유 결합관계: 결합관계를 구성하는 의미항목 측면에서 있어 동사와 명사가 다른 단어로 치환되는데 제약을 받지 않으며, 이 의미항목에 해당하는 동사는 다양한 명사와 결합관계를 구성할 수 있고 명사 역시 해당 의미항목으로 쓰일 경우 여러 동사와 결합관계를 구성할 수 있다.

제약적 결합관계: 해당 의미항목을 나타내는 명사가 자의적인 치환에 제약을 받지 않아서 여러 동사와 결합관계를 구성할 수 있다. 이와 달리 동사는 해당 의미항목을 나타내는 경우 자의적 결합에 제약을 받아 일부 명사와만 결합관계를 구성하며, 어느 정도 그 명사들에만 자의적으로 제약을 받는 경향이 나타난다.

숙어: 동사와 명사의 의미항목이 단독으로 확립되지 않거나, 동사와 명사의 의미항목이 일정한 특수 환경에서만 사용될 수 있는 경우 관용어로 분류한다.

다른 분류 기준과 비교했을 때 Nesselhauf의 분류 기준은 실제적인 응용 가치를 지니고 있으며 이는 다음의 몇 가지에 구체적으로 나타난다.

① 한 가지 기준만을 정하였으므로 운용이 간단하고 편리하다.

② 동사의 제약 정도만 고려하며, 이를 기초로 제약적 결합관계와 자유 결합관계 및 관용어를 구분하고 결합관계 내 명사의 상황은 고려하지 않는다.

③ 결합관계를 세 가지로 명확히 분류함으로써 실제 운용에 유리하며, 단어 결합관계의 교육적 수요도 만족시킬 수 있다.

또한 Nesselhauf는 이상의 기준을 바탕으로 독일어 모어화자인 영어 학습자가 출력하는 단어 결합관계를 분류하였으며, 이로써 응용 측면에서 그가 제시한 분류 기준의 신뢰도가 증명되었다.

2) 중국어 동목(V+N) 결합관계의 제약 정도

중국어 동목(V+N) 결합관계의 제약은 주로 동사가 목적어를 취하는 능력, 목적어 명사의 분포 상황, 목적어 명사의 유추 가능성, 결합관계의 의미적 투명성 정도 등 네 가지로 나타난다. 말뭉치에서 검색한 결합관계의 실례를 관찰함으로써 중국어 동목(V+N) 결합관계의 제약 정도가 상당한 차이를 보인다는 사실을 직관적으로 간파해낼 수 있다. 다음에서는 '改', '知道', '发展', '挂', '打(묶다)'를 예로 들어 동목(V+N) 결합관계의 제약 상황을 분석할 것이다.

첫 번째, '改', '知道'의 목적어 분포 상황을 살펴보자.

① '바꾸다, 변경하다'라는 뜻의 '改'가 취하는 목적어 명사는 그림 4.1에 제시하였다.

그림 4.1에 제시된 바와 같이 '改'의 목적어 명사는 수량이 많은 편으로 동사와의 공기 횟수는 최대 2회, 평균 1.173회였고 고빈도 공기 단어는 관찰되지 않았다. '改'는 목적어를 취하는 능력이 매우 강한 편으로

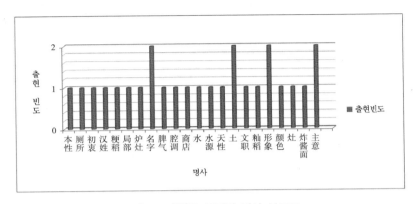

그림 4.1 '改'의 목적어 명사 분포도

의미에 따라 다른 동목(V+N) 결합관계를 유추해 사용할 수 있다. 명사의 분포 상황도 균일하여 특정 명사에 집중되는 경향성이 보이지 않으며 고빈도 단어도 나타나지 않는다.

② '知道'

'知道'의 목적어가 비교적 많은 관계로 제시의 편의를 위해 목적어의 출현 횟수에 따라 상위 20개 목적어를 취사선택하였다. 출현 횟수가 같은 경우에는 발음 순서에 따랐다. 그림 4.2는 '知道'가 취하는 목적어 명사 중 상위 20개를 막대그래프 형식으로 제시한 것이다.

그림 4.2는 '知道'가 목적어를 취하는 능력이 매우 강해서 목적어 명사의 수량이 상당히 많고 분포 경향이 '改'의 목적어 명사의 분포 경향과 유사함을 보여준다. '知道'와 이들 목적어 명사의 공기 횟수는 평균 1.186회로 균등하게 분포하며 고빈도 명사가 나타나지 않았고, 동사가 개별 명사에 제한적으로 결합하는 경향 또한 보이지 않는다.

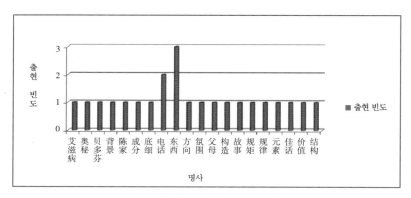

그림 4.2 '知道'의 목적어 명사 분포도

두 번째, '挂', '发展'의 목적어 분포 상황을 살펴보자.

① '挂'의 목적어 분포

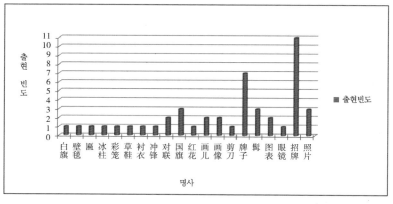

그림 4.3 '挂'의 목적어 명사 분포도

'挂'가 목적어 명사를 취하는 능력은 매우 강하다. 의미에 따라 '挂'와 결합관계를 구성하는 명사를 유추하여 사용할 수 있으며 '挂'와 목적어 명사와 공기하는 평균 공기 횟수는 2.3회이다. 그러나 명사 간 공기

횟수는 균등하게 나타나지 않았다. 예컨대 '挂牌子', '挂招牌'는 각각 7회
와 11회 출현하여 '挂'의 목적어 명사가 동사와 공기하는 확률이 불균등
함을 반영한다. '挂'가 다른 명사에 비해 '牌子'나 '招牌'등과 결합관계를
구성하는 기회가 훨씬 많다는 것은 '挂'가 구성하는 동목(V+N) 구조가
어느 정도 제약을 받는다는 것을 의미한다.

② '发展'의 목적어 분표
'发展'이 취하는 목적어 명사의 수량은 상당히 많다. 명사들의 평균
공기 횟수는 2.241회이고 '工业', '农业', '经济', '生产力'의 공기 횟수는
각각 9회, 8회, 7회, 6회로 고빈도 명사가 존재한다는 것을 알 수 있다.
'发展'과 이 고빈도 명사 4개가 공기하는 빈도는 상당히 높으므로 '发展'
이 고빈도 명사와 결합관계를 구성하는 경향을 어느 정도 갖고 있음을
알 수 있다.

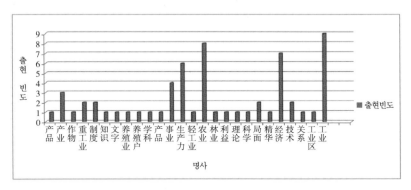

그림 4.4 '发展'의 목적어 명사 분포도

세 번째, '묶다' 의미를 나타내는 동사 '打'의 목적어 분포 상황을 살펴
보자.

'묶다' 의미의 '打'와 결합하는 목적어 명사 분포 현황은 그림 4.5와 같다.

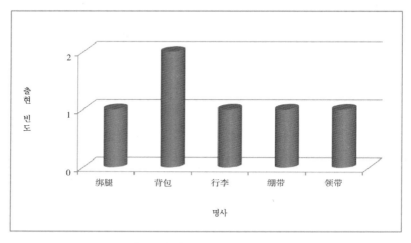

그림 4.5 '打'의 목적어 명사 분포도

검색된 말뭉치 자료에서 '묶다' 의미의 '打'가 취하는 목적어 명사는 5개로 많지 않은 편이며, 출현 횟수도 균일하게 분포하여 고빈도 결합관계가 보이지 않는다. 또한 '묶다' 의미의 '打'는 유추 가능성이 낮아서 '打腰带', '打发带', '打鞋带' 등은 사용되지 않는다.

말뭉치 자료에서 추출된 결합관계에서 몇 가지의 의미는 결합관계를 구성하는 성분이 나타내는 글자 그대로의 의미가 아니며, 적어도 구성 성분의 의미가 단독으로 확정되기 어려운 경우가 많다. 즉 '摆架子', '戴高帽', '唱高调', '开玩笑', '碰钉子', '发脾气' 등의 결합관계는 제약성이 강하고 목적어의 수량이 상대적으로 적어서 기본적으로는 유추하여 사용할 수 없다. 이러한 결합관계는 다음의 두 가지 상황으로 구분된다.

(1) 단어 결합관계가 반영하는 활동은 현실생활에서 실제로 일어나던 활동이 허지(虛指)로 전환된 추상적 현상으로 '唱高调', '戴高帽' 등과 같이 비유적인 의미가 발생한다.

(2) 공기 횟수가 증가함에 따라 결합관계 구성 성분 간의 의미가 상호 융합하여 의존관계가 성립하면서 의미의 독립성이 약화되어 '开玩笑', '发脾气'처럼 구성 성분의 해당 의미항목이 주로 특정한 결합관계 내에서만 등장한다. 이 부류의 결합관계는 기본적으로는 목적어의 유추 사용이 불가능하고 결합관계를 구성하는 성분이 서로 고정되는 경향이 나타난다. 단어의 의미는 이 단어와 자주 공기하는 단어의 의미에 의해 구현된다.(利奇, 2005:24)

이상 말뭉치에서 검색한 결합관계의 실례를 고찰함으로써 중국어 동목(V+N) 결합관계의 전체적인 양상에 대해 기본적으로 이해하였다. 이를 통해 동목(V+N) 결합관계의 제약 정도가 각기 다르고 결합관계 간에도 뚜렷한 차이를 보이므로 각기 다른 유형으로 분류할 수 있음을 알 수 있다.

3) 중국어 동목(V+N) 결합관계의 분류 기준

본서에서 단어 결합관계를 분류하는 목적은 주로 외국어로서의 중국어 교육에 이바지하기 위함이다. 그러므로 본서는 가능한 한 간단하고 분명한 분류를 추구하며 이를 통해 교육에 일조하는 실용적 가치를 가짐과 동시에 대규모 운용을 위한 실행 가능성도 확보하고자 한다. 결합관계의 분류 기준은 중국어 동목(V+N) 결합관계의 실제 상황을 객관적으로 반영하여야 하며, 또한 실용성과 운용의 수월성을 부각시켜야 한다. 본서는 이 원칙에 기반하여 제약 정도에 따라 동목(V+N) 결합관계를 자유 결합관계, 제약적 결합관계와 고정적 결합관계의 세 가지 부류로 구분한다. 이중 제약적 결합관계는 다시 약한 제약적 결합관계와 강한 제약적 결합관계로 세분한다.

자유 결합관계: 동사와 명사가 모두 자의적으로 치환 가능하여 아무런 제약을 받지 않는다.[1] 동사는 많은 명사와 결합관계를 구성할 수 있으며, 공기 확률은 기본적으로 균등하여 고빈도 목적어 명사가 나타나지 않고 의미에 따라 유추하여 결합할 수 있다. FC로 약칭한다.

제약적 결합관계: 동사가 어느 정도 치환에 제약을 받고 동사의 목적어는 정도의 차이를 두고 명사에 집중된다. 제약 정도의 차이에 따라 제약적 결합관계는 약한 제약적 결합관계와 강한 제약적 결합관계로 나뉘며 각각 RC1과 RC2로 약칭한다.

약한 제약적 결합관계: 결합관계 내의 동사는 많은 명사와 결합관계를 구성할 수 있지만, 일부 명사에 어느 정도 제한되는 경향이 있다. 즉 특정한 일부 명사와 공기할 가능성이 크므로 고빈도 명사가 나타난다. 이와 동시에 결합관계 내에는 출현 횟수가 많지 않은 상당한 수량의 목적어 명사가 존재하며 이를 통해 목적어 명사가 일정한 범위 내에서는 유추 사용이 가능함을 알 수 있다. 이러한 결합관계를 약한 제약적 결합관계라 칭한다.

강한 제약적 결합관계: 동사가 소수의 명사와만 결합관계를 구성하고, 목적어가 일일이 열거할 수 있을 만큼 소수의 일부 명사로만 제한될 경우, 이러한 결합관계를 강한 제약적 결합관계라 칭한다. 이 결합관계

---

1) 본서에서 일컫는 자의적 치환에 대한 제약이란 동사가 의미적으로 부합하는 모든 명사와 동목(V+N) 결합관계를 구성할 수는 없음을 가리킨다. 즉 동사는 명사에 어느 정도 선택적 선호를 보이며 특정 명사들과 결합관계를 구성하는 경향을 보일 수 있다.

에 속하는 목적어 명사는 일반적으로 유추가 불가능하다.

고정적 결합관계: 동목(V+N) 결합관계가 비유적 의미를 나타내거나 동사와 명사의 의미가 단독으로 성립되지 않으면,[2] 결합관계 성분의 의미가 특정 결합관계에서만 존재하며 동사와 명사가 자의적 치환에 제약을 받는다. '谈恋爱', '唱高调', '开玩笑', '发脾气' 등이 이에 속하며 이러한 결합관계를 고정적 결합관계라 한다. 고정적 결합관계 또한 구성 성분의 유추 사용이 불가능하다. FP로 약칭한다.

이상의 분류 기준과 관련된 양적 지표는 다음과 같다.

(1) **균등 분포:** 결합관계를 확정짓는 관건은 목적어 명사의 분포 상황이다. 동사의 목적어 명사에 고빈도 명사가 나타나지 않고, 평균 출현 빈도가 5회 이하이면 명사의 분포가 균등한 것으로 간주한다. 즉 동사가 모든 명사와 공기할 기회가 균등하며, 동사는 일부 명사에 전혀 제한되지 않거나 거의 제한되지 않고, 동사와 명사는 모두 자의적 치환의 제약을 받지 않는다.

(2) **고빈도 명사:** 동사는 많은 명사와 결합관계를 구성할 수 있지만 그 중 소수의 명사와만 고빈도 결합관계를 구성한다. 공기 횟수가 5회

---

2) 의미항목이 단독으로 성립 가능한지를 판단하는 것은 『现代汉语词典』을 따른다. 본서에서는 다음 두 가지 상황에서 의미항목이 단독으로 성립될 수 없는 것으로 간주한다. 첫째, '发脾气'를 '일이 뜻대로 되지 않아 소란을 피우거나 남을 욕하다(因事情不如意而吵闹或骂人)'라고 풀이한 예처럼, 『现代汉语词典』에서 결합관계의 의미를 풀이하면서 단어의 의미를 풀이하지 않고 표제어 항목, 즉 결합관계의 의미에서도 단어 의미를 구분할 수 없는 경우, 이 결합관계의 구성 성분 의미는 단독으로 성립하기 어려운 것으로 간주한다. 둘째, '开玩笑'처럼 '开' 항목에는 '开玩笑'가 포함되지 않고 '玩笑'의 뜻풀이에 '놀리는 행동 혹은 장난치는 말, 보기: 농담하다(玩耍的行动或嬉笑的言语, 如 : 开玩笑)'로 포함되는 예, 즉 특정 단어의 뜻풀이 뒤쪽에 하나의 예문만을 제시한 경우 구성 성분이 상호 의존적이며 독립성이 매우 약한 것으로 간주한다.

초과인 경우 이 명사를 고빈도 명사로 간주할 수 있다.

(3) 소량(少量) 명사: 동사와 공기하는 명사의 수량이 10개 이하로 일일이 열거할 수 있을 경우 목적어 명사는 유추 불가능한데, 이런 명사를 '소량 명사'라 칭한다.

목적어 명사의 수량을 확정할 때 본서는 말뭉치 자료의 통계 데이터와 함께 결합관계 사전을 참조할 것이다. 즉 말뭉치에 출현한 명사의 수량을 통계 처리함과 동시에 결합관계 사전을 참조하여 기타 결합관계가 존재하는가를 확인하고자 한다. 본서가 참고하는 결합관계 사전에는 林杏光, 张寿康의『現代汉语实词搭配词典』(이하『搭配词典』), 孟琮 등의『汉语动词用法词典』(이하『用法词典』) 및 梅家驹의『現代汉语搭配词典』이다.『搭配词典』과『現代汉语搭配词典』은 수록된 단어 결합관계가 비교적 풍부하여 본서의 내용을 검증하기에 충분하다. 한편『用法词典』은 비교적 간단하지만 두 사전이 수록한 일음절 동사의 수량이 부족한 점을 보완할 수 있다.『搭配词典』이 편찬될 때에는 시기적으로 사용가능한 말뭉치 자료가 없었으므로 주로 수작업에 의해 단어 결합관계의 실례를 수집하여야 했다.『搭配词典』이 말뭉치 데이터를 보충할 수 있는지 검증하기 위해 동사 '发生'을 무작위로 추출하여 사전과 말뭉치에 나타난 동목(V+N) 결합관계 상황을 비교, 대조하였다.

동사 '发生'은『搭配词典』에서 다음의 네 종류의 명사를 목적어로 취한다.

①纠纷、意见 ②问题、情况、关系、故障 ③作用、效力 ④爱情、友情

그런데 말뭉치 데이터에 반영된 실제 사용 양상에서는 다음의 세 종류의 명사를 목적어로 취하는 것으로 나타났다.

①纠纷、意见 ②问题、情况、关系、故障 ③作用、效力

실제 말뭉치에 출현한 목적어 명사에는 '爱情'이나 '友情' 등이 발견되지 않았는데, 이러한 예로 볼 때『搭配词典』에 출현하는 결합관계는 존재 가능성이 있는 결합관계를 수록하는 경향이 있는 반면, 말뭉치 데이터는 실제 언어적 환경에서 사용되는 결합관계를 보여주는 것으로 볼 수 있다.『搭配词典』이 제공하는 결합관계의 수가 더 많으므로 이를 참고하면 누락 가능성이 있는 말뭉치 데이터의 문제를 기본적으로 해결할 수 있을 것으로 기대된다.

예를 들어 신체동작을 나타내는 '打'는 말뭉치 데이터에서 '饱嗝', '寒噤', '寒战', '呵欠', '酒嗝', '冷噤', '喷嚏', '手势', '手语', '血泡' 등 목적어 명사 10개를 취하는 것으로 나타나는데『用法词典』에는 이 외에도 '冷战', '呼哨', '鸣儿', '滚儿' 등 다른 목적어 명사를 수록하고 있음을 발견할 수 있다. 그러므로 이를 통해 이 의미항목에 해당하는 '打'가 구성하는 동목(V+N) 결합관계가 강한 제약적 결합관계에 속하지 않음을 확인할 수 있다.

2. 상용동사 동목(V+N) 결합관계의 유형

1) 일음절 상용동사 동목(V+N) 결합관계의 유형

(1) 상용동사 V일음절+N 동목 결합관계 유형의 수량적 분포

본서는 일음절 동사 122개의 284개 의미항목을 대상으로 통계를 진행하였다. 4.1의 기준에 따라 분류한 결과 189개 의미항목은 자유 결합관계를, 95개 의미항목은 제약적 결합관계를 구성하였으며, 이중 73개 의미항목은 약한 제약적 결합관계를, 22개 의미항목은 강한 제약적 결합관계를 구성하였다. 특히 16개 의미항목은 고정적 결합관계를 구성하는 것으로 나타났다.

표 4.1 일음절 동사의 동목(V+N) 결합관계 유형

동사 의미항목의 수량	FC 수량	RC1 수량	RC2 수량	FP 수량
284	189	73	22	16
각 결합관계의 비중	66.55%	25.70%	7.746%	5.633%

표 4.1로부터 몇 가지 사실을 확인할 수 있다. 첫째, 각 유형별 결합관계가 수량적 차이를 보인다. 둘째, 제약 정도와 결합관계의 수량이 반비례한다. 대부분의 동목(V+N) 결합관계는 제약이 적어서 목적어의 수량도 많고 유추 능력도 강하지만, 일부 동사는 제약성이 강하고 목적어 수량이 상대적으로 적다. 한편 동목(V+N) 결합관계의 유형은 동사의 의미항목 수에 따라 다음의 순서로 나타난다.

자유 결합관계 〉 약한 제약적 결합관계 〉 강한 제약적 결합관계 〉 고정적 결합관계

이에 따르면 자유 결합관계의 수량이 가장 많고 고정적 결합관계의 수량이 가장 적다.

동사가 목적어를 취하는 능력으로 볼 때 일음절 동사 대부분은 목적어를 취하는 능력이 비교적 강하고 목적어의 수량도 많은 편이다. 목적어 명사의 분포 상황을 살펴보면 의미항목별 동사의 대부분은 목적어 명사의 분포가 균등하지만 일부 명사는 불균등하여 집중적으로 나타나는 경향성을 보인다.

(2) 동사의 의미항목별 동목(V+N) 결합관계 유형 분석

일음절 상용동사는 보편적으로 다의 현상을 보인다. 122개 동사에는 총 284개 의미항목이 관찰되며 각 동사는 평균 2.327개의 의미항목을 가진다. 의미항목별로 동사가 구성하는 동목(V+N) 결합관계 유형 사이에는 필연적 관련성이 나타나지 않아서, 어떤 동사는 의미항목별 결합

관계의 유형이 완전히 동일하다. '通'이 그 예에 해당한다. '通'에는 다음
4가지 의미항목이 관찰된다.

①막히지 않고 통과할 수 있다 ②도달할 길이 있다 ③전달하다, 알게
하다 ④이해하다, 알다

이상 4개의 의미항목이 구성하는 동목(V+N) 결합관계는 모두 자유
결합관계이다.
어떤 동사는 의미항목별로 구성하는 동목(V+N) 결합관계의 유형이
제각각 다르다. '接'에는 4개의 의미항목이 있다.

①잇다, 잇대다 ②떠받치다, 이어받다 ③맞이하다 ④받아들이다

이상 4개의 의미항목이 명사와 결합관계를 구성하는 상황은 큰 차이
를 보인다. 그림 4.6과 그림 4.7을 살펴보자.

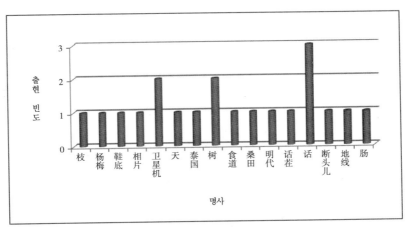

그림 4.6 '接₁'의 목적어 명사 분포도

그림 4.7은 '接₂'의 목적어 분포를 나타낸 그림이다.

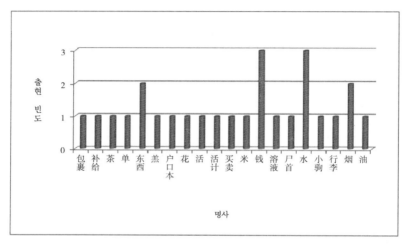

그림 4.7 '接₂'의 목적어 분포

그림 4.6과 4.7로부터 의미항목 1과 2에 해당하는 '接'의 목적어 분포 상황이 유사한 것을 확인할 수 있다. 목적어 명사의 수량도 비교적 많고 출현 빈도도 모두 높지 않아서 무작위 공기 확률을 초과하는 명사는 3, 4개뿐이다. 또한 동사와 공기하는 횟수도 최대 3회에 불과하다. 명사가 일정한 범위 내에서 유추 가능하므로 '接₁'과 '接₂'가 구성하는 동목(V+N) 구조는 자유 결합관계라고 볼 수 있다.

한편, '接₃'의 목적어 명사는 출현 횟수가 적은 편으로 '家属'가 2회 출현한 것을 제외하면 나머지 명사는 모두 1회 출현하였다. 또한 사람을 나타내는 명사가 모두 '接₃'의 목적어로 나타난다는 점에서 유추성이 강한 편임을 알 수 있다. 그러므로 '接₃'이 구성하는 동목(V+N) 구조는 자유 결합관계이다.

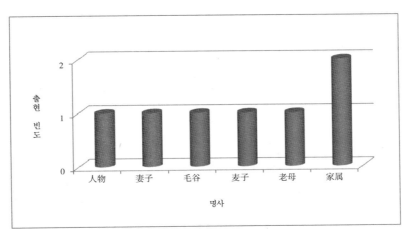

그림 4.8 '接₂'의 목적어 분포

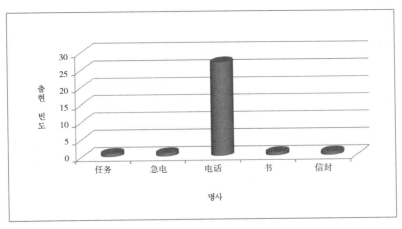

그림 4.9 '接₄'의 목적어 분포

'接₄'가 결합하여 구성하는 동목(V+N) 구조에서는 명사의 출현 빈도수
가 큰 차이를 보인다. '接₄'의 목적어는 주로 '电话'에 집중되어있어 '接电
话'가 총 27회 출현한다. 반면 기타 목적어 명사는 모두 1회 출현하였으

므로 '接₄'가 '电话'와 결합하는 데 일정한 제약이 있음을 확인할 수 있다. 그러므로 '接₄'가 구성하는 동목(V+N) 결합관계는 제약적 결합관계이다.

'打'가 구성하는 동목(V+N) 결합관계의 경우를 살펴보자. '打'에는 14개의 의미항목이 있으며 이들 의미항목은 3가지 유형의 결합관계를 구성한다. 이중 7개 의미항목이 구성하는 동목(V+N) 결합관계는 자유 결합관계이며, 3개는 약한 제약적 결합관계를, 4개는 강한 제약적 결합관계를 구성하고, 나머지 4개의 의미항목은 고정적 결합관계를 구성한다. 구체적인 분포현황은 표 4.2에 제시하였다.

표 4.2 '打'의 각 의미항목별 동목(V+N) 결합관계 유형 분류

동사	의미항목	FC	RC1	RC2	FP
打	1. 정하다, 계산하다			草稿 主义6	算盘
	2. 손이나 기구로 물체를 치다	冰4 鼓4			退堂鼓
	3. 구타하다, 때리다	孩子2 脸2			
	4. 놀이나 게임을 하다	麻将5 扑克4			
	5. 다른 사람과 교섭하는 행위가 발생하다			交道2 官司	
	6. 방사하다, 발송하다		电话		
	7. 묶다			背包2 行李 绷带 领带3) 绑腿	
	8. 들다, 손에 쥐다			灯笼2 伞2 阳伞 牌子 手电	品牌 知名度 旗号
	9. 바르다, 그리다, 찍다	印记 肥皂 蜡			问号2 烙印4
	10. 사다	酱油 酒			
	11. 특정한 신체적 동작을 나타냄		喷嚏7		
	12. 벗기다, 뚫다		井8		
	13. 잡다	鱼 渔			
	14. 제작하다: 가구를 만들다(打家具)	埝3 床2			

이상의 논의를 종합하면 다음의 사실을 확인할 수 있다. 첫째, 일음절 상용동사가 구성하는 동목(V+N) 결합관계는 자유 결합관계, 제약적 결합관계 및 고정적 결합관계 등 모든 유형이 다 나타난다. 둘째, 각 유형별 결합관계의 수량과 성분의 제약 정도가 반비례하여 제약 정도가 낮은 자유 결합관계의 수가 가장 많고 고정적 결합관계를 구성하는 의미항목별 동사의 수량이 가장 적다. 셋째, 의미항목별로 동사가 구성하는 동목(V+N) 결합관계는 유형적인 면에서 필연적인 연관관계가 관찰되지 않는다.

2) 일음절 상용동사의 동목(V+N) 결합관계 유형에 대한 분석

자유 결합관계: 본서에서 검색한 의미항목별 284개 동사에서 자유 결합관계는 189개가 관찰되어 일음절 동사가 구성하는 동목(V+N) 결합관계 중 가장 높은 점유율을 보였다. 전체적인 특징을 살펴보면 동사가 목적어를 취하는 능력이 강한 편이며, 동사와 명사 간에는 자의적인 치환에 제약이 없고, 동사의 목적어로 취해질 수 있는 명사의 수량이 비교적 많다. 이는 목적어의 분포가 균등하고 고빈도 명사가 존재하지 않는 현상으로 나타나며, 결합관계의 자유로운 속성을 반영한다.

동사 '搬'은 말뭉치에서 29개의 명사와 결합하여 총 38개의 동목(V+N) 구조로 출현한다. 이들 명사의 평균 출현 횟수는 1.31회이며 최다 공기 빈도는 4회로, 목적어 명사의 출현 횟수가 균등하고 고빈도 명사가 나타나지 않으며 목적어가 유추될 수 있다. 이는 동사와 명사가 모두 자의적

---

3) 符淮青(1996)은 『現代汉语词典』에 수록된 '打'의 이 의미항목은 사실상 하위 의미항목(义项目)으로, 하나의 의미항목에 의미가 가까운 여러 개의 의미소가 포함된 것이라고 보았다. 하위 의미항목이란 하나의 의미항목이 여러 의미를 개괄하므로 의미항목 하위에 다시 여러 의미를 세분한 것을 가리킨다.

인 치환에 제약을 받지 않음을 뜻하며, '구체적인 사물'이라면 '搬'의 목적어로 사용될 수 있으므로 '搬'이 구성하는 동목(V+N) 결합관계는 자유 결합관계임을 알 수 있다.

'打₃'⁴⁾는 '구타하다, 때리다'라는 의미이며 총 42개의 동목(V+N) 구조를 구성한다. 이 구조에는 38개의 명사가 출현하는데, 이들 명사와의 무작위 공기 확률은 1.105회로 고빈도 공기 명사가 존재하지 않으며 최대 공기 횟수는 2회이다. 또한 목적어 명사는 유추 가능하여 '사람, 신체 부위나 장소를 나타내는 명사'는 모두 '打₃'의 목적어로 사용될 수 있다. 또한 동사와 명사는 자의적인 치환에 제약을 받지 않으므로 '打₃'가 구성하는 동목(V+N) 구조는 자유 결합관계라고 할 수 있다.

한편 동사 '帶'는 말뭉치에서 66개의 동목(V+N) 결합관계가 검색되었다. 이 결합관계에서 목적어 명사는 54개이며 무작위 공기 확률은 1.222회이고 최대 공기 횟수는 5회로 고빈도 결합관계가 나타나지 않았다. '帶'의 목적어 명사는 유추할 수 있으며 개방적이므로 수량이 대단히 많다. 그러므로 '帶'의 동목(V+N) 결합관계는 자유 결합관계 유형에 속한다.

동사 '当'의 상황 역시 매우 전형적이다. '当'이 구성하는 동목(V+N) 구조는 말뭉치 자료에서 255개가 검색된다. 이 동목(V+N) 구조는 190개의 명사와 결합하고, 무작위 공기 횟수는 1,342회, 최대 공기 횟수는 2회로 고빈도 명사가 나타나지 않는다. '当'의 목적어 명사는 유추 가능하여 치환에 제약이 없고, 결합하는 명사가 수량 면에서 개방적이므로 '当'이 구성하는 동목(V+N) 구조는 자유 결합관계라고 결론지을 수 있다.

약한 제약적 결합관계: 일음절 동사가 구성하는 동목(V+N) 구조에서

---

4) '打'의 각 의미항목 순서는 pp.122의 표 4.2를 참고.

약한 제약적 결합관계는 수량 면에서 두 번째로 많이 나타난다. 약한 제약적 결합관계의 특징은 동사가 목적어를 취하는 능력이 상대적으로 강해서 목적어의 수량이 많고, 명사의 중복 출현 횟수가 비교적 큰 차이를 보여서 고빈도 명사가 소량 존재한다는 것이다. 또한 동사가 어느 정도 고빈도 명사에 제한적으로 결합하는 경향을 보이며, 동시에 출현 빈도가 상대적으로 적은 명사도 많은 편이다. 한편 목적어 명사는 동사의 의미에 따라 유추 가능하여 수량 면에서 개방적이다.

동사 '抱₁'는 73개의 명사와 결합하여 동목(V+N) 구조 107개를 구성하는데 이 중 '孩子'의 출현 횟수가 8회로 가장 많고, 다른 명사들은 평균 1.375회 출현한다. '抱₁'은 의미적으로 '(팔을)둘러 안다'라는 의미를 나타내며 그 방식을 강조하므로 동사 '抱₁'와 '孩子'는 의미적으로 잘 어울린다. 그러므로 실제 언어 사용에서 '抱₁'와 '孩子'의 공기 확률이 비교적 큰 편이며 이들이 구성하는 동목(V+N) 구조는 약한 제약적 결합관계에 속한다.

동사 '点₁'의 경우 '불을 붙이다'라는 의미를 나타내며 15개의 명사와 함께 총 37개의 동목(V+N) 결합관계를 구성한다. 이들 결합관계의 평균 공기 확률은 2.466회로, 고빈도 명사인 '灯'과 '烟'이 각각 7회, 8회 출현하여 전체 결합관계 구성의 40.5%를 차지한다. 이에 따라 '点₁'의 목적어는 '灯'과 '烟'에 상당히 높은 정도로 제한됨을 알 수 있다. 또한 '点₁'이 구성하는 동목(V+N) 구조의 유형은 약한 제약적 결합관계에 속하는 것을 확인할 수 있다.

동사 '抽₄'가 구성하는 동목(V+N) 구조는 총 90개이며 목적어는 15개의 명사로, 평균 공기 확률은 6회이다. 이로부터 명사의 분포가 소수 명사에 집중되어 고빈도 명사가 존재함을 확인할 수 있다. '抽₄'와 결합하는 상위 3개의 고빈도 명사는 '烟', '大烟', '香烟'으로 각각 43회, 9회,

7회 출현하며 총 공기 횟수는 59회로 전체의 65.6%를 차지한다. '抽₄'가 취하는 목적어는 주로 이 세 명사에 제한되므로 이를 '抽₄'의 주요 목적어로 간주할 수 있다. 따라서 이 세 명사를 잘 이해하면 기본적으로 동사 '抽₄'가 구성하는 동목(V+N) 결합관계를 잘 파악하고 있다고 볼 수 있다. 이에 따라 '抽₄'가 구성하는 동목(V+N) 결합관계는 약한 제약적 결합관계로 간주된다.

'发'는 '보내다, 지급하다'라는 의미로 44개의 명사와 결합하여 69개의 동목(V+N) 구조를 구성한다. 이중 출현 횟수가 가장 많은 명사는 '工资'로 총 15회 출현하며, 나머지 명사들의 출현 횟수는 평균 1.255회로 매우 적은 편이다. 따라서 '发'는 상당히 높은 정도로 명사 '工资'와 제한적으로 결합관계를 구성하는 약한 제약적 결합관계로 판단된다.

강한 제약적 결합관계: 본서에서는 의미항목별로 구분한 동사 284개를 조사대상으로 삼았는데, 이중 22개가 강한 제약적 결합관계로 파악되었으며 이는 전체 결합관계의 7.746%를 차지한다. 강한 제약적 결합관계의 주요한 특징은 명사 목적어의 수가 상대적으로 적고 목적어를 유추하기 쉽지 않다는 점이다. 예를 들어 '干'의 첫 번째 의미항목의 의미는 '일을 하다'라는 것으로 10개의 명사와 결합하여 총 102개의 동목(V+N) 구조를 구성한다. 말뭉치 데이터에 따르면 '干₁'의 목적어 명사는 중복 출현 비율이 높아 평균 공기 확률은 10.2회이다. 말뭉치 데이터의 검증을 위해 『用法词典』과 대조한 결과, 사전에서 제시한 '干₁'의 목적어는 '活儿'과 '事' 두 가지였다. 이 두 명사는 본서가 검색한 말뭉치 데이터의 목적어 명사에 포함되어 있다. 이를 통해 말뭉치 데이터와 사전으로부터 총 10개의 명사가 '干₁'의 목적어로 사용됨을 알 수 있으며, 이를 제외한 다른 명사가 이 결합관계 구조에 사용되는 예는 거의 발견되지 않았다. 그러므로 '干₁'의 목적어 명사는 기본적으로 이 10개의 명사에 제한되어 있어 제약성이 매우 강하다는 사실을 확인할 수 있다. 이에 따라 본서는 '干₁'이 구성하는 동목(V+N) 결합관계가 강한 제약적 결합관계라 간주한다.

'见'의 두 번째 의미항목은 '알아보다, 드러나다'로 4개의 동목(V+N) 구조를 구성하며 '笔力', '成效', '功夫', '风格' 등 총 4개의 목적어 명사가 출현한다. 한편 『用法词典』에서는 '效果', '成绩' 두 개의 명사가 더 발견된다. 말뭉치 데이터와 사전에서 발견한 결합관계의 실례를 통해 '见₂'의 목적어는 유추하여 사용하기가 비교적 어려워 해당 동목 구조에 사용할 수 있는 명사의 수가 매우 제한적이며, 구성된 동목(V+N) 구조는 상대적으로 고정적임을 확인할 수 있다. 그러므로 본서는 '见₂'이 구성하는 동목(V+N) 구조를 강한 제약적 결합관계로 간주한다.

'举₃'는 '제시하다'라는 의미항목을 나타내며 13개의 동목(V+N) 구조를 구성한다. 이 구조에는 '实例', '例证', '旁证', '案例', '事例' 등 5개의 명사가 출현한다. 『用法词典』에서는 '举₃'의 목적어 명사로 '事例', '事实', '人物', '例子'를 제시하고 있으며 이에 말뭉치 자료에서 검색한 명사를 더하면 총 9개의 명사가 '举₃'의 목적어로 나타난다. 이로써 '举₃'가 구성하는 동목(V+N) 결합관계에 나타난 목적어 명사의 수가 상대적으로 적고 유추 가능성도 낮은 편임을 알 수 있다. 즉 '举₃'의 목적어는 기본적으로 이상의 명사 몇 개에 제한되어 있으므로 '举₃'가 구성하는 동목(V+N) 구조는 강한 제약적 결합관계임을 알 수 있다.

고정적 결합관계: 본서의 연구대상인 의미항목별로 구분한 284개 동사에는 16개 동사가 고정적 결합관계를 구성하는 것으로 나타난다. 이러한 수치로 볼 때 고정적 결합관계는 결합관계의 유형에서 차지하는 비율이

가장 낮아 결합관계의 일반적인 형식은 아님을 알 수 있다. 고정적 결합관계의 주요 특징은 다음과 같다. 첫째, 결합관계의 의미가 두 결합성분의 축자적 의미의 단순한 합이 아니다. 때로는 비유적 의미를 띠기도 하며, 결합 성분의 의미항목이 개별적으로는 확정되기 어렵다. 둘째, 결합 성분을 자의적으로 치환하는 데 제약이 있어 결합관계의 제약성이 강하고 사용되는 명사는 유추가 불가능하다. 다음의 예를 살펴보자.

<table>
<tr><td>碰钉子</td><td>碰一鼻子灰</td><td>踢皮球</td><td>跳龙门</td><td>占便宜</td></tr>
<tr><td>走后门</td><td>走过场</td><td>开玩笑</td><td>谈恋爱</td><td>摆架子</td></tr>
</table>

고정적 결합관계는 구조적으로 두 가지 형태로 나타나는데, 대부분의 고정적 결합관계는 내부에 다른 성분을 삽입할 수 있다.

摆架子 → 摆公主架子　　　开玩笑 → 开国际玩笑
谈恋爱 → 谈一次恋爱　　　占便宜 → 占大便宜
碰钉子 → 碰软钉子　　　　唱高调 → 唱政治高调
打算盘 → 打小算盘

반면 어떤 고정적 결합관계는 결합 성분 사이에 다른 성분의 삽입이 거의 불가능하다.

走过场　　　踢皮球　　　跳龙门　　　打品牌

3) 상용 이음절 동사의 동목(V+N) 구조 유형 및 분석
(1) 상용 이음절 동사 동목(V+N) 구조의 분류 상황
본서에서는 72개의 이음절 동사를 대상으로 86개의 의미항목별 결합관계 상황을 분석하였다. 그 결과 35개 동사의 의미항목은 자유 결합관계를 구성하는 반면, 51개 의미항목은 약한 제약적 결합관계를 구성하는 것으로 파악되었다. 또한 본서의 분석 결과에 따르면 이음절 동사가 구성하는 동목(V+N) 결합관계에서는 강한 제약적 결합관계와 고정적 결합관계는 나타나지 않았다. 다음의 표 4.3은 이러한 상황을 보여준다.

표 4.3 이음절 동사의 동목(V+N) 결합관계 유형

의미항목별 동사의 수량	FC의 수량	RC1의 수량	RC2의 수량	FP의 수량
86	35	51	0	0
백분율	40.69%	59.30%	0	0

표 4.3에 제시된 각 결합관계 유형의 비율로 볼 때, 이음절 동사가 구성하는 결합관계는 의미항목별 동사의 수량에 따라 다음과 같이 나타난다.

약한 제약적 결합관계 〉 자유 결합관계

상용 이음절 동사의 동목(V+N) 구조에서 명사는 정도의 차이는 있으나 어느 정도 유추가 가능한 것으로 보인다. 즉 이음절 동사가 구성하는 동목(V+N) 구조는 수량 면에서 개방적이며, 목적어 명사의 수량도 상당히 많아 이음절 동사가 목적어를 취하는 능력이 상대적으로 강하다는 것을 보여준다.

이음절 동사가 구성하는 동목(V+N) 결합관계 중 약 59.3%는 고빈도 명사가 존재하며, 치환에는 어느 정도의 제약이 따른다. 대상 이음절 동사 중 40.69%에 달하는 동사의 동목(V+N) 결합관계는 자유 결합관계로 두 개의 결합 성분은 제약 없이 치환 사용될 수 있으며, 많은 명사가 동목(V+N) 결합관계 구조 안에서 목적어로 자유롭게 사용될 수 있다.

(2) 이음절 동사 동목(V+N) 결합관계 유형 분석

자유 결합관계: 이음절 동사가 구성하는 동목(V+N) 결합관계 중 40.69%가 자유 결합관계이다. 이 유형에 속하는 결합관계의 목적어 명사는 수량이 많고 유추 가능성이 높으며 고빈도 명사가 나타나지 않고 자의적인 치환에 제약이 없다.

동사 '参观'의 예를 살펴보자. 본서에서 사용한 말뭉치 자료에서 '参观'은 41개의 명사와 결합하여 동목(V+N) 결합관계 55개를 구성하며, 명사의 평균 공기 확률은 1.341이고 최대 공기 횟수는 4회로 고빈도 명사가 나타나지 않았고 목적어 명사는 유추 사용이 가능하였다. 이에 따라 '参观'이 구성하는 동목(V+N) 결합관계는 자유 결합관계라고 할 수 있다.

'访问'의 경우 의미항목에 따라 두 가지로 나뉘는데, '访问₁'은 '목적을 가지고 다른 사람을 찾아가거나 대화를 나누다'를 나타내며 16개 명사와 함께 70개의 동목(V+N) 결합관계를 구성한다. 명사의 최다 출현 횟수는 5회로 고빈도 명사가 출현하지 않으며 출현 횟수가 비교적 균일하고, 동사와 명사에 모두 자의적인 치환에 제약이 나타나지 않았다. '访问₁'의 목적어 명사는 일정한 범위 내에서는 유추 가능하고 특정한 일부 명사에 제한되지 않으므로, '访问₁'의 동목(V+N) 결합관계 유형은 자유 결합관계이다.

한편 '访问₂'의 의미는 '컴퓨터 네트워크에 접속하여 웹서핑하다'로 말뭉치에서는 10개의 명사와 결합하여 16개의 동목(V+N) 결합관계가 나타났다. 각 명사의 출현 횟수가 비교적 균일하여 고빈도 공기 명사가 나타나지 않았으며 유추 사용이 가능하다. 인터넷과 네트워크 기술이 보급, 발전됨에 따라 '访问₂'의 목적어 명사가 대량으로 증가할 것이라는 것을 추측할 수 있으며 따라서 목적어 명사의 수량이 개방적임을 알 수 있다. 그러므로 '访问₂'이 구성하는 동목(V+N) 결합관계 유형은 자유 결합관계로 분류된다.

약한 제약적 결합관계: 상용 이음절 동사가 구성하는 동목(V+N) 결합 관계에서 약한 제약적 결합관계가 차지하는 비율은 59.30%이며 이는 가장 많이 나타나는 결합관계 유형이다.

동사 '参加'를 예로 살펴보자. 말뭉치 자료를 검색한 결과 '参加'는 119개의 명사와 결합하여 총 291개의 동목(V+N) 결합관계를 구성하는 것으로 나타났다. 이중 고빈도 명사는 '活动', '会议', '工作', '大会', '运动', '锦标赛', '葬礼', '座谈会', '比赛', '战争' 등 10개이다. 이 고빈도 명사들의 출현 횟수는 총 134회로 전체 V+N 구조의 46.04%를 차지하며 나머지 109개 명사의 평균 출현 횟수는 1.44회이다. '参加'의 목적어 명사는 주로 고빈도 명사에 제한되며 기타 명사의 출현 횟수는 매우 적은 편이다. '参加'의 목적어 명사 중 8.4%의 명사가 전체의 46%를 구성하며 나머지 91.59%의 명사는 53.95%의 결합관계를 구성한다. 구체적인 수치는 표 4.4와 4.5에 제시하였다.

표 4.4 '参加'와 결합하는 고빈도 목적어 명사의 분포 양상

'参加'의 목적어 명사 수량	동목(V+N) 결합관계 수량	고빈도 명사의 수량	고빈도 명사가 전체 목적어 명사에서 차지하는 비율	고빈도 명사가 구성하는 동목(V+N) 결합관계의 수량	고빈도 명사와 구성하는 동목(V+N) 결합관계가 전체 동목(V+N) 결합관계에서 차지하는 비율
119	291	10	8.4%	134	46.04%

표 4.5 '参加'와 결합하는 비(非)고빈도 목적어 명사의 분포 양상

'参加'의 목적어 명사 수량	동목(V+N) 결합관계의 수량	비고빈도 명사의 수량	비고빈도 명사가 전체 목적어 명사에서 차지하는 비율	비고빈도 명사가 구성하는 동목(V+N) 결합관계의 수량	비고빈도 명사가 구성하는 동목(V+N) 결합관계가 전체 동목(V+N) 결합관계에서 차지하는 비율
119	291	109	91.59%	157	53.95%

표 4.4와 4.5에 제시된 수치는 '参加'의 목적어 명사가 상당히 높은 정도로 일부 고빈도 명사에 제한되어 있다는 점을 보여준다. 반면 비(非)고빈도 명사에 대한 제약은 매우 적다. 그러므로 목적어 명사는 유추 가능하며 '参加'가 구성하는 동목(V+N) 결합관계는 약한 제약적 결합관계로 판단된다.

동사 '出现'은 말뭉치 자료에서 125개의 명사와 결합하여 161개의 동목(V+N) 결합관계를 구성한다. '出现'과 결합하는 고빈도 명사는 '情况'과 '问题'로 공기 횟수는 17회이며 나머지 명사가 이와 공기하는 평균 확률은 1.17회이다. 그러므로 '出现' 뒤에 위치하는 목적어 명사 중 '情况'과 '问题'를 제외한 절대다수(123개)의 명사는 출현 빈도가 낮다. '出现'이 고빈도 명사 2개와 결합관계를 구성하는 확률은 상당히 높은 편이며 일정한 제약성이 나타나므로 '出现'과 명사가 구성하는 동목(V+N) 결합관계의 유형은 약한 제약적 결합관계이다.

4) 일음절, 이음절 상용 동사 동목(V+N) 결합관계 유형 분석

결합관계 유형 측면에서 일음절 동목(V+N) 결합관계의 유형이 가장 다양하고 잘 갖춰져 있다. 일음절 동목(V+N) 결합관계는 자유 결합관계가 가장 많으며 제약 정도가 높을수록 결합의 수량은 감소하는 추세를

보인다. 한편 이음절 동사가 결합을 통해 구성하는 동목(V+N) 구조에서는 제약적 결합관계가 거의 60%를 차지하며, 이는 주로 약한 제약적 결합관계에 집중되어 있고 강한 제약적 결합관계와 고정적 결합관계는 거의 나타나지 않는다. 이음절 동사가 구성하는 동목(V+N) 결합관계는 단어 결합의 연속선상에서 볼 때 상대적으로 중립적인 경향을 보인다. 이는 연속선의 양극단으로 갈수록 감소한다는 의미이다. 즉 자유 결합관계의 수량은 상대적으로 감소하는 한편 강한 제약적 결합관계와 고정적 결합관계가 존재하지 않으며, 중간 부분에 해당하는 약한 제약적 결합관계가 다수를 차지한다. 구체적인 데이터는 표 4.6에 제시하였다. 표 4.6의 데이터에 따라 일음절과 이음절 동사의 동목(V+N) 결합관계 유형을 한눈에 대조, 비교할 수 있는 꺾은선 그래프를 그릴 수 있다. 그림 4.10은 일음절, 이음절 동사의 결합관계가 대응하지 않는 상황을 잘 보여준다.

표 4.6 일음절 동사와 이음절 동사의 동목(V+N) 결합관계 유형 비교

	FC 수량	RC1 수량	RC2 수량	FP 수량
의미항목 별 일음절 동사의 수	189	73	22	16
전체 점유 비율	66.55%	25.70%	7.746%	5.633%
의미항목별 이음절 동사의 수	35	51	0	0
전체 점유 비율	40.69%	59.30%	0	0

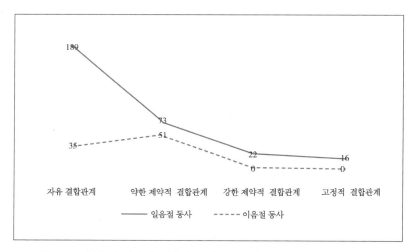

그림 4.10 일음절 동사와 이음절 동사의 동목(V+N) 결합관계 유형 대조

　　그래프의 위쪽에 위치하는 실선이 일음절 동사의 결합관계 유형을
나타낸다. 그래프에 따르면 일음절 동사의 동목(V+N) 결합관계 각 유형
의 수량이 순차적으로 감소하므로 수량 곡선의 고저 변화가 상대적으로
평평하고 매끄러운 모양을 보이며, 제약 정도의 증가에 따라 결합관계
의 수량이 감소하고, 자유 결합관계의 수량이 가장 많음을 알 수 있다.
이와 달리, 이음절 동사의 동목(V+N) 구조 유형을 나타내는 그래프의
아래쪽 점선은 앞부분이 많고 뒷부분이 적은 양상을 보인다. 즉 자유
결합관계와 약한 제약적 결합관계는 수가 많은 것으로 나타나지만 제약
정도가 상대적으로 높은 강한 제약적 결합관계와 고정구는 존재하지
않으며 약한 제약적 결합관계의 수가 가장 많음을 알 수 있다.
　　이와 같이 결합관계의 유형 대조에 나타난 특징을 다음의 세 가지로
요약할 수 있다.
　　① 일음절 동사가 구성하는 동목(V+N) 구조가 더 자유로워서 전혀

제약이 없는 결합관계가 전체의 66.55%를 차지한다. 반면 이음절 동사가 구성하는 동목(V+N) 구조의 자유 결합관계는 전체의 40.69%만을 차지한다. 이는 일음절 동사와 이음절 동사의 특징과 관련 있는 것으로 보인다. 일음절 동사는 동작성이 상대적으로 강하여 문체적으로는 구어체에 주로 사용되며 사용빈도가 높은 편이다. 그러므로 동사가 목적어를 취하는 능력이 강하고 많은 명사가 일음절 동사의 동목(V+N) 구조에 목적어로 사용될 수 있다. 또한 명사와 동사의 공기 횟수가 비교적 균일하게 분포하며 목적어가 일부 특정 명사에 고정되지 않으므로 자유 결합관계의 속성이 두드러진다.

② 상용동사의 동목(V+N) 결합관계에서 고정적 결합관계는 모두 일음절 동사로 구성되어 있다. 이는 음보적으로 1+2 형식의 결합관계인데, 2+2 음보 형식의 고정적 결합관계가 나타나지 않는 이유는 무엇인지 생각해 볼 필요가 있다. 음보 이론에서 1+2와 2+2는 모두 일반적인 음보 조합 형식이다. 그런데 제약 정도가 높은 결합관계는 모두 1+2 형식만 나타난다. 그 원인이 무엇인지 살펴보겠다. 본서는 고정적 결합관계가 다음의 두 가지 상황을 포괄하는 것으로 간주한다.

i) 대부분의 고정적 결합관계는 비유적 의미를 가지는데, 인지언어학 이론에 따르면 은유는 세계를 인식하는 방식으로 하나의 의미역에 속하는 단어가 또 다른 의미역에 속하는 사물을 가리키면서 발생한다. 이 두 의미역은 각각 '근원영역(source domain)'과 '목표영역(target domain)'으로 불린다. 사람들은 주변 혹은 일상 활동의 개념을 빌어 새로운 개념을 표현한다. 일상적 활동을 표현하는 동사는 대개 일음절 동사로, 근원영역의 단어로써 단어 결합관계를 구성하는 것은 일상생활에서 상용되거나 통용되는 고빈도 결합관계이다. 이러한 결합관계는 비유적 의미를 갖추게 되면서 언중에 의해 쉽게

이해되고 수용된다. 의사소통의 정확성을 향상시키면서 언어의 경제성 원칙에 부합하기 위해 사람들은 종종 분명하고 상관성이 높은 사물로 모호하고 상관성이 낮은 사물을 지시한다. '吃大锅饭', '唱独角戏', '走过场' 등의 예는 모두 일상생활에서 상용되는 단어 조합을 추상적 영역에 사용한 것으로 결합관계 전체가 비유적 의미를 갖는다. 그러나 이음절 동사는 이러한 특징을 갖고 있지 않다. 이음절 동사는 동작성이 상대적으로 약하며 서면어에 주로 사용되는 반면, 일상생활에서는 상대적으로 잘 사용되지 않으므로 다른 영역의 개념을 표현하기 위한 통용 어구로 사용되기 어렵다. 즉 은유의 근원영역이 되기 어려우므로 비유적 의미를 갖춘 비교적 안정적인 고정적 결합관계를 산출하기 어렵다.

ii) 일부 고정적 결합관계는 비유적 의미를 나타내지 않는다. 그러나 '开玩笑', '谈恋爱', '占便宜' 등의 예에서 볼 수 있듯이 이러한 결합관계에서 결합 성분의 의미가 단독으로 확정되는 경우는 많지 않다. 이러한 결합관계는 장기적인 사용을 거쳐 차츰 의미가 융합되면서 의미의 독립적 사용 능력이 약화되어 소실된 경우로, 의미는 오로지 특정한 결합관계에서만 존재한다. 또한 결합관계의 구성성분을 치환할 수 있는 가능성이 약화되어 결합관계의 구조도 안정되는 경향이 있다. 그런데 이러한 특징은 이음절 동사가 구성하는 동목 (V+N) 결합관계에서는 거의 나타나지 않는다. 이음절동사와 명사의 관계가 비교적 느슨하고 일반적인 이음절 동사는 모두 단독 사용이 가능하며 의미적으로도 결합관계를 구성하는 다른 단어에 의존적이지 않다. 그러므로 이음절 동사는 고정적 결합관계를 구성하기 어렵다.

iii) 이음절 동사의 동목(V+N) 결합관계에서 자유 결합관계가 40.69%

를 차지하고 약한 제약적 결합관계가 59.30%를 차지하는데, 이 두
유형의 공통점은 목적어가 유추 가능하며 목적어 명사가 수량적으
로 개방적이라는 점이다. 또한 59.30%의 결합관계는 일정한 제약
성을 보이기는 하지만 강하지 않기 때문에 결합관계의 제약적 특징
도 뚜렷하지 않다. 그러므로 학습에 있어 학습자의 주의를 끌기
쉽지 않으며, 제2언어 학습 이론에 따르면 이런 유형의 결합관계는
습득 과정에서도 오류를 발생시킬 가능성이 더 높다.

3. 동목(V+N) 결합관계에 나타나는 목적어 명사의 의미 분류

1) 의미 분류의 기준

단어의 의미 분류는 일반적으로 세계에 대한 지식 혹은 분류 체계에
근거하여 단어 의미 간의 거리를 계산한다. 의미 거리가 어떤 범위 내에
서 가까운 것으로 규정되면 하나의 부류로 귀납할 수 있다. 일반적인
방식은 동의어 사전을 이용하여 단어가 사전의 분류 체계에서 어느
등급에 속하는지 고찰하는 것이다.

본서는 주로 『同义词词林』(이하 『词林』으로 약칭)을 목적어의 의미
적 구분의 근거 기준으로 삼아, 검색된 말뭉치 데이터 및 본서의 목적에
따라 일부 미세한 조정을 가하였다.5) 『词林』의 단어 분류 원칙은 단어
의 의미를 위주로 하고 단어의 품사를 같이 고려한다는 것이다. 이 사전

---

5) 예를 들어 『词林』에서 사람은 '사람(人)'이라는 대분류와 범칭의 중분류에 속하
 지만, '人间', '人种', '民族'는 추상적 사물의 대분류와 사회 정치 및 법률의 중분류
 에 속한다. 본서에서는 '人', '人间', '人种', '民族'를 하나의 부류로 귀납한다. 세
 부류가 목적어로 사용될 경우 차이가 크지 않기 때문이다.

은 단어를 대분류, 중분류, 소분류의 세 가지로 나누고 있으며 총 12개 대분류, 94개 중분류, 1,428개 소분류가 포함된다. 소분류 아래에는 다시 동의 원칙에 따라 단어군을 구분하는데 각 단어군은 하나의 표제를 대표로 삼아 총 3,925개 단어를 수록하고 있다.

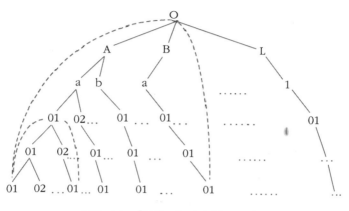

그림 4.11 『词林』의 의미 분류 수형도

『词林』의 12개 대분류는 A.사람, B.사물, C.시간과 공간, D.추상적 사물, E.특징, F.동작, G.생리적 활동, H.활동, I.현상과 상태, J.관련, K.조사, L.경어 등이다. 『词林』은 또한 각 단어에 의미적 유사도를 나타내는 수치를 표기하여 단어 간의 의미 유사도 계수(近義係數)를 제시함으로써 의미 부류 간의 의미적 거리를 비교하기 쉽도록 하고 있다. 다음은 『词林』에 수록된 일부 명사의 표기 상황이다.

'性格'의 의미적 유사도 수치는 De01이다. 이중 D는 '추상적 사물'이라는 대분류를, e는 '성격과 재능'을 나타내는 중분류를, 01은 '성격 및 품행'이라는 소분류를 나타낸다.

'能力'의 의미적 유사도 수치는 De04이다. 이중 D는 '추상적 사물'이라는 대분류를, e는 '성격과 재능'을 나타내는 중분류를, 04는 '지혜 및 재능'이라는 소분류를 나타낸다.

'感情'의 의미적 유사도 수치는 Df04이다. 이중 D는 '추상적 사물'이라는 대분류를, f는 '인식'을 나타내는 중분류를, 04는 '감각'이라는 소분류를 나타낸다.

이상 세 단어는 모두 대분류 D, 즉 '추상적 사물'에 속한다. 그러나 '性格'와 '能力'가 모두 '성격 및 재능'을 나타내는 중분류 e에 속하는 반면 '感情'은 '인식'을 나타내는 중분류 f에 속한다. 그러므로 '性格'와 '能力'의 의미가 상호 근접하는 정도가 '性格'와 '感情'의 의미적 상호 접근도보다 높다.

본서는 『词林』의 의미 분류 기준에 따라 의미 부류를 대분류, 중분류 및 소분류로 구분하는 세 번째 단계까지 계산할 것이다. '锻炼'을 예로 들어보자. '锻炼'에는 의미항목 두 개가 포함되는데, 첫 번째 의미항목의 목적어 명사는 '脚力', '颈部', '皮肤', '身体', '体力', '心肺', '体能'이다. 『词林』에 따라 '锻炼'의 첫 번째 의미항목에 결합하는 명사의 의미 부류는 다음과 같이 BK01 및 Dd04 두 가지로 나뉜다.

BK01 : 대분류는 사물, 중분류는 전신, 소분류는 신체 및 시체

Dd04 : 대분류는 추상적 사물, 중분류는 성질, 소분류는 신체적 능력

'锻炼颈部', '锻炼身体', '锻炼脚力', '锻炼体能' 등이 이에 해당하는 예이다.

한편 '解决'의 목적어 명사는 수적으로 상당히 많고 의미 부류도 복잡한 편이다. 목적어 명사의 자세한 목록은 표 4.7에 제시하였다.

표 4.7 '解决'의 명사 목적어

问题 313	困难 31	费用	钢材
难题 24	矛盾 23	伙食费	结构
争端 10	危机 6	困境	利益
苦难 4	资金 3	难关	强度
分歧 2	技术 2	热点	任务
关节点 2	关系 2	生活	事件
纠纷 2	来源 2	事情	现象
难点 2	西安事变 2	需求	争议线
信件 2	病症	住房	

이상의 명사들이 출현하는 횟수는 차이가 상당히 크다. 그러므로 본
서는 목적어 명사의 의미를 분류할 때 출현 횟수가 2회 이상인 명사를
주대상으로 『词林』의 의미 부류에 따라 구분하였으며, 그 결과 다음의
5가지 의미 부류로 귀납하였다.

① Da01: 대분류는 추상적 사물, 중분류는 사정 및 상황, 소분류는
      사정 및 사고를 나타냄
② Da10: 대분류는 추상적 사물, 중분류는 고통 및 고난, 소분류는
      난제 및 좌절을 나타냄
③ Da12: 대분류는 추상적 사물, 중분류는 불일치, 소분류는 혐오감을
      나타냄
④ Dd09: 대분류는 추상적 사물, 중분류는 성능, 소분류는 관건 및
      핵심을 나타냄
⑤ Dj04: 대분류는 추상적 사물, 중분류는 경제적 자본, 소분류는 이
      윤을 나타냄

①, ②, ③은 의미 구분 등급에서 추상적 사물 중 '사정 및 사고'를 나타내어 대분류와 중분류가 동일하지만 세 번째 단계인 소분류에서 차이가 있다. 그러므로 본서는 3등급 기준에 따라 이상의 명사를 각기 다른 의미 부류로 구분하겠다.

2) 목적어 명사의 의미 분류 및 분석

(1) 목적어 명사의 의미 분류 결과6)

① 본서는 72개 이음절 동사가 구성하는 동목(V+N) 결합관계에 나타나는 명사를 고찰하여, 『词林』의 3등급 의미 분류 기준에 따라 의미를 분류하였다. 전체적인 분류 상황은 다음의 표 4.8에 제시하였다.

표 4.8 상용 동사 동목(V+N) 구조에 나타나는 명사의 의미 부류

의미항목 별 동사의 수	의미 부류에 따라 분류한 명사의 수	명사의 의미 부류 평균	의미 부류의 최대값	의미 부류의 최소값
817)	323	3.98	10	1

81개 의미항목이 취하는 목적어 명사의 의미 부류는 총 323종으로, 각 의미항목 별 동사가 취하는 목적어의 평균 의미 부류의 개수는 3.98개이다. 의미 부류의 평균값으로 볼 때 각 동사의 목적어 명사는 평균 약 4개의 의미 부류를 포함하며, 최대 10개, 최소 1개의 의미 부류를 포함하고 있다.

---

6) 학습자가 출력하는 결합관계를 고찰해 보면 학습자의 단어 결합관계 오류는 주로 이음절 동사의 동목 결합관계에 집중적으로 나타난다. 본서는 이에 따라 이음절 동사의 목적어만을 대상으로 의미를 분류하였다.

7) '硏究', '学习', '欢迎', '介绍' 4개 동사는 모두 2개의 의미항목을 가지는데, 이 중 하나의 의미항목은 목적어 명사가 적어서 의미적으로 분류하기에 부족하였다. 그러므로 이들 명사는 본문의 목적어 의미 부류 고찰 범위에서 제외하였다.

② 81개 의미항목이 취하는 목적어의 의미 부류는 수량적으로 비교적 분산된 분포 양상을 보인다. 즉 13개 의미항목 별 동사의 목적어 명사만이 단 한 가지 의미 부류에 집중되며, 목적어의 의미 부류의 수는 6종 이내로 나타났다. 구체적인 데이터는 표 4.9에 제시하였다.

표 4.9 동사와 의미 부류의 수 교차 분석표

의미항목 별 동사의 수(개)	의미 부류의 수	누적 백분율
13	1	16.05
15	2	34.56
12	3	49.38
7	4	58.02
12	5	72.83
10	6	85.185
4	7	90.12
5	8	96.29
2	9	98.765
1	10	100
의미항목 합계 총 81개	323종	

표 4.9의 데이터로부터 다음의 몇 가지를 확인할 수 있다. 첫째, 의미항목 별로 구분한 동사 13개의 목적어는 단일한 의미이다. 둘째, 의미항목 별로 구분한 동사 15개의 목적어는 두 가지 의미 부류에 집중되어 있다. 셋째, 12개 동사의 목적어 의미 부류는 3가지로 나타난다. 7개 동사의 목적어 의미 부류는 4가지이다. 12개 동사의 의미 부류는 5가지이다. 10개 동사의 목적어 명사는 6개 의미 부류를 포함한다. 나머지 12개 동사의 목적어 의미 부류는 6가지 이상으로 분류된다. 구체적인 분포는 다음의 그림 4.12에 제시하였다.

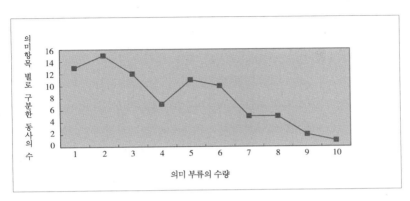

그림 축: 의미항목 별로 구분한 동사의 수 / 16 14 12 10 8 6 4 2 0 / 1 2 3 4 5 6 7 8 9 10 / 의미 부류의 수량

그림 4.12 동사가 취하는 목적어 의미 부류의 수량적 분포

그림 4.12는 동사 목적어의 의미 부류가 차이가 분명한 세 구간에 집중되어 있음을 보여준다. 첫 번째 구간에서 목적어의 의미 부류는 3종류 이내로 나타나는데, 이 구간의 동사 수량이 가장 많아서 전체 동사의 49.38%를 차지한다. 즉 대상 동사의 절반가량은 목적어의 의미 부류가 3종류 이내이다. 두 번째 구간의 의미 부류는 4 - 6종류의 범위에 집중되는데 동사의 수량은 첫 번째 구간에 비해 감소하는 것을 알 수 있다. 첫 번째와 두 번째 구간에 포함되는 동사의 수는 전체의 85.185% 에 달한다. 마지막으로 세 번째 구간에서는 의미 부류가 7 - 10종에 분포하며 이에 속하는 동사의 수가 가장 적다. 이를 통해 목적어의 의미 부류는 대부분 6가지 이내로 집중되며 누적 백분율이 85.185%에 달하는 한편, 목적어 의미 부류가 7가지 이상인 동사는 많지 않아서 점유율도 14.815%에 불과하다는 사실을 확인할 수 있다.

(2) 의미 분류 상황 분석
① 이음절 상용동사의 동목(V+N) 구조에서 명사의 의미는 상당히

복잡하여 단일한 의미 부류에 속하는 경우는 비교적 적다. 동사의 목적어 명사가 속하는 의미 부류는 동사에 따라 달라서 큰 차이가 나타난다. 동사 목적어의 의미가 단일한 경우는 13개로 전체 의미항목 별 동사 81개 중 16%에 불과하고, 나머지 동사의 목적어는 다양한 의미 부류를 포괄하여 각기 다른 여러 의미 부류에 속하는 명사로 구성된다.

예를 들어 동사 '认识'가 취하는 목적어 명사의 의미는 다음의 네 부류로 나누어진다.

i) 사정, 상황, 예: 世界, 事物, 国情, 现象, 自然 등

ii) 성능, 본질, 핵심, 예: 本质 등

iii) 사물의 이치, 규율, 예: 规律

iv) 사회, 정치 법률, 예: 社会

'解决'와 결합하는 목적어 명사의 의미는 주로 다음의 다섯 가지 부류로 나뉜다.

i) 사정, 상황, 사고, 예: 问题

ii) 고통, 고난, 좌절, 예: 困难、苦难、危机

iii) 불일치, 악감정으로 생겨난 틈, 예: 矛盾、争端

iv) 성능, 핵심, 예: 关键

v) 경제, 자본, 이윤, 예: 资金

'出现'과 결합하는 목적어 명사의 의미는 다음의 일곱 가지 의미 부류로 구분된다.

i) 사정, 상황, 예: 情况、问题、旱情、局面等

ii) 비유물, 예: 障碍、转机

iii) 사회 기구, 예: 制度、国家、中心

iv) 자연현상, 예: 月全食、流星雨、陨石雨

v) 인물, 예: 兵、青年

vi) 질병, 예: 胃潰疡、恶疮

vii) 사물 및 자연물, 예: 机器、化肥、海藻

이상 목적어 명사들은 각기 다른 의미 부류에 속하므로 간단하게 단일한 의미 부류만으로 동사의 결합관계 조건을 설명하기란 쉽지 않다. 이러한 사실은 단어 결합관계의 교수를 더욱 복잡하게 만드는 원인이 된다.

② 동사의 의미항목이 다르면 결합하는 목적어 명사의 의미 부류의 수량도 다르게 나타나고 의미 부류의 구분과도 필연적인 연관관계가 없다. 예를 들어 동사 '表示'의 첫 번째 의미항목의 목적어는 의미적으로 '意识', '思想', '感情'으로 단 하나의 부류로 나타나지만, 두 번째 의미항목의 목적어는 양상이 비교적 복잡해서 '时间', '抽象事物', '事情', '数量单位', '性能' 등 다섯 가지 의미 부류로 구분된다. 자세한 사항은 다음의 표 4.10에 제시하였다.

표 4.10 동사 '表示'와 결합하는 목적어 명사의 의미 부류

동사	의미항목	목적어 명사의 의미 부류의 수	목적어 명사의 의미 부류	예
	1. 언어적 행위로 어떤 사상이나 감정 및 태도를 드러내다	1	思想、心意、感情	敬意7 谢意6 意义6
	2. 사물 자체가 어떤 의미를 드러내거나 또는 어떤 사물을 빌어 어떤 의미를 드러내다	5	1. 时间 2. 抽象事物 3. 事情 4. 数量单位 5. 性能	时间7 关系5 事件5 温度5

③ 어떤 동사의 목적어 명사는 하나 혹은 여러 개의 의미 부류로 집중적으로 귀납될 수 있다. 예를 들어 '锻炼₁'의 명사는 기본적으로

'身体'의 '전신(全身类)'과 '신체능력(体能类)' 두 가지 의미 부류로 귀납된다. 한편 어떤 목적어 명사는 대부분 하나 혹은 여러 개의 의미 부류로 귀납되지만, 개별적으로 나타나는 분산된 명사도 동시에 존재하여 주요한 특정 의미 부류로 귀납하기 어렵다. 예컨대 '参观'의 목적어는 '조직 및 기구(组织机构)'와 '경기장(场馆), 건축물(建筑)'의 두 가지 부류로 나뉠 수 있지만, 이 두 가지에 속하지 않는 '生产过程'이라는 명사와 결합한 '参观生产过程'의 예도 나타난다. 즉 '参观'이 구성하는 동목(V+N) 결합관계에서 명사는 '조직 및 기구(组织机构)'와 '경기장(场馆), 건축물(建筑)' 이외에도 존재할 수 있어서 '参观过程'이라는 결합관계를 구성할수 있다. 일반적으로 이렇게 특별한 예에 속하는 명사가 출현하는 빈도는 비교적 낮으므로 전형적인 결합관계는 아닌 것으로 간주된다.

3) 목적어 명사의 대표적 의미 부류

목적어 명사의 의미 부류가 분포하는 양상은 주로 다음의 두 가지로 나타난다.

① 목적어의 각 의미 부류가 동사와 공기하는 확률은 비교적 균등하여 고빈도의 의미 부류가 존재하지 않는 경우이다. 이에 속하는 예로 '参观'의 목적어 명사는 다음의 두 가지 의미 부류로 구분된다.

  i) 조직 및 기관   ii) 경기장, 건축물

이 두 부류의 단어가 '参观'과 공기하는 횟수는 본서에서 검색한 말뭉치 데이터에서 비교적 균등하여 현저한 차이를 보이지 않았다. 한편 '了解'의 목적어 명사는 다음 7가지 의미 부류로 구분된다.

  i) 사정, 정황   ii) 규율, 사물의 이치 iii) 형세, 추세

iv) 과학지식, 문화 교육   v) 사회, 정치 법률   vi) 성능, 장단점
vii) 의식, 사상, 기분

각각의 의미 부류에 포함되는 명사가 동목 결합관계에서 나타나는
횟수와 명사의 개수는 기본적으로 균등하므로, 동사가 이상의 7가지
의미 부류에 속하는 명사와 공기하는 횟수는 균등하다. 즉 대표적인
의미 부류가 존재하지 않는 것이다.

이밖에 '锻炼', '帮助', '参观', '表示', '访问₂' 등의 동사들도 각각의 의
미 부류에 속하는 목적어들과 공기하는 확률에 있어 차이를 보이지
않았다.

② 동사가 일부 의미 부류의 목적어 명사와 공기하는 확률이 다른
의미 부류와의 공기 확률보다 큰 경우이다. 즉 동사가 특정한 하나 혹은
여러 의미 부류의 목적어 명사와 결합관계를 구성한다. 다시 말해 의미
부류에 따라 동사와 결합관계를 구성하는 확률은 일치하지 않는다. 예
컨대 '认识'가 취하는 목적어 명사의 의미는 다음의 네 부류이다.

i) 사정, 상황, 예: 世界、事物、国情、现象、自然 등
ii) 성능, 본질, 핵심, 예: 本质 등
iii) 사물의 이치, 규율, 예: 规律
iv) 사회, 정치 법률, 예: 社会

이 네 의미 부류에서 '사정, 상황'류에 속하는 목적어가 비교적 중요하
다. 이 의미 부류에 속하는 명사는 '世界'(16회), '事物'(7회), '国情'(4회),
'现象'(1회), '自然'(7회), '生活'(5회)로 이들 6개 명사의 출현 횟수는 총
40회이며 '认识'가 구성하는 전체 결합관계의 67.8%를 차지한다. 명사의
수량과 명사가 출현하는 횟수를 고려할 때 '认识'의 목적어가 주로 '사정,
상황'이라는 의미장에 속하는 명사임을 확인할 수 있다.

'解決'를 예로 들면, '解決'와 결합하는 목적어 명사는 다음의 다섯 가지 의미 부류에 속한다.

> i) 사정, 상황, 사고, 예: 问题
> ii) 고통, 고난, 좌절, 예: 困难、苦难、危机
> iii) 불일치, 악감정으로 생겨난 틈, 예: 矛盾、争端
> iv) 성능, 핵심, 예: 关键
> v) 경제, 자본, 이윤, 예: 资金

이중 고빈도 목적어 명사는 '问题'(313회), '困难'(31회), '难题'(24회), '矛盾'(23회), '争端'(10회), '危机'(6회)이다. 그러므로 '解決'가 취할 수 있는 목적어 명사의 의미는 주로 '상황, 사고'류와 '고난'류 및 '불일치, 모순'류임을 확인할 수 있다. 다음의 표 4.11은 의미 부류의 분포에 대한 전반적인 양상을 나타낸 것이다.

표 4.11 목적어 명사의 의미 부류 분포 표

	의미항목 별 동사의 수량	단일 의미 부류에 속하는 목적어를 취하는 의미항목 별 동사의 수량	의미 부류가 균등하게 분포하는 의미항목 별 동사의 수량	의미 부류가 불균등하게 분포하는 의미항목별 동사의 수량	합계
	81	13	27	41	
점유율	100%	16%	33.3%	50.6%	99.9%

표 4.11에 제시된 데이터에 따르면 의미항목에 따라 구분된 총 81개 동사의 목적어 명사에서 68개 동사의 목적어 의미 부류가 단일하지 않으며, 이는 전체의 83.95%를 차지하였다. 또한 27개 동사의 목적어 의미 부류가 동사와 공기하는 확률은 비교적 균등하여 동사가 목적어의 의미 부류에 대해 별다른 선택적 선호 경향을 보이지 않는 것으로 나타

났다. 반면 41개 동사의 목적어 의미 부류의 분포는 불균등하게 나타났다. 즉 62.29%의 동사의 목적어 의미 부류에는 특정한 주요 의미 부류가 존재하는 것이다. 이러한 주요 의미 부류들은 어느 정도 해당 동사가 취하는 목적어의 의미 부류를 대표할 수 있다. 예를 들어 '解決'의 목적어는 주로 '상황, 사고, 고난'류의 명사이며, '认识'의 목적어는 주로 '상황, 사정'의 의미장에 속하는 명사이다.

4. 결론

① 일음절 동사와 이음절 동사가 구성하는 동목(V+N) 결합관계의 유형은 대응관계를 보이지 않는다. 일음절 동사의 동목(V+N) 결합관계 유형에서 가장 많은 것은 자유 결합관계로, 수량에 따라 순서대로 다음의 그림처럼 배열할 수 있다.

이음절 동사가 구성하는 동목(V+N) 결합관계는 약한 제약적 결합관계가 가장 많으며 강한 제약적 결합관계와 고정적 결합관계는 존재하지 않는다. 이는 다음의 그림으로 도식화될 수 있다.

② 고정적 결합관계는 모두 일음절 동사가 구성하는 1+2형식의 결합

관계로, 이는 일음절 동사의 특징과 관련이 있다. 즉, 동사성이 강하고 일상생활에 자주 사용되며 구어라는 문체적 특징이 뚜렷하다. 또한 사용빈도가 높고, 통용되는 정도가 광범위하다. 그러므로 은유의 원천 영역으로 작용할만한 조건을 갖추고 있다. 이렇게 사용범위가 넓은 결합관계를 사용한다는 것은 비유적 의미를 갖추고 있음을 나타내며, 언중에 의해 쉽게 받아들여지므로 안정화되어 고정적인 결합관계를 형성하기에 용이하다. 어떤 결합관계의 경우에는 결합관계 성분의 상호 의존도가 높아서 의미가 단독으로 파악되기 어렵고 공기 횟수가 많다. 또한 결합관계를 구성하는 성분이 상대적으로 안정적이어서 치환 가능성이 감소하기도 한다.

③ 이음절 동사가 구성하는 동목(V+N) 결합관계에서 제한적인 동시에 상대적으로 자유로운 약한 제약적 결합관계가 약 60%를 차지한다. 이 결합관계는 유표적 결합관계에 속하며 구성 성분의 치환에 어느 정도 제약을 받으므로 교수와 습득에 특히 중시되어야 할 것이다.

④ 이음절 동사가 취하는 목적어의 의미 부류는 매우 다양하다. 의미 항목별로 분류한 동사 중 13개를 제외한 나머지 68개 동사의 목적어 의미 유형은 단일하지 않으며 최대 10가지를 포함한다. 그리고 목적어 의미 부류가 6개 부류 이내인 동사의 수량이 가장 많다.

⑤ 목적어 명사의 각 의미 부류에는 주요 의미 부류가 존재할 수 있다. 주요 의미 부류에 포함되는 명사의 수가 가장 많고 출현 횟수도 상대적으로 많다. 명사 목적어의 각 의미 부류 가운데 대표적인 의미 부류가 있어 이 대표 의미 부류로 해당 동사가 결합관계를 구성할 수 있는 명사의 의미 범위를 지칭하는데 쓰일 수 있다.

이상과 같이 4장에서는 단어 결합관계의 유형에 대해 논의하였다. 이를 통해 언어의 실제 사용에 있어 대부분의 동사가 구성하는 동목

(V+N) 구조에는 고빈도 결합관계가 존재하며, 고빈도 결합관계는 어휘 층위에서 전형적인 결합관계로 교수 과정에서 하나씩 명확하게 제시할 필요가 있음을 확인하였다. 또한 대표적 의미 부류는 동사가 목적어를 선택하는 주요 의미 범위를 대표하므로 교수 과정에서 대표적 의미 부류에 따라 다른 목적어 명사를 유추해낼 수 있도록 지도할 수 있다. 고빈도 결합관계와 대표적 의미 부류라는 두 층위가 결합하여 단어 결합관계의 교수에 응용됨으로써 학습자가 동사의 고빈도 결합관계를 파악하고 정확히 사용하도록 지도할 수 있으며, 이를 토대로 단어 결합 관계의 유추적 성질을 파악하게 할 수 있다. 이러한 방법은 중국어 결합 관계의 규칙을 잘 드러낼 뿐만 아니라 단어 결합관계의 교수 효율을 제고시키는 데도 큰 도움이 되리라 생각된다.

제5장 | 학습자와 모어
화자의 동목(V+N) 결합관계
대조·분석

학습자 말뭉치는 일반적으로 학습자의 작문을 수집해서 만든 것으로, 현재 학습자 말뭉치를 기반으로 한 어휘 결합 연구는 주로 제2외국어로서의 영어 교육에서 연구되는 편이다. 본문에서 수집한 자료(1996-2008년)를 살펴보면 연구자가 사용하는 학습자 말뭉치의 구성과 규모는 모두 다르다. 표 5.1을 보자. (중국내 외국어 연구 성과 통계는 제외하였음)

표 5.1 단어결합 관계 연구에서 사용된 학습자 말뭉치

연구자	시간	말뭉치 규모, 모어	연구내용
Howarth	1996	10편의 작문, 다중언어	V+N
Granger	1998	25만 단어, 프랑스어	A+N
Nadja Nesselhauf	2003	32편의 작문, 독일어	V+N
Anna Siyanova & Nobert Schmitt	2008	31편의 작문, 러시아어	V+N

이상 표 5.1에서 살펴볼 수 있듯이, 표에서 제시한 학습자 말뭉치 규모는 최대가 20만자로 규모면에서는 각기 차이가 있으며, 모어 말뭉치와 대조할 때 규모가 비교적 작다고 할 수 있다. 학습자의 언어 배경 역시 단일 언어만을 바탕으로 하기도 하고 복합 언어로도 구성되기 때문에 그 가운데 어떤 것을 선택할지는 주로 연구 목적과 연관성이 있다.

1. 학습자 말뭉치의 구성

　　본서에서 사용한 학습자 말뭉치는 다양한 모어 환경을 가진 학습자의 언어 자료를 바탕으로 구성되었다. 언어 자료의 제공자는 모두 구미 학생(뉴질랜드 1명 포함)으로 중국계 학생은 제외하였다. 언어 자료는 학습자의 언어 수준에 따라 중급과 고급으로 나누었다. 중급 학습자 말뭉치는 학생들의 작문 128편으로 구성되었으며 총 79,482자이고, 고급 학습자 말뭉치는 학생들의 작문 182편으로 구성되었으며 총 123,406자로, 합하면 총 310편의 202,888자로 구성 되었다. 중급 말뭉치의 경우, 총 12개 국가의 학습자가 제공한 작문으로 구성되었는데 작문 편수가 가장 많은 국가는 러시아로 총 33편이다. 고급 말뭉치의 경우, 12개 국가의 학습자가 제공한 것으로 작문 가운데 가장 많은 편수를 보유한 나라는 영국으로 총 89편이다. 학습자 말뭉치 가운데 영국인 학습자 자료가 112편, 미국인 학습자 자료가 37편으로 영어를 모어로 하는 화자의 자료가 총 149편에 달해 학습자 말뭉치 가운에 가장 큰 비율을 차지한다. 아래의 표를 보자.

표 5.2 학습자 말뭉치 구성[1]

학습자 수준	편수	총 글자 수	편당 평균 글자 수	학습자 국적 및 작문 편수
중급	128	79,482	620.95자	독일 17, 러시아 33, 핀란드 1, 네덜란드 13, 캐나다 1, 미국 24, 노르웨이 1, 스웨덴 1, 스위스 10, 뉴질랜드 1, 이탈리아 3, 영국 23
고급	182	123,406	678.05자	독일 3, 러시아 21, 프랑스 3, 네덜란드25, 캐나다 5, 미국 13, 노르웨이 2, 스웨덴 1, 터키 3, 스페인 16, 이탈리아 1, 영국 89
합계	310	202,880		

1) 학습자가 출력하는 동목(V+N) 결합관계에서 사용된 동사

중급 학습자가 출력하는 동목(V+N) 결합관계에서 사용된 일음절 동사는 134개로 출현 횟수가 835회이며, 이음절 동사는 268개로 출현 횟수가 616회이다. 고급 학습자가 출력하는 동목(V+N) 결합관계에서 사용된 일음절 동사는 192개로 출현 횟수는 1,267회이며, 이음절 동사는 475개로 출현 횟수가 1,403회이다. 구체적인 데이터를 표 5.3을 통해 살펴보자.

표 5.3 학습자가 출력하는 동목(V+N) 결합관계에서 사용된 동사의 수량과 비율

	일음절 동사 수량과 출현 횟수	이음절 동사 수량과 출현 횟수	일음절 동사 평균 출현 횟수	이음절 동사 평균 출현 횟수	일음절 동사 출현 횟수의 비율	이음절 동사 출현 횟수의 비율
중급 학습자	134개 835회	268개 616회	6.231회	2.2985회	57.54%	42.45%
고급 학습자	192개 1,267회	475개 1,403회	6.598회	2.954회	47.43%	52.56%

---

1) 학습자의 수준은 북경대학교의 분반 시험 성적과 학습자가 사용하는 교재의 등급을 바탕으로 판단하였다.

표 안의 데이터는 중·고급 학습자가 출력하는 동사[2]의 특징을 반영하고 있다.

(1) 중급 학습자가 출력하는 동사에는 다음과 같은 몇 가지 특징이 있다.

① 이음절 동사의 수가 일음절 동사 보다 많지만, 총 출현 횟수는 일음절 동사가 이음절 동사 보다 많다.

② 각각 일음절 동사의 평균 중복 출현율은 6.231회이고, 이음절 동사의 중복 출현율은 2.2985회로, 말뭉치 상에서는 일음절 동사의 이용 빈도가 더 높다.

③ 중급 학습자의 말뭉치에서는 일음절 동사가 57.54%를 차지하며, 중급 학습자가 출력한 동목(V+N) 결합관계에서 사용된 동사의 대부분은 일음절 동사이다.

(2) 고급 학습자가 출력하는 동사에는 다음과 같은 몇 가지 특징이 있다.

① 이음절 동사의 수가 일음절 동사 보다 많고, 이음절 동사가 출현하는 총 횟수도 일음절 동사보다 많다.

② 일음절 동사의 평균 출현 횟수는 6.598회이고, 이음절 동사의 평균 출현 횟수는 2.956회로, 일음절 동사의 중복 출현율이 더 높다.

③ 고급 학습자 말뭉치에서는 이음절 동사가 52.56%를 차지했는데 이는 고급 학습자 말뭉치 가운데 이음절 동사가 대다수를 차지하고 있음을 설명해 주고 있다.

---

2) 학습자가 출력하는 동사란 학습자가 출력한 동목(V+N) 결합관계 안의 동사를 가리킨다.

(3) 학습자 출력 동사 분석

① 학습자가 출력하는 일음절 동사의 수량은 이음절 동사 보다 적지만 중복 출현율은 높다. 중급 학습자가 출력하는 일음절 동사의 평균 중복 출현율은 6.231회이고, 고급 학습자가 출력하는 일음절 동사의 평균 중복 출현율은 6.598회이다. 이는 학습자가 작문하는 과정에 있어서 일부 일음절 동사를 빈번히 사용하는 경향이 있음을 설명해준다.

② 학습자가 출력하는 동사는 구어적 색채가 강하다. 기존 연구에 따르면 일반적으로 이음절 동사의 출현 빈도가 높을수록 서면어적 색채가 농후하고, 일음절 동사의 출현 빈도가 높을수록 구어적 색채가 농후하다. 张国宪(1989c)의 통계에 따르면 모어 화자가 사용하는 서면어의 경우, 이음절 동사의 평균 출현율이 92.56%를 차지하였다. 이에 반해 본고에서 고찰한 학습자 말뭉치에서는 중급 학습자가 출력하는 이음절 동사는 42.45%에 그쳤고, 고급 학습자가 출력하는 이음절 동사는 52.56%를 차지하였다. 모어 화자가 서면어에서 사용하는 이음절 동사의 수량과 비교할 때 현저한 차이를 나타내며, 이는 학습자가 작문에서도 서면어가 아닌 구어 색채가 강한 동사를 사용하고 있음을 반영하고 있다.

③ 학습자의 언어 수준이 향상될수록 이음절 동사의 사용 비율도 점차 증가한다. 이는 다음 두 측면에서 드러난다.

i) 이음절 동사의 중복 출현 횟수가 증가한다. 중급 학습자 말뭉치에서 이음절 동사의 중복 출현 횟수는 2.298회이지만 고급 학습자 말뭉치에서 이음절 동사의 중복 출현 횟수는 2.954회로 0.656회 증가했다.

ii) 중급 학습자 말뭉치에서 일음절 동사의 출현 비율은 57.54%로 이음절 동사보다 높다. 그러나 고급 학습자 말뭉치에서는 이와는 상반되게 이음절 동사의 출현 비율이 52.56%로, 일음절 동사보다 높다. 중급 학습자가 출력한 동사와 비교하면 이음절 동사 사용이 10.11% 증가하였는데, 이는 언어 수준이 낮은 학생일수록 일음절 동사를 사용하는 경향이 있으며, 언어 수준이 높아질수록 이음절 동사의 사용도 증가하기 시작하는 것을 보여준다.

(4) 학습자가 출력하는 고빈도 동사

학습자가 출력하는 동목(V+N) 결합관계를 살펴보면, 일부 동사의 중복 출현 횟수가 많은 것을 알 수 있다. 중급 학습자가 출력하는 일음절 동사의 최대 중복 출현 횟수는 94회이고, 이음절 동사의 최대 중복 출현 횟수는 33회이다. 고급 학습자가 출력하는 동목(V+N) 결합관계 가운데 일음절 동사의 중복 출현 횟수는 102회에 달하며, 이음절 동사의 최대 중복 출현 횟수는 38회이다. 학습자가 출력하는 동사 중 중복 출현율이 높은 상위 10개의 단어를 추출하여 다음 표에 기술하였다.

표 5.4 학습자 말뭉치에서 출력하는 동사(상위 10개)

학습자 언어 수준	고빈도 일음절 동사	출현 횟수	고빈도 이음절 동사	출현 횟수
중급	去	94	喜欢	33
	看	88	参观	24
	做	45	学习	21
	找	42	认识	20
	打	33	了解	14
	听	29	介绍	13
	吃	27	看见	12
	买	27	参加	11
	说	26	习惯	11
	喝	21	发生	10
고급	看	102	喜欢	38
	吃	79	了解	36

학습자 언어 수준	고빈도 일음절 동사	출현 횟수	고빈도 이음절 동사	출현 횟수
	买	68	离开	26
	做	61	参加	25
	去	60	成为	22
	找	55	提供	21
	坐	46	学习	21
	用	28	认识	21
	骑	27	介绍	20
	当	25	提高	20

위 표 안에 제시한 단어는 학습자가 선택한 고빈도 단어로 학습자가 이러한 단어들을 자주 사용하는 데는 두 가지 이유가 있다.

i) 이 단어들은 학습자 입장에서는 매우 익숙한 단어들로, 교재에서 접했을 가능성이 크며, 학습자가 잘 파악하고 있는 단어들이다.

ii) 이 단어들은 학습자가 평소 자주 표현하는 내용들과 관련이 있다. 이들은 학습자의 일상생활이나 학습과 관련이 있어 학습자가 표현하고자 하는 바를 만족시켜줄 수 있다.

상술한 고빈도 동사와 동사의 출현 횟수를 분석한 결과 학습자가 출력하는 동사에는 두 가지 특징이 있음을 알 수 있다.

① 학습자는 소수의 상용 동사만을 빈번하게 사용하기 때문에 표 5.4에서 나타난 고빈도 동사의 중복 출현 횟수는 매우 높다. 중급 학습자가 출력한 고빈도 단어 20개의 출현 횟수는 601회로, 중급 학습자가 출력하는 전체 동사의 41.41%를 차지한다. 또한 고급 학습자가 출력한 고빈도 동사의 출현 횟수는 801회로, 고급 학습자가 출력하는 전체 동사의 30%를 차지한다. 이는 학습자가 일부분의 상용 동사를 반복하여 사용하고 있음을 나타내는 것이다.

② 중·고급 학습자가 출력하는 고빈도 동사의 55%가 중복된다. 이

는 비록 학습자의 언어 수준이 고급에 달했더라도 여전히 우선적으로
상용 동사를 사용하여 출력하고 있음을 설명해주는 것이다. 학습자의
언어 수준이 향상되었다고 하더라도 출력하는 동사에는 분명한 차이가
발견되지 않음을 확인할 수 있다.

2) 학습자가 출력하는 동목(V+N) 결합관계 분석

(1) 학습자가 출력하는 결합관계

중급 학습자가 출력하는 일음절 동사의 동목(V+N) 결합관계는 550개
이며 총 835회 출현하였고, 이음절 동사의 동목(V+N) 결합관계는 552개
이며 총 616회 출현하였다. 고급 학습자가 출력하는 일음절 동사의 동목
(V+N) 결합관계는 901개이며 총 1,267회 출현하였고, 이음절 동사의
동목(V+N) 결합관계는 1,242개이며 총 1,403회 출현하였다. 다음 표를
살펴보자.

표 5.5 학습자가 출력하는 동목(V+N) 결합관계

	$V_일$+N의 개수	$V_일$+N의 출현 횟수	$V_이$+N의 개수	$V_이$+N의 출현 횟수
중급	550개	835회	552개	616회
고급	901개	1,267회	1,242개	1,403회
합계	1,451개	2,102회	1,794개	2,019회

학습자가 출력하는 동목(V+N) 결합관계는 총 3,245개로, 일음절 동사
와 이음절 동사 모두 동목(V+N) 결합관계의 중복 출현 횟수가 낮으며,
이음절 동사의 중복 출현 횟수는 단 1.1회 정도로 일음절 동사보다 더
낮다. 구체적인 데이터는 다음과 같다.

표 5.6 동목(V+N) 결합관계 중복 출현 횟수

	V일+N의 개수	V일+N의 중복 출현 횟수	V이+N의 개수	V이+N의 중복 출현 횟수
중급	550	1,518	552	1,1159
고급	901	1,406	1242	1,1296

(2) 학습자가 출력하는 결합관계의 특징

학습자 말뭉치에 출현하는 모든 동목(V+N) 결합관계를 추출한 후 학습자의 언어 수준에 따라 어휘별로 분류하여 출현 횟수가 가장 많은 상위 10개의 결합관계를 선별하였다. 다음 표를 보자.

표 5.7 학습자 말뭉치에서 출현하는 동목(V+N) 결합관계의 예(내림차순)

	일음절 동사 V+N 결합관계	출현 횟수	이음절 동사 V+N 결합관계	출현 횟수
중급	打电话	18	学习汉语	10
	交朋友	16	认识人	9
	买东西	10	参加课	3
	找工作	10	得到经验	3
	吃菜	8	解开问题	3
	喝啤酒	8	了解文化	3
	做饭	8	酿造啤酒	3
	喝酒	7	扑灭大火	3
	回家	7	提高水平	3
	找朋友	7	知道故事	3
고급	吃饭	18	解决问题	10
	打电话	13	学习汉语	7
	骑自行车	13	享受生活	5
	赚钱	10	发挥作用	4
	喝酒	9	发生问题	4
	谈恋爱	9	利用机会	4
	玩游戏	8	练习中文	4
	骑马	8	认识人	4

일음절 동사 V+N 결합관계	출현 횟수	이음절 동사 V+N 결합관계	출현 횟수
坐火车	7	实现梦想	4
播广告	7	习惯生活	4

  학습자가 출력한 결합관계를 관찰 분석한 결과, 중·고급 학습자가 출력하는 동목(V+N) 결합관계에는 다음과 같은 특징이 있음을 발견하였다.

  ① 학습자가 출력하는 동목(V+N) 결합관계의 중복 출현율은 일반적으로 낮은 편이며, 중·고급 학습자가 출력하는 동목(V+N) 결합관계의 중복 출현율은 거의 비슷하다. 일음절 동사 동목(V+N) 결합관계의 중복 출현은 평균 1.426회이며, 이음절 동사 동목(V+N) 결합관계의 중복 출현은 평균 1.123회로, 이음절 동사 동목(V+N) 결합관계의 중복 출현 횟수가 더 낮다. 그러나 중·고급 학습자가 출력하는 동목(V+N) 결합관계 중 5회 이상 출현하는 고빈도 결합관계도 확인되는데 이는 결국 학습자가 출력하는 동목(V+N) 결합관계의 절대 다수의 동사는 단 1회만 출현했음을 증명하는 것이다. 이러한 결합관계 현상은 학습자가 일정한 의미를 표현하기 위해 동사와 목적어를 일시적으로 결합하여 사용했음을 반영하고 있는 것으로 임시적 성격을 띠고 있다.

  ② 비록 학습자가 출력하는 결합관계의 전체적인 중복 비율은 낮지만 각 결합관계의 중복 출현 횟수는 많은 편이다. 말뭉치에 따르면, 중급이나 고급을 막론하고 학습자가 출력하는 결합관계에는 모두 고빈도 결합관계가 존재한다.3) 일음절 동사 결합관계의 최다 출현 횟수는 18회이고, 이음절 동사 결합관계의 최다 출현 횟수는 10회이다. 고빈도 결합에

---

3) 고빈도 결합이란 출현 횟수가 5회를 초과하는 결합관계를 가리킨다.

는 '谈恋爱'와 같은 고정 결합관계나 '打电话', '赚钱' 등과 같은 제약적 결합관계, '骑自行车' 등과 같은 자유 결합관계 등 여러 유형의 동목결합 관계를 포함하고 있다.

③ 중·고급 학습자가 출력하는 결합관계 중 공통으로 나타나는 비율은 낮은 편이다. 표 5.7의 통계에 따르면 일음절 동사 동목(V+N) 결합관계의 공통 중복 출현율은 20%이고, 이음절 동사 동목(V+N) 결합관계의 공통 중복 출현율도 20%이다. 그러나 이음절 동사의 동목(V+N) 결합관계에서 중급 학습자와 고급 학습자가 출력하는 결합관계에는 상당한 차이가 있다. 중급 학습자가 출력한 상위 10개 중의 결합관계인 '解开问题', '参加课' 등은 평소 모어 화자가 별로 사용하지 않는 결합관계이다. 반면 고급 학습자가 출력하는 상위 10개의 결합관계는 모어 화자도 자주 사용하는 결합관계로 이는 고급 학습자가 상용하는 단어 결합관계에 대해 좀 더 잘 숙지하고 있음을 증명하는 것이다.

학습자 말뭉치를 분석한 결과, 중·고급 학습자의 언어 수준으로 인한 결합관계의 차이점을 발견할 수 있었다. 예를 들어, 사용빈도가 가장 높은 결합관계인 '吃饭'은 고급 학습자 말뭉치에서 18회 출현한다. '밥을 먹다(吃饭)'는 '쌀밥을 먹다(吃米饭)'라는 의미 뿐 아니라 모든 식사 행위를 대표하여 가리킬 수 있다. 이와 같이 결합관계에 의해서 만들어지는 의미는 구체적인 동작이나 사건에서 개괄적인 활동으로 변화할 수 있다. 한 단어가 결합관계 안에서 그 의미의 개괄적 성격이 강할수록 사용 범위도 넓어지며 자연히 출현 횟수가 많아지게 되므로 이러한 결합관계는 고습 학습자 말뭉치에서도 18회나 출현하게 되는 것이다. 또한 흥미로운 점은 중급 학습자 말뭉치에서 '吃饭'은 고빈도 결합관계가 아니어서 상위 10개 안에 들지 못한다는 것이다. 반면 '吃菜'는 '吃饭' 보다 출현 횟수가 높아 8회나 출현한다. 중급 학습자에게 있어 '吃菜'는 구체적인 표현이다. 다시 말해 '吃中国菜'나 '吃日本菜'는 개괄적인 성격을 지니지 않는다는 것이다. 중급 학습자는 '我喜欢吃中国菜'는 자주 발화 해도 '我喜欢吃中国饭'[4]이라고는 자주 발화하지 않는다는 것이다. 이런 각도에서 보면 학습자는 학습 초기단계에서 개괄적 의미를 띤 결합관계 를 쉽게 습득하기 어려우며, 언어 수준이 향상된 후에야 '吃饭'의 의미나 용법을 점차적으로 이해하고 사용하기 시작한다.

④ 학습자 말뭉치에서 출현하는 일음절 동사 동목(V+N) 결합관계의 중복 출현 횟수는 이음절 동사의 동목(V+N) 결합관계 보다 많아서 최대 18회 출현한다. 또한 이음절 동사의 중복 출현 횟수도 최대 10회이다. 이 외에도 일음절 동사의 고빈도 동목(V+N) 결합관계 수가 이음절 동사 의 동목(V+N) 결합관계 수 보다 많다. 중·고급 학습자가 출력하는 이 음절 동사의 경우 단지 2개의 동목(V+N) 결합관계만 5회 이상 출현한 다. 이를 근거로 학습자들은 일음절 동사의 동목(V+N) 결합관계를 더 잘 파악하고 있음을 알 수 있다. 이는 또한 학습자의 언어 수준과 관련이 있는데, 학습자의 언어 수준이 낮을수록 일상생활과 관련된 내용을 표 현하는 경향이 있어 구어적 색채가 명확한 일음절 동사의 동목(V+N) 결합관계를 선택하게 되는 것이다. 반면 이음절 동사의 의미는 추상적 이고 일상생활에서의 사용도 상대적으로 적어서 학습자의 이음절 동목 (V+N) 결합관계 사용이 활발하지 않게 되며, 습득 난이도가 상대적으로 높아진다. 따라서 학습자가 회피하거나 다른 단어로 대체하는 방법을 선택하여 이음절 동사의 동목(V+N) 결합관계 사용을 피할 수도 있다.

---

4) 혹은 학습자가 사용하는 모어의 영향을 받았을 수도 있다. 특히 학습 초기 단계 에서는 모어가 큰 영향을 끼치는데 영어의 경우 모든 음식 섭취 행위를 개괄하는 동목(V+N) 결합관계가 없으므로 일반적으로 have breakfast/lunch/dinner/su-pper라고 말하거나 혹은 eating으로만 대체 가능하다.

종합적으로 살펴보면, 학습자는 언어 습득 과정에서 중국어 수업이나 교재에서 자주 등장하거나 학습자의 표현 요구를 만족시키는 결합관계를 더 잘 파악한다. 또한 학습자가 잘 파악하고 있는 결합관계는 자연히 말뭉치에서도 출현율이 높아지게 된다.

2. 학습자와 모어 화자의 결합관계 대조·분석[5]

1) 학습자 상용 동사와 갑급(甲級) 단어의 일치도

(1) 중급 학습자가 출력하는 동목(V+N) 결합관계에는 80개의 갑급 일음절 동사와 52개의 갑급 이음절 동사가 포함되어 있다. 고급 학습자가 출력하는 동목(V+N) 결합관계에는 94개의 갑급 일음절 동사와 61개의 갑급 이음절 동사가 포함되어 있다. 다시 말해, 갑급 일음절 동사의 75.6%와 이음절 동사의 70.2%가 중급 학습자 말뭉치에 등장하며, 목적어를 수반할 수 있는 갑급 일음절 동사 중 82.5%와 이음절 동사의 87.8%가 고급 학습자의 말뭉치에 등장한다. 이는 중·고급 학습자 말뭉치가 갑급 동사 결합관계에 대한 학습자의 습득 상황을 잘 검증해주고 있음을 말해준다.

(2) 중·고급 학습자 말뭉치 중 사용빈도가 가장 높은 일·이음절 동사는 모두 갑급 동사이며, 학습자가 출력하는 동목(V+N) 결합관계 중 빈도가 가장 높은 상위 10개는 40개의 결합관계로 구성되는데 그 중 '解开问题', '享受生活' 2개만이 갑급 동사 결합에서 제외되고 나머지는 모두 갑급 동사로 구성된 동목(V+N) 결합관계이다.

일반적으로 학습자가 접해본 경험이 많은 내용을 선택하여 출력하는

---

5) 학습자 결합관계란 학습자가 출력하는 결합관계를 가리킨다. 모어 화자의 결합관계란 중국어를 모어로 하는 화자가 사용하는 결합관계를 가리킨다.

것은 매우 자연스런 현상이다. 심성어휘집의 처리와 어휘점화이론에 따르면 단어를 접한 횟수가 많을수록 활성화되는 역치도 낮아지며 심성 어휘집에서 쉽게 활성화된다. 갑급 어휘는 상용 정도가 가장 높은 동사 이며, 또한 외국어로서의 중국어 교재에서도 자주 사용되는 단어이다. 따라서 갑급 단어와 갑급 단어의 결합관계에 대해 학습자는 당연히 가장 잘 숙지하고 있을 것이며 언어를 출력할 때도 갑급을 선택할 가능 성이 매우 높아지게 된다.

2) 학습자와 모어 화자의 결합관계 분석6)

모어 화자가 사용하는 갑급 동사의 동목(V+N) 결합관계와 학습자가 출력하는 갑급 동목(V+N) 결합관계를 조사하여 두 집단에서 중복적으 로 사용하는 갑급 동사를 표본으로 선정한 후 중국어 모어 화자가 사용 하는 결합관계와 학습자가 사용하는 결합관계의 차이점을 분석해보았 다. 또한 모어 화자가 사용하는 결합관계를 참조 기준으로 삼아 학습자 가 출력하는 결합관계의 전체적인 특징과 결합관계에 대한 학습자의 습득 상황을 분석하였다. 아울러 다음 두 각도에서 학습자 결합관계와 모어 화자 결합관계의 차이점을 분석하였다. 첫째, 두 집단이 출력한 결합관계의 중복율과 의미적 유사성을 대조하였다. 둘째, 학습자가 출 력하는 제약적 결합관계와 모어 화자가 사용하는 제약적 결합관계의 차이점을 분석하였다.

---

6) 학습자가 출력하는 동목(V+N) 결합관계를 관찰한 결과 결합관계의 오류는 주로 이음절 동사의 결합관계에서 발견하였다. 따라서 모어 화자의 결합관계와 학습 자의 결합관계 대조도 이음절 동사가 구성하는 동목(V+N) 결합관계를 중심으로 하였다.

(1) 중급 학습자와 모어 화자의 결합관계 대조·분석

① 결합관계의 중복율과 의미 유사성 대조

중급 학습자가 출력하는 이음절 동사 가운데 52개가 갑급 동사이다. 그 중 부적절한 5개의 동사를 제외하고[7], 47개 동사의 결합관계에 대해서만 분석을 진행하였다. 또한 47개의 동사가 구성하는 동목(V+N) 결합관계 유형은 자유결합 13개, 제약성이 약한 결합관계 34개, 제약성이 강한 결합관계와 고정결합관계 0개로 분류되고 있음을 확인할 수 있었다. 7개의 동사를 예로 모어 화자와 학습자의 결합관계를 대조하였다. 대조·분석 결과는 표 5.8과 같다.

표 5.8 모어 화자와 중급 학습자의 결합관계 대조표

	동사	모어 화자 사용 결합관계	학습자 사용 결합관계
1	安排	工作, 生活, 计划, 活动, 结构	活动
2	帮助	别人, 人	母亲, 小孩子
3	表演	节目, 舞蹈	独奏, 课文, 舞步, 舞蹈
4	参观	厂, 展览会	厂, 国家, 地方, 运动课, 中学, 小学
5	参加	活动, 会议, 工作, 大会, 运动, 锦标赛, 葬礼, 座谈会, 比赛, 战争	比赛, 课, 晚会, 大会, 活动, 学校, 运动会, 义务
6	注意	问题, 方法	比赛, 眼泪
7	发生	危机, 事故, 事件, 现象	变故, 程度, 情绪, 事情, 情况, 矛盾, 问题

모어 화자와 학습자 결합관계의 중복율과 의미적 유사성이란 구체적인 단어 결합관계의 일치 정도와 의미 유형의 일치 정도를 가리킨다.

---

7) 부적절한 5개의 동사란, 학습자 말뭉치에서만 존재하는 동목(V+N) 결합관계에서 나타난 동사를 의미한다. 이들 동사가 취한 목적어 명사는 모어 말뭉치에서는 발견되지 않고 학습자 말뭉치에서만 발견되었기에 '부적절한 동사'라고 표현하였다.

대조·분석 결과, 학습자가 출력하는 단어 결합관계에서 다음 두 가지 유형을 확인하였다.

제 1 유형: 학습자가 출력하는 결합관계와 모어 화자가 출력하는 결합관계가 기본적으로 동일한 경우이다. 모어 화자가 사용하는 결합관계가 학습자가 출력하는 결합관계를 포괄하거나 학습자가 출력하는 결합관계 가운데 일부분이 모어 화자의 결합관계와 일치하지 않는 경우가 제 1유형에 속한다. 학습자가 출력하는 것과 모어 화자가 사용하는 결합관계가 일치하지 않더라도 목적어의 의미가 모어 화자가 사용하는 결합관계의 목적어 의미와 동일한 경우가 이에 속한다. 예를 들어, 모어 화자가 선택한 동사 '安排'의 목적어는 '工作, 生活, 计划, 活动, 结构' 등이고, 학습자가 선택한 목적어는 '活动'이다. 학습자의 결합관계가 모어 화자의 결합관계에 포함되고 있으므로 이 둘은 일치한다고 간주하였다. 또한 '帮助'의 경우, 모어 화자가 사용하는 결합관계는 '사람'을 나타내는 명사를 목적어로 취할 것이라고 유추 가능하다. 학습자가 출력한 결합관계에서도 '母亲, 小孩子'를 목적어로 취하고 있으므로 모어 화자와 학습자의 결합관계가 일치한다고 간주하였다. 동사 '表演' 역시 모어 화자가 자주 선택하는 목적어는 '节目, 舞蹈'이고, 학습자가 출력한 목적어는 '独奏, 课文, 舞步, 舞蹈'등으로 모어 화자의 결합관계와 부분적으로 일치한다. 일치하지 않는 '独奏, 课文'도 동사 '表演'의 목적어를 담당할 수 있는 의미적 요구에 부합되므로 모어 화자와 학습자의 결합관계가 기본적으로 일치한다고 간주하였다. 학습자가 출력하는 결합관계와 모어 화자가 사용하는 결합관계가 기본적으로 일치하는 기타 동사로는 '访问, 回答, 欢迎, 建设, 解决, 提高, 完成, 喜欢, 照顾, 收拾, 发现, 出现, 了解, 锻炼, 生产, 实现, 讨论, 同意, 通过' 등이 있다.

제 2유형: 학습자가 출력하는 결합관계와 모어 화자가 출력하는 결합관계가 기본적으로 동일하지 않은 경우이다. 학습자가 출력하는 결합관계가 모어 화자가 사용하는 결합관계와 부분적으로 일치하지 않으며, 일치하지 않은 결합관계의 목적어 의미가 모어 결합관계의 목적어 의미와 동일하지 않은 경우가 제 2유형에 속한다. 예를 들어, 학습자가 출력하는 동사 '参观'의 결합관계는 '参观'+'厂/国家/地方/运动课/中学/小学'이며, 모어 화자의 결합관계와 일부분 일치한다. 그 중 '参观运动课'는 이번 실험을 위해 수집한 모어 화자의 결합관계에서는 나타나지 않는 결합관계로, 의미 부류 역시 모어 화자의 결합관계와는 구별된다. 일반적으로 '参观'의 목적어 의미 부류는 조직기관, 장소나 건축물 등으로 '运动课'는 포함하지 않는다. 따라서 학습자가 출력하는 결합관계가 목적어의 의미면에서 모어 화자의 결합관계와 완전하게 일치하지는 않는다. 동사 '参加'의 경우, 학습자가 출력하는 결합관계와 모어 화자가 사용하는 결합관계가 부분적으로 일치한다. 예를 들어 '参加'+'比赛/晚会/大会/活动/运动会' 등은 동일하게 나타나며 '参加学校, 参加义务'등의 결합관계는 모어 화자의 결합관계에서는 찾아볼 수 없다. 동사 '参加'의 목적어 의미 부류로는 활동, 회의, 의식(儀式), 조직 등이 있으며, '参加学校, 参加义务'는 목적어의 의미 상 모어 화자와 일치하지 않는다. 동사 '注意'의 경우, 모어 화자가 '注意'를 사용하여 구성한 동목(V+N) 결합관계의 목적어 의미 부류가 비교적 복잡한 편이며, 주로 다음 6개 유형을 포함하고 있다.

i) 事物, 问题   ii) 方法   iii) 动作规范   iv) 经济效益   v) 性能特征   vi) 全身

모어 화자가 사용하는 고빈도 결합관계는 '注意问题, 注意方法'이고 학습자가 출력한 결합관계는 '注意比赛, 注意眼泪'이다. 수집한 모어 화자의 결합관계 179개 가운데 '注意比赛, 注意眼泪'는 존재하지 않으며 목적어의 의미 부류도 학습자와 모어 화자가 사용하는 의미 부류와 일치하지 않는다. 또한 학습자가 출력한 동사 '发生'의 동목(V+N) 결합관계의 경우, 모어 화자가 사용하는 결합관계와 대조하였을 때 일치하는 경우와 일치하지 않는 경우 모두 존재하였다. 예를 들어, 모어 화자 말뭉치에서 검색한 결과, 동사 '发生'으로 구성한 96개의 동목(V+N) 결합관계 가운데 '发生程度, 发生情绪'는 존재하지 않는다. '发生'과 결합 가능한 목적어의 주요 의미 부류는 다음과 같다.

i) 问题, 情况 ii) 纠纷, 意见 iii) 联系, 关系 iv) 作用, 效用 v) 自然现象类

'程度'와 '情绪'는 목적어의 의미 부류 면에서 살펴볼 때 '发生'과 결합 불가능한 대상이며, '发展, 介绍, 取得, 影响, 说明, 知道, 检查, 反对, 认识'와 같은 기타 동사 등이 구성한 동목(V+N) 결합관계도 모어 화자가 사용하는 결합관계와 기본적으로 일치하지 않는다.

종합하면, 학습자가 출력하는 결합관계와 모어 화자가 사용하는 결합관계가 서로 불일치 한 경우는 주로 다음과 같다. 첫째, 단어 결합관계는 다르지만 목적어의 의미 부류는 동일한 경우, 학습자가 출력하는 구조가 저빈도 결합관계이거나 모어 화자가 자주 사용하지 않는 결합관계이다. 둘째, 의미 부류가 다른 경우, 학습자가 출력하는 결합관계가 결합관계의 의미 규칙에 부합하지 않으며 모어 화자는 사용하지 않는 결합관계이다. 전체적인 측면에서 보면 학습자가 출력하는 결합관계는 모어 화자가 자주 사용하지 않거나 기본적으로 전혀 사용하지 않는 결합관계를 포함하고 있다.

통계를 바탕으로 중급 학습자가 출력하는 결합관계와 모어 화자가 사용하는 결합관계를 대조하면 다음과 같다.

표 5.9 중급 학습자와 모어 화자 결합관계의 대조 결과

대조 결과	기본적으로 일치	기본적으로 불일치	합계
동사(의미항목)	32	15	47
비율	68.08%	31.91%	99.99%

표의 데이터를 살펴보면, 중급 학습자가 출력하는 결합관계의 68.08%가 기본적으로 모어 화자의 결합관계와 일치한다. 이는 중급 학습자와 모어 화자의 결합관계가 상당히 유사하여 중복율이 높다는 사실을 반영하는 것이다. 그러나 학습자 결합관계의 31.91%는 모어 화자의 결합관계와 일치하지 않으므로 두 집단의 차이도 간과해서는 안 될 것이다.

결합관계 유형의 통계를 바탕으로 두 집단의 차이를 살펴보면 다음과 같다.

표 5.10 중급 학습자와 모어 화자의 유형별 결합관계 대조

결합 유형	자유결합	제약적 결합	합계
결합 수량	13	34	47
기본적 일치	10	22	32
기본적 불일치	3	12	15
기본적 불일치 비율	23.07%	35.29%	31.91%

결론: 이상의 결합 유형을 바탕으로 학습자와 모어 화자의 결합관계를 살펴본 결과, 자유결합의 일치성이 제약적 결합보다 높다. 제약적 결합이 불일치하는 비율이 35.29%에 달한다는 것은 제약적 결합 구조에 대한 학습자의 습득에 어느 정도 문제가 있음을 설명하고 있는 것이다. 중복율과 의미 일치성의 대조 결과를 통해 학습자가 단어의 결합관계를

학습할 때 어휘적 측면과 의미적 측면에서 모두 문제가 있음을 파악할 수 있다. 단어 선택의 측면에서는 학습자가 어떤 단어들을 함께 사용할 수 있는지 혹은 자주 사용하는지에 대해 민감하게 주의하지 않을 경우, 학습자의 결합관계는 모어 화자의 결합관계와 매우 다른 양상을 띠게 되는데 이러한 부분은 학습자가 자신의 언어 지식을 자의적으로 활용한 결과로 이해할 수 있다. 의미적 측면에서는 동사가 취할 수 있는 목적어의 의미적 요구에 대해 학습자가 민감하게 주의하지 않아 의미 제약 규칙에 부합하지 않는 결합관계를 생성하게 됨을 알 수 있다. 그 중 31.91%의 결합관계가 의미적 측면에서 문제를 갖게 되는데 이는 학습자가 결합관계의 의미 제약에 대해서도 정확히 이해하지 못하고 있음을 설명해주고 있다.

② 고빈도 결합관계 대조

말뭉치에서 모어 화자가 사용하는 고빈도 결합관계를 추출한 후 이를 기준으로 삼아 학습자가 출력하는 결합관계에 모어 화자가 사용하는 고빈도 결합관계가 존재하는지의 여부를 고찰하였고, 아울러 두 집단에 모두 존재하는 결합관계의 데이터를 고찰하였다. 대조 결과는 다음 세 유형으로 나눌 수 있다.

제1유형: 학습자가 출력하는 결합관계가 모어 화자가 출력하는 고빈도 결합관계에 모두 속하는 경우이다.

제2유형: 학습자가 출력하는 결합관계가 모어 화자가 출력하는 고빈도 결합관계에 일부 속하는 경우이다.

제3유형: 학습자가 출력하는 결합관계가 모어 화자가 출력하는 고빈도 결합관계에서 존재하지 않는 경우이다.

모어 화자의 결합관계와 대조한 결과, 중급 학습자가 출력하는 결합관계 중 34개 동사(의미항목)는 제약적 결합관계에 속하였다. 그 가운데 3개 동사가 구성하는 결합관계는 모두 모어 화자 말뭉치에서 추출한 고빈도 결합관계에 속하였고, 부분적으로만 고빈도 결합관계에 나타나는 동사가 16개, 고빈도 결합관계에 전혀 나타나지 않는 동사가 15개이다. 학습자가 출력하는 55.88%의 결합관계가 고빈도 결합관계에서 나타났으며, 47.05%가 부분적으로 나타났다. 고빈도 결합관계에서 전혀 발견되지 않는 동사는 15개로 44.11%를 차지한다.

　제약적 결합관계의 습득 면에서 살펴보면, 전형적인 결합관계에 대한 중급 학습자의 인식이 부족하고 결합관계의 빈도에 대한 지식도 결여되어 있음을 알 수 있다. 전형적인 결합관계에 대해 민감하게 인식하지 못하여 습득한 단어를 적절하게 결합하는 능력이 떨어지기 때문에 이러한 경우 교사의 도움이 필요하며 교사는 학습자가 언어 습득 과정 중 고빈도 결합관계를 잘 숙지할 수 있도록 지도하여야 한다.

　(2) 고급 학습자와 모어 화자의 결합관계 대조·분석
　① 결합관계의 중복율과 의미 유사성 대조
　고급 학습자가 출력하는 이음절 동사의 결합관계와 모어 화자의 결합관계를 대조·분석한 결과 '기본적으로 일치'하는 경우와 '기본적으로 불일치'하는 경우가 존재하였다. 고급 학습자가 사용하는 61개 갑급 이음절 동사(63개 의미항목) 중 4개 동사가 구성하는 동목(V+N) 결합관계는 학습자 말뭉치에서만 나타나는 것이므로 이를 제외한 57개 동사(58개 의미항목)만 대조하였다. 58개 의미항목 중 자유 결합관계를 구성하는 동사(의미항목)는 20개이며, 제약적 결합관계를 구성하는 동사(의미항목)는 38개이다. 그 중 7개 동사의 결합관계를 예로 학습자와 모어 화자의 차이점을 구체적으로 살펴보았다. 다음 표를 보자.

표 5.11 모어 화자와 고급 학습자의 결합관계 대조표

	동사	모어 화자 사용 결합관계	학습자 사용 결합관계
1	注意	问题, 方法, 规则, 环境	方法, 规则, 困难, 人, 环境
2	建设	社会主义, 精神文明, 国家, 农村	公寓
3	取得	成果, 成绩, 成就, 效果, 效益, 成效	效果, 成绩, 联系
4	知道	东西, 情况	情况, 生活, 实惠
5	发展	工业, 农业, 经济, 生产力, 事业	地区, 火车
6	增加	收入, 产量, 投入	比例, 兴趣, 量, 税
7	讨论	问题, 关系, 结果	情况, 问题, 细节, 态度, 现象, 意见, 话题

대조 결과는 기본 일치와 기본 불일치의 두 유형으로 나누어 통계 분석을 진행하였다.

제 1유형: 학습자가 출력하는 결합관계와 모어 화자가 사용하는 결합 관계가 기본적으로 일치하는 경우이다. 즉 모어 화자가 사용하는 결합 관계가 학습자가 출력한 결합관계를 포함하는 경우이거나 학습자가 출 력하는 결합관계가 모어 화자가 사용하는 결합관계와 부분적으로 일치 하지 않는 경우가 이 유형에 속한다. 부분적으로 일치하지 않는 경우라 할지라도 학습자의 결합관계에서 나타난 목적어의 의미가 모어 화자가 사용한 목적어의 의미와 일치하는 경우이다. 예를 들어, 학습자가 동사 '取得'로 출력한 동목(V+N) 결합관계는 모어 화자의 결합관계와 기본적 으로 일치한다. 학습자가 출력한 3개의 결합관계 중 2개가 고빈도 결합 관계이다. 동사 '注意'의 경우, 모어 화자의 결합관계는 '注意+问题/方法 /规则/环境' 등이고, 학습자가 출력한 결합관계는 '注意+方法/规则/困难 /人/环境'이다. 그 중 '方法, 规则, 环境'은 모어 화자의 결합관계와 중복 되고, '困难, 人'은 일치하지 않는다. 이 2개 목적어 명사의 의미 부류가

동사 '注意'의 목적어의 의미 부류와 일치하는지 살펴보았다. '注意'의
목적어 의미는 다음과 같다.

   i) 事物, 问题 ii) 方法 iii) 动作规范 iv) 经济效益 v) 性能特征   vi) 全身

'注意'의 목적어 의미 부류에 근거하면, '困难, 人'은 모두 결합관계에
부합하는 의미 부류이므로 학습자의 결합관계와 모어 화자의 결합관계
가 기본적으로 일치한다고 간주하였다. 또한 동사 '增加'의 경우, 학습자
의 결합관계는 '增加+比例/兴趣/量/税'이고, 모어 화자의 결합관계는
'增加+收入/产量/投入' 등이다. 비록 목적어로 취한 단어는 서로 다르지
만 학습자의 결합관계가 '增加'의 목적어 의미에 부합된다. '增加'의 목적
어 의미는 다음과 같다.

   i) 账目, 收入 ii) 数量 iii) 性能, 特征 iv) 人, 劳动人 v) 思想信心, 感情

따라서 학습자의 결합관계와 모국어화자의 결합관계가 일치한다고
간주한다. 또한 동사 '讨论'의 학습자 결합관계는 '讨论+情况/问题/细节/
态度/现象/意见/话题'이고, 모어 화자의 결합관계는 '讨论+问题/关系/结
果/现象/方法/话题'로 기본적으로 일치하여 학습자 결합관계와 모어 화
자의 결합관계가 기본적으로 일치한다고 간주한다.

제 2유형: 학습자의 결합관계와 모어 화자의 결합관계가 기본적으로
일치하지 않는 경우이다. 학습자가 출력하는 결합관계와 모어 화자가
사용한 결합관계가 부분적으로 일치하지 않을 뿐만 아니라 불일치하는
결합관계의 의미 부류가 모어 화자가 사용하는 결합관계의 의미 부류와
도 유사하지 않은 경우가 이에 속한다. 예를 들어 동사 '发展'의 경우,

학습자의 동목(V+N) 결합관계는 '发展+地区/火车'이고, 모어 화자의 결합관계는 '发展+工业/农业/经济/生产力/事业'이며, '发展地区'나 '发展火车'는 모어 화자 말뭉치에 나타나지 않는다. '发展'의 목적어 의미를 살펴보면 '사업, 업종, 공사' 등이므로 '地区/火车'등은 유추해내기 어렵다. 따라서 학습자가 출력하는 '发展'의 동목(V+N) 결합관계는 모어 화자가 사용하는 결합관계와 차이를 보인다. 또한 동사 '建设'의 경우, 학습자가 출력한 결합관계는 '建设公寓'이고, 모어 화자가 출력한 결합관계는 '建设+社会主义/精神文明/国家/农村' 등이다. '建设'의 목적어 의미 유형은 주로 다음과 같다.

i) 文教, 学说 ii) 抽象的主张 iii) 事业, 行业 iv) 空间, 地名 v) 大型的建筑物

따라서 학습자가 출력한 '建设'의 결합관계와 모어 화자의 결합관계가 불일치하는 것으로 간주한다. 또한 '知道'의 경우, 학습자가 출력한 결합관계는 '知道+情况/生活/实惠/意见'이며, 그 중 목적어 명사 '生活, 实惠'는 모어 화자 말뭉치에서 나타나지 않는다. '知道'의 목적어 의미 부류는 6개 이상으로 주요 의미는 다음과 같다.

i) 事情, 情况 ii) 性格, 脾气 iii) 物, 东西 iv) 号码, 电话 v) 物, 材料 vi) 病

위를 바탕으로 살펴보면, '生活, 实惠'는 '知道'의 목적어 의미로 유추해내기 어려우므로, 학습자의 결합관계와 모어 화자의 결합관계에 차이를 보여 불일치한다고 간주한다.

분석 결과, 고급 학습자가 출력한 58개 동사(의미항목)의 동목(V+N) 결합관계 중 39개가 모어 화자의 결합관계와 일치하고 19개는 불일치하는 것으로 나타났다. 다음 표를 보자.

표 5.12 고급 학습자와 모어 화자 결합관계의 대조 결과

대조 결과	기본적으로 일치	기본적으로 불일치	합계
동사(의미항목)	39	19	58
비율	67.24%	32.75%	99.99%

표 5.12의 데이터를 바탕으로 고급 학습자가 출력하는 결합관계 중 2/3가 모어 화자의 결합관계와 기본적으로 일치하고, 1/3은 불일치하는 것을 알 수 있다. 비율 면에서 살펴보면, 중급 학습자와 고급 학습자의 결합관계는 모어 화자와의 결합관계 중복율과 의미 유사성 측면에서 기본적으로 동일한 결과를 보인다. 비록 갑급 동사의 결합관계 상황만으로 제한하긴 하였지만 결합구조로 선택하는 단어와 단어의 의미적 측면에서 살펴보면 고급 학습자가 출력하는 결합관계 중 1/3이 여전히 모어 화자와 일치하지 않음을 알 수 있다.

다음은 고급 학습자와 모어 화자의 결합관계 일치성을 결합관계의 유형별로 살펴본 결과이다.

표 5.13 고급 학습자와 모어 화자의 유형별 결합관계 대조

결합 유형	자유결합	제약적 결합	합계
결합 수량	20	38	58
기본적 일치	15	24	39
기본적 불일치	5	14	19
기본적 불일치 비율	25%	36.84%	32.75%

결론: 표를 바탕으로 고급 학습자가 출력하는 자유 결합관계는 모어

화자의 결합관계와 상당히 일치하고, 제약적 결합관계는 모어 화자와 확연한 차이를 보이고 있음을 알 수 있다. 학습자는 자유 결합관계보다 제약적 결합관계에서 저빈도 결합관계를 출력하거나 모어 화자는 사용하지 않는 결합관계를 출력하는 경우가 더 많아 모어 화자의 결합관계와 비교했을 때 유사성 정도가 더 낮게 나타난다.

② 고빈도 결합관계 대조

말뭉치 가운데 모어 화자가 사용한 고빈도 결합관계를 추출한 후 이를 기준으로 삼아 고급 학습자가 출력하는 결합관계에 모어 화자가 사용하는 고빈도 결합관계가 존재하는지의 여부와 수량을 고찰하였다. 대조 결과는 다음 세 유형으로 나눌 수 있다.

제 1유형: 고급 학습자가 출력하는 결합관계가 모두 모어 화자가 출력한 고빈도 결합관계에서도 나타나는 경우이다.

제 2유형: 고급 학습자가 출력하는 결합관계가 모어 화자가 출력한 고빈도 결합관계에 부분적으로 나타나는 경우이다.

제 3유형: 고급 학습자가 출력하는 결합관계가 모어 화자가 출력한 고빈도 결합관계에서 나타나지 않는 경우이다.

모어 화자 결합관계와 대조한 결과, 고급 학습자가 출력하는 결합관계 중 38개의 동사(의미항목) 결합관계가 제약적 결합관계로 나타났다. 그 중 모어 화자의 결합관계에서도 모두 나타나는 구조는 6개 동사이고, 10개는 고빈도 결합관계에서 부분적으로 나타났으며, 22개는 고빈도 결합관계에서 전혀 찾아볼 수 없는 구조이다. 구체적인 데이터는 표 5.14와 같다.

표 5.14 고급 학습자의 고빈도 결합관계 분포 상황

제약적 결합관계	학습자가 전부 고빈도 결합관계를 출력한 경우	학습자가 부분적으로 고빈도 결합관계를 출력한 경우	학습자의 결합관계에서 고빈도 결합관계가 나타나지 않는 경우
38	6	10	22
	15.78%	26.31%	57.89%

데이터를 바탕으로 42.19%만이 모두 혹은 부분적으로 모어 화자의 고빈도 결합관계에서 나타나며, 57.89%는 모어 화자의 고빈도 결합관계에서 전혀 발견되지 않음을 알 수 있다. 다시 말해 이러한 결과는 고급 수준의 학습자라 할지라도 단어 결합관계의 비율에 대한 인식이 부족하고, 현재 사용하고 있는 결합관계의 문제점에 대한 주의가 부족함을 말해주고 있다.

3) 학습자와 모어 화자 결합관계의 대조 결과 및 의의

(1) 학습자 언어 수준과 모어 화자 결합관계의 유사성

① 중급 학습자와 고급 학습자의 결합관계는 중복율 및 의미적 유사성 측면에서 모어 화자의 결합관계와 기본적으로 일치한다. 2/3의 결합관계가 모어 화자와 기본적으로 일치하고, 1/3의 결합관계는 모어 화자

표 5.15 학습자와 모어 화자의 결합관계 대조

학습자와 모어 화자의 결합관계 대조 결과	모어 화자의 결합관계와 기본적으로 일치하는 경우	모어 화자의 결합관계와 기본적으로 일치하지 않는 경우	합계
중급 학습자 결합관계	68.08%	31.91%	99.99%
고급 학습자 결합관계	67.24%	32.75%	99.99%

의 결합관계와 기본적으로 일치하지 않는다. 단순히 수적인 측면에서 살펴볼 때 결합관계에 대한 고급 학습자의 학습적 향상 정도는 잘 드러나지 않는다. 상세한 데이터는 표 5.15에 제시하였다.

② 결합관계 유형에서 살펴보면, 학습자가 출력하는 자유 결합관계와 제약적 결합관계에서 모어 화자와 '기본적으로 불일치'하는 비율은 중급 학습자는 각각 23%와 35%, 고급 학습자는 각각 25%와 36.84%이다. 이러한 결과는 학습자의 언어 수준이 다를지라도 자유 결합관계와 제약적 결합관계의 불일치성 비율이 비슷하고, 제약적 결합관계의 불일치 정도가 자유 결합관계에 비해 높음을 반영하고 있다. 자세한 데이터는 표 5.16을 통해 확인할 수 있다.

표 5.16 모어 화자의 결합관계와 불일치하는 유형별 결합관계 비율

결합관계 유형	자유 결합관계	제약적 결합관계	합계
중급 학습자 결합관계 수	13	34	47
기본 불일치 비율	23%	35%	
고급 학습자 결합관계 수	20	38	58
기본 불일치 비율	25%	36.84%	

표 5.17 학습자 결합관계 중 고빈도 결합관계의 분포 상황

	제약적 결합관계	학습자가 전부 고빈도 결합관계를 출력한 경우	학습자가 부분적으로 고빈도 결합관계를 출력한 경우	학습자의 결합관계에서 고빈도 결합관계가 나타나지 않는 경우
중급 결합관계	34	3	16	15
		8.8%	47.05%	44.11%
고급 결합관계	38	6	10	22
		15.78%	26.31%	57.89%

또한 표 5.17을 바탕으로 중급 학습자가 출력하는 고빈도 결합관계의 동사 수가 고급 학습자보다 많음을 알 수 있다.

③ 표 5.16과 표 5.17의 데이터를 근거로 모어 화자와의 유사성 정도에서 고급 학습자가 출력하는 결합관계가 중급 학습자의 비율보다 더 낮다는 것을 알 수 있다. 주요 원인은 다음과 같다.

첫째, 학습자의 언어 수준이 높아지면서 자신의 생각을 어느 정도 자유롭게 표현할 수 있으므로 의미에 따라 스스로 단어를 결합하는 능력도 향상되고 결합에 이용하는 단어의 수도 증가하기 시작한다. 언어 수준이 향상됨에 따라 고급 학습자는 스스로 단어를 결합하는 능력도 향상되었다고 느끼고 창의적인 아이디어도 생겨나게 된다. 따라서 창의적으로 결합한 결합관계의 수가 증가함에 따라 모어 화자와 일치하지 않는 결합관계의 수도 증가하게 되는 것이다.

둘째, 언어 수준이 높아짐에 따라 고급 학습자는 난이도가 높은 단어와 그 단어로 구성된 결합관계 습득에만 전념할 뿐 상용 동사의 결합관계에는 주의하지 않게 된다. 또한 새로 학습할 내용들이 증가함에 따라 초·중급 수준의 결합관계에 대한 기억도 점차 희미해진다. 반면 중급 학습자는 언어 수준이 높지 않고, 접한 중국어 교재의 수도 적으며, 결합관계를 습득한 시간도 길지 않기 때문에 상대적으로 결합관계에 대한 주의 정도가 강하여 모어 화자의 고빈도 결합관계와 일치하는 결합관계를 출력해낼 수 있는 것이다.

통계 데이터를 자세히 관찰하여 고급 학습자와 중급 학습자가 출력한 결합관계를 비교한 결과 두 집단 사이에는 일련의 질적 변화가 존재함을 발견하였으며, 결과는 다음과 같다.

첫째, 고급 학습자일수록 모어 화자가 사용하는 결합관계와의 일치성이 증가하는 것으로 나타났다. 이는 의미 유사성의 증가로 표현된다.

예를 들어, '注意'를 사용한 동목(V+N) 결합관계에서 중급 학습자는 '注意比赛, 注意眼泪'를 고급 학습자는 '注意方法, 注意交通规则, 注意困难, 注意人, 注意环境'을 출력하였다. 또한 '取得'를 사용한 동목(V+N) 결합관계에서 중급 학습자는 '取得机会'를 고급 학습자는 '取得效果, 取得成绩, 取得联系'를 출력하였다. 이를 통해 고급 학습자가 출력하는 결합관계가 모어 화자의 결합관계에 더욱 근접하고 있음을 알 수 있다.

둘째, 고급 학습자가 출력하는 결합관계 가운데 모두 다 고빈도 결합관계에 속하는 동사의 비율이 더 많아 15.78%에 달했고, 반면 중급 학습자의 경우 전부 고빈도 결합관계에 속하는 동사의 비율은 8.8%를 차지했다. 이는 일부 동사의 고빈도 결합관계에 대한 고급 학습자의 습득 정도가 보다 완전하고, 고급 학습자가 접한 언어 재료가 더 많으며, 일부 상용 동사의 여러 결합관계를 사용할 기회도 많아 학습자가 전반적으로 양호한 습득 상태를 보이고 있음을 설명해준다. 또한 고급 학습자가 좀 더 복잡한 생각을 표현할 수 있게 되고, 화제의 범위도 증가함에 따라 여러 결합관계를 출력할 기회가 증가되기 때문에 고빈도 학습자의 언어 자료에서 하나의 동사가 여러 다른 고빈도 결합관계를 이루게 되는 것으로 관찰된다.

종합하면, 동사(의미항목)의 수적인 측면에서 중급 학습자가 출력하는 결합관계와 모어 화자가 출력하는 결합관계의 '기본적 일치' 비율은 고급 학습자가 출력하는 결합관계보다 높다. 제약적 결합관계에서도 중급 학습자의 고빈도 결합관계 비율이 고급 학습자보다 약간 높다. 그러나 결합관계를 구체적으로 살펴보면 모어 화자와의 유사성 측면에서 고급 학습자가 출력하는 결합관계의 비율이 중급 학습자보다 높고, 고빈도 결합관계의 습득 정도도 보다 완전하다.

(2) 학습자와 모어 화자의 결합관계 대조 결과 분석

① 학습자가 출력하는 결합관계 중 2/3가 모어 화자와 기본적으로 동일하다. 이는 학습자가 출력하는 결합관계의 대부분이 모어 화자의 결합관계와 일치하고 있음을 설명해 준다. 그러나 그 중 일부분은 모어 화자가 자주 사용하지 않는 저빈도 결합관계로, 학습자가 출력하는 대부분의 결합관계가 의미 제약 규칙에는 부합되지만 모어 화자는 거의 사용하지 않거나 어색하게 여기는 결합관계이다.

② 학습자가 출력하는 결합관계 중 1/3이 모어 화자와 차이를 보인다. 이는 동사와 결합할 수 있는 목적어의 의미 범위에 대해 학습자가 제대로 인식하고 있지 않음을 반영하는 결과로, 모국어에서 기인한 간섭이나 불완전한 제2언어 지식으로 인하여 모어 화자는 사용하지 않는 틀린 결합관계를 임의적으로 출력한 것이다.

③ 학습자가 출력하는 제약적 결합관계의 절반 정도가 고빈도 결합관계이다. 고빈도 결합관계는 일반적으로 학습자 스스로 출력해낸 것은 아니며 고빈도 결합관계를 하나의 덩어리로 습득한 결과로 파악된다. 학습자가 접한 고빈도 결합관계의 횟수가 많을수록 심성어휘집에서 자주 공기하는 결합관계 성분이 서로 활성화될 수 있는 역치가 낮아진다. 따라서 적절한 문맥에서 하나의 단어가 그와 자주 공기하는 단어를 활성화시켜 고빈도 결합관계를 형성해내게 된다.

④ 제약적 결합관계의 절반 정도는 전혀 고빈도 결합관계가 아니다. 중급 학습자의 결합관계 중 44.11%가 고빈도 결합관계가 아니었으며, 고급 학습자가 출력하는 결합관계 가운데 고빈도 결합관계가 나타나지 않는 비율은 57.89%에 이르렀다. 원인은 다음 두 가지로 파악할 수 있다. 첫째, 학습자가 접한 언어 재료적 측면에서 볼 때, 단어 결합관계에 대한 입력이 부족하여 일부 갑급 동사의 동목 결합관계를 습득하지

못한 경우이다. 둘째, 학습자가 결합 제약에 대해 충분한 주의를 기울이지 않은 경우이다. 중국어 결합관계는 대부분 결합 성분의 의미로 유추 가능하기 때문에 학습자는 의미만 부합되면 자의적으로 단어들을 결합하여 결합 불가능한 결합관계를 생산해내는 오류를 범하게 된다. 따라서 이러한 현상을 초래하지 않도록 교사는 상당한 주의를 기울여야 한다. 비록 학습자의 결합관계 중 절반 정도가 고빈도 결합관계라고 해도 고빈도 결합관계에 포함되지 않는 나머지 절반의 결합관계 현상을 설명할 수 없기 때문에 학습자에게 결합관계 빈도에 대한 인식이 생겼다고 간주하기는 어렵다.

(3) 대조 분석의 실천적 의의

모어 화자와 학습자의 결합관계 대조 분석은 교육적 측면에서 비교적 실질적인 가치를 지닌다. 모어 화자와 학습자 결합관계의 대조를 통해 동사가 어떤 명사와 자주 결합하는지 확실히 파악할 수 있었으며 이를 바탕으로 결합관계의 제약 범위를 유추할 수 있었다. 예를 들어, '参观'의 목적어는 '조직 기관, 경기장, 체육관, 건축물' 등으로 모어 화자의 상용 결합관계는 '参观工厂, 参观展览会'이며, 명승고적이나 지명 등과는 결합하지 않아 '*参观长城, *参观长江'[8]등은 거의 발화되지 않는다. 또한 '说明'의 모어 화자 동목(V+N) 결합관계는 '说明+问题/关系/责任/来意/原理/特点'이며, 동사 '说明' 뒤에 위치하는 명사는 모두 추상적이고 개념적인 명사로 '地方, 长城 과 같이 비교적 구체적 의미의 명사와는 결합하지 않는다. '表示'는 '敬意, 谢意, 意义, 意思' 등의 단어와 결합관계를 이루고, 이러한 명사들은 모두 감정이나 심리를 표현하는 단어들이

---

8) 결합 불가능한 결합관계는 모두 학습자가 출력한 결합관계이다. 이하 동일.

며 '印象特色'등의 단어와는 결합하지 않는다. '发展'은 '工业/农业/经济/生产力/事业' 등 '사업, 업종, 공사' 등의 단어를 목적어로 취하며 '火车, 线路, 地区' 등의 단어와는 결합하지 않는다. '建设'는 '社会主义/精神文明/国家/农村/农业/队伍' 등의 추상적인 목적어를 취하며 '公寓' 등과 같이 구체적인 사물을 표시하는 단어와는 결합하지 않는다.

말뭉치에서 수집한 결합관계, 특히 고빈도 결합관계의 고찰을 통해 하나의 동사가 어떠한 명사와 주로 결합하는지 파악하였다. 그런 후에 다시 모어 화자의 결합관계와 학습자가 출력하는 결합관계를 대조 분석하여 이 동사가 어떠한 명사와 결합할 수 없는지 파악할 수 있었다. 이로써 이 동사가 결합할 수 있는 명사를 확인할 수 있었으며, 따라서 명사 목적어의 범위를 분명하게 할 수 있었다. 이를 통해 하나의 동사가 주로 어떠한 단어들과 제약관계를 갖는지 추론할 수 있었다. 이러한 대조 분석 결과는 중국어 교육적 측면에서 상당한 가치를 지닌다고 할 수 있다.

단어 결합관계 교육에서 교사는 학습자에게 의식적으로 모어 화자가 사용하는 고빈도 결합관계를 주의시키고, 학습자가 단어 결합관계의 제약에 대해 보다 잘 인식할 수 있도록 해야 한다. 또한 단어 결합관계 빈도에 대한 학습자의 인식도 강화시켜야 한다. 이 세 가지는 단어 결합관계 습득의 효율성을 향상시키는 관건이 된다.

3. 결론

① 학습자 말뭉치에서 일음절 동사의 수가 이음절 동사의 수보다 적었으나 일음절 동사의 중복 출현율이 이음절 동사보다 높았다. 중급 학습자와 고급 학습자 모두 일음절 동사의 중복 횟수가 높았다. 일음절

동사의 비율 면에서 살펴보면, 학습자가 출력하는 언어 재료에서 구어적 특징이 명확히 드러났다. 중·고급 학습자가 출력하는 고빈도 동사의 중복율이 높아 학습자가 일부 상용 동사를 고빈도로 사용하고 있음을 알 수 있었다.

② 20여 만 자의 학습자 말뭉치 중 동목(V+N) 결합관계는 모두 3,245개로 4,121회 출현한다. 학습자가 출력하는 결합관계에는 고빈도 결합관계가 존재하며, 일부 결합관계의 중복 출현율은 높지만 결합관계가 임의적으로 공기할 확률은 매우 낮다. 학습자가 출력하는 결합관계의 절대 다수는 일회성 결합관계이다. 그 중 중급 학습자가 출력하는 고빈도 결합관계와 고급 학습자가 출력하는 고빈도 결합관계의 중복율은 20%로 높지 않다.

③ 학습자가 출력하는 갑급 동사의 결합관계와 모어 화자가 사용하는 결합관계를 대조 분석한 결과 다음과 같은 사실을 발견하였다. 첫째, 학습자 결합관계 중 2/3가 모어 화자의 결합관계와 기본적으로 일치하였으며 그 가운데는 저빈도 결합관계도 존재하였다. 둘째, 학습자 결합관계 중 1/3이 모어 화자와 기본적으로 일치하지 않았다. 단어와 의미 층위에서 모어 화자의 결합관계와 일치하지 않았다.

④ 학습자가 출력한 제약적 결합관계의 절반 정도가 고빈도 결합관계로 나타났다. 이는 고빈도 결합관계가 한 덩어리로 습득된다는 것을 반영한다. 또한 절반은 고빈도 결합관계가 아닌데 이는 결합관계 빈도에 대한 학습자의 인식 부족을 반영한 것으로 학습자가 단어 결합관계의 제약성에 대해 충분히 주의하지 않은 것으로 보인다.

⑤ 모어 화자와의 유사성 측면에서 살펴보면, 고급 학습자가 출력하는 결합관계가 중급 학습자가 출력하는 결합관계 보다 유사성이 높았다.

⑥ 모어 화자가 사용하는 결합구조를 기준으로 삼아 이를 학습자가

출력한 결합관계와 비교한 후 차이점을 분석하여 단어 결합관계의 범위를 명확히 파악할 수 있었으며, 이를 바탕으로 단어 결합관계의 교육적 효과를 높일 수 있을 것으로 판단된다.

1. 학습자 동목(V+N) 결합관계 수용 가능 정도의 판단

　본 장에서는 말뭉치 데이터 및 중국어 모어 화자[1])의 주관적 판단을
결합한 방식을 바탕으로 학습자가 출력하는 결합관계를 고찰하여 학습
자 결합관계의 수용 가능 정도를 판단하였다.

1) 결합관계 수용 가능 정도의 판단 방법

(1) 말뭉치 자료를 통한 검증 작업

　학습자가 출력한 결합관계[2]) 중 일차적으로 자주 사용되지 않는 결합
관계를 선별해낸 후 이러한 결합관계를 다시 CCL말뭉치에서 검색해
보았다. CCL말뭉치에서의 출현 횟수가 0~2회인 결합관계를 학습자의
임의적 결합관계라고 지칭하였다.[3]) 검증을 통하여 학습자가 출력한

---

1) 본문에서 모어 화자란 중국어 모어 화자를 가리킨다.
2) 본 장에서의 '결합관계'란 동목(V+N) 결합관계를 가리킨다.
3) 대형 말뭉치에서 단지 1-2회 정도 출현하는 결합관계는 모어 화자가 자주 사용
　하는 결합관계로 판단하기 어렵기 때문에 2회 이하로 출현하는 결합관계는 모어

3,245개의 결합관계 중 425개가 임의적 결합관계인 것으로 나타났다. 임의적 결합관계는 오류 결합관계(본서에서는 실수와 오류를 구분하지 않았다.)와 중국어 모어 화자가 드물게 사용하는 저빈도 결합관계를 포함한다. 425개의 임의적 결합관계 중 일음절 동사의 동목(V+N) 결합관계가 65개, 이음절 동사의 동목(V+N) 결합관계가 360개이다. 구체적인 데이터는 표 6.1에 제시하였다.

표 6.1 학습자의 임의적 결합관계 수와 분포

학습자 수준	동목(V$_일$+N) 결합관계 수	V$_일$+N 결합관계 비율	동목(V$_이$+N) 결합관계 수	V$_이$+N 결합관계 비율	비율 합계
중급	16	3.76%	111	26.12%	29.88%
고급	49	11.53%	249	58.59%	70.12%
합계	65	15.29%	360	84.71%	100%

425개의 결합관계 중, 중급 학습자의 일음절 동사 동목(V+N) 결합관계가 3.76%, 고급 학습자의 일음절 동사 동목(V+N) 결합관계가 11.53%를 차지한다. 또한 중급 이음절 동사 동목(V+N) 결합관계는 26.12%를, 고급 이음절 동사 동목(V+N) 결합관계는 58.59%를 차지한다.

표 안의 데이터와 같이 임의적 결합관계의 84.71%가 이음절 동사의 동목(V+N) 결합관계이다. 이를 통해 결합관계 습득의 난점 또한 이음절 동사의 동목(V+N) 결합관계에 집중되어 있음을 알 수 있다. 임의적 결합관계의 수는 학습자가 출력하는 결합관계 총 수의 13.09%를 차지하고, 그 중 이음절 동사의 임의적 동목(V+N) 결합관계는 이음절 동사 전체 동목(V+N) 결합관계의 20.06%를 차지한다. 반면 일음절 동사의

화자가 자주 사용하지 않는 결합관계로 간주하였다.

임의적 동목(V+N) 결합관계가 차지하는 비율이 가장 낮아 일음절 동사 동목(V+N) 결합관계 중 4.48%를 차지하였다. 상세한 내용은 표 6.2를 보자.

표 6.2 학습자 결합관계 중 임의적 결합관계가 차지하는 비율

	학습자 동목(V+N) 결합관계 수	학습자의 임의적 동목(V+N) 결합관계 수	임의적 동목(V+N) 결합관계의 비율
일음절 동사 동목(V+N) 결합관계 수	1,451	65	4.479%
이음절 동사 동목(V+N) 결합관계 수	1,794	360	20.06%
동목(V+N) 결합관계의 총 합계	3,245	425	13.09%

표 6.3 중 · 고급 학습자 결합관계의 총 수와 임의적 결합관계 대조

	일음절 동사의 동목(V+N) 결합관계 수		비율	이음절 동사의 동목(V+N) 결합관계 수		비율
	학습자 결합관계	임의적 결합관계		학습자 결합관계	임의적 결합관계	
중급	550	16	2.9%	552	111	20.11%
고급	901	49	5.44%	1,242	249	20.05%

표 6.2와 표 6.3을 통해 알 수 있듯이 임의적 결합관계는 주로 이음절 동사 동목(V+N) 결합관계에 집중되어 있다. 중급과 고급 학습자가 출력하는 이음절 동사의 임의적 결합관계 수는 기본적으로 균등하여 각각

총 결합관계의 20% 정도를 차지하고 있어 임의적 결합관계의 수와 언어 수준 사이의 상관관계는 크지 않음을 알 수 있다.

　(2) 모어 화자의 판단

　425개의 단어 결합관계를 6개의 그룹으로 분류하여 각 그룹마다 2명의 모어 화자에게 결합관계를 판단하여 수용 가능 정도를 표시하도록 하였다. 판단 방법은 리커트 척도(Likert scale)에 의한 5단계 척도를 사용하였다. 5단계는 다음과 같이 구별된다. 1. 완전히 수용 불가능한 단계, 2. 기본적으로 수용 불가능한 단계, 3. 판단 불가, 4. 기본적으로 수용 가능한 단계, 5. 완전히 수용 가능한 단계. 1, 2, 3 단계로 표시할 경우 중국어 모어 화자에게 수정을 요구하였다. 결합관계의 수용 가능 정도는 2명의 모어 화자가 표시한 수치의 평균값을 바탕으로 계산하였다. 2명의 중국어 모어 화자가 표시한 수용 가능 정도의 수치 차이가 2를 넘을 경우에는 제3의 모어 화자에게 판단하도록 하여 수용 가능 정도 수치가 가장 근접한 2개를 선정하여 평균값을 구하였다. 실험에 참여한 중국어 모어 화자는 대학 이상의 학력을 가진 중국 내 장기 거주자로 구성하였다.

2) 학습자 동목(V+N) 결합관계의 수용 가능 정도 분석

　2명의 모국어 화자가 표시한 수치를 서로 더해 평균 점수를 산출하여 평균값이 4이상인 결합관계를 '기본적으로 수용 가능한 결합관계'로, 평균값이 4점 미만인 결합관계를 '수용 불가능한 결합관계'로 간주하였으며, 후자는 오류 결합관계라고도 한다.

　모어 화자가 표시한 결합관계의 수용 가능성 정도를 바탕으로 임의적 결합관계 중 수용 불가능한 결합관계의 수와 비율을 분석하였다. 데이터는 다음 표에 제시하였다.

표 6.4 임의적 결합관계 중 수용 불가 결합관계의 수와 비율

학습자 수준	수용 불가 결합관계 수	수용 불가 결합관계 비율	수용 불가 $V_{일}$+N 결합관계 수	수용 불가 $V_{일}$+N 결합관계 비율	수용 불가 $V_{이}$+N 결합관계 수	수용 불가 $V_{이}$+N 결합관계 비율
중급	107	84.25%	14	4.307%	93	28.61%
고급	218	73.15%	40	12.31%	178	54.77%
합계	325	76.47%	54	16.61%	271	83.38%

표 6.4의 데이터를 통해 학습자의 임의적 결합관계 중 76.47%가 수용 불가능한 결합관계임을 알 수 있다. 중급 학습자가 출력한 임의적 결합관계 중 수용 불가능한 결합관계의 비율이 더 높아 84.25%에 달하고, 고급 학습자의 임의적 결합관계 중 수용 불가능한 결합관계는 73.15%이다. 말뭉치에서 0-2회 출현하는 결합관계는 기본적으로 모어 화자가 수용하기 힘든 결합관계이다. 언어 수준이 낮은 학습자일수록 임의적 결합관계 중 수용 불가능한 결합관계의 비율이 더 높다.

수용 불가능한 결합관계의 대부분은 이음절 동사 결합관계로 비율은 83.38%이다. 고급 학습자의 수용 불가능 결합관계는 67.08%에 이르기 때문에 수용 불가능한 결합관계에서는 주로 이음절 동사의 결합관계와 고급 학습자가 출력하는 결합관계를 주의 깊게 살펴볼 필요가 있음을 알 수 있다.

학습자 결합관계의 전체 수 가운데 중급 학습자가 출력하는 결합관계 중 9.7%가 수용 불가능한 결합관계이다. 그 중 16.84%가 수용 불가능한 이음절 동사 동목(V+N) 결합관계이고, 2.5%가 수용 불가능한 일음절

동사 동목(V+N) 결합관계이다. 고급 학습자의 경우, 10.17%의 결합관계가 수용 불가능한 결합관계였으며, 그 중 수용 불가능한 이음절 동사 동목(V+N) 결합관계가 14.33%, 수용 불가능한 일음절 동사 동목(V+N) 결합관계가 4.44%이다. 이와 같이 수용 불가능한 결합관계는 주로 이음절 동사와 고급 학습자 결합관계에 집중되어 있음을 알 수 있다. 다음 그림은 학습자 결합관계 중 수용 불가능한 결합관계의 분포 상황을 나타낸 것이다. 다음 그림을 보자.

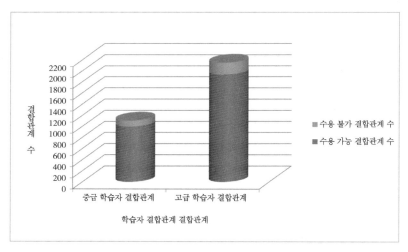

그림 6.1 학습자 결합관계 중 수용 불가 결합관계 비율

아래 두 그림은 학습자가 출력하는 결합관계 중 수용 불가능한 결합관계가 일음절 동사와 이음절 동사에서 각각 차지하는 비율을 나타낸 것이다.

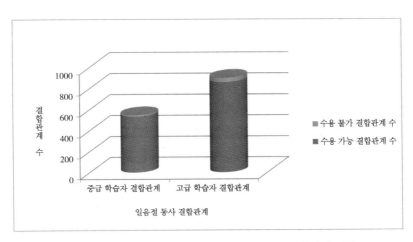

그림 6.2 일음절 동사 결합관계 중 수용 불가 결합관계 비율

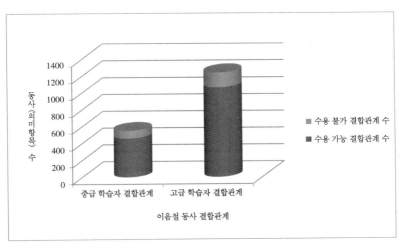

그림 6.3 일음절 동사 결합관계 중 수용 불가 결합관계 비율

데이터를 통하여 다음과 같이 추론할 수 있다.

결합관계 상의 오류가 발생할 가능성:

일음절 동사 동목(V+N) 결합관계 〈 이음절 동사 동목(V+N) 결합관계

학습자가 출력하는 일음절 동사 동목(V+N) 결합관계의 오류는 비교적 적은 편이며, 그 이유는 다음과 같다.

① 일음절 동사는 모두 상용동사이기 때문에 교재나 일상생활 중 학습자가 일음절 동사 동목(V+N) 결합관계를 접할 수 있는 기회가 많아 학습자의 습득을 촉진시킬 수 있다. 따라서 일음절 동사로 구성된 동목(V+N) 결합관계 오류도 적게 발생한다.

② 일음절 동사의 결합관계는 평소에 자주 사용되어 학습자의 일상적 언어 교류에 필요한 요구를 만족시킬 뿐 아니라 학습 흥미도 향상시킬 수 있다. 적극적인 학습 태도는 결합관계의 입력을 흡수로 전환시켜 출력하는 결합관계도 비교적 자연스럽다.

③ 일음절 동사는 이음절 동사 보다 동작성이 강한 편이다. 이음절 동사는 대부분 추상적 의미를 지니고 있으며, 일음절 동사는 원래의 단순한 동태적 성격을 지니고 있다. 张国宪(1989a)에 따르면, 일음절 동사와 비교했을 때 이음절 동사는 추상명사나 집합명사와 결합할 수 있는 조어 능력이 강하다. 따라서 결합할 수 있는 명사의 유형이 비교적 다양하고 결합관계의 의미 규칙도 복잡하기 때문에 학습자가 파악하기 쉽지 않다. 반면 일음절 동사는 동작성이 강하고 명사에 대한 제약 범위도 비교적 명확하여 학습자가 결합관계의 의미 규칙을 숙지하기에 상대적으로 용이하다.

④ 일음절 동사로 구성되는 동목(V+N) 결합관계는 음절에 있어 1+1, 1+2(혹은 1+3, 1+4)의 결합관계를 구성할 수 있으며 이러한 음절 조합 형식은 모두 자주 사용되는 형식이다. 반면 이음절 동사로 구성되는

동목(V+N) 결합관계는 음절에 있어 2+2(혹은 2+3, 2+4)의 형식이 자주 사용되며 2+1의 음절 조합은 자연스럽지 않다. 따라서 일음절 동사로 구성되는 동목(V+N) 결합관계가 이음절로 구성된 동목(V+N) 결합관계 보다 음절 상의 제한을 덜 받게 되어 학습자가 오류를 범할 가능성도 낮아진다.

위와 같은 이유로 학습자가 출력하는 단어 결합관계 중 일음절 동사 결합관계의 정확도가 비교적 높은 상황이 발생된다.

2. 학습자 결합관계의 수용 가능 정도와 관련된 상관 요인 분석

수용 가능 정도에 대한 모어 화자의 표시는 많은 정보를 제공해줄 수 있다. 모어 화자가 표시한 결합관계의 수용 가능 정도 수치를 바탕으로 각 결합관계의 수용 정도에 따른 분포 상황을 파악할 수 있다. 본서에서는 단어 난이도 등급과 학습자 언어 수준을 두 개의 변수로 삼아 단어 결합관계 수용 정도에 대한 상관 요인을 분석하였다.

① 단어의 상용 정도와 학습자 결합관계 수용 가능 정도의 상관관계 분석

② 학습자 언어 수준과 학습자 결합관계 수용 가능 정도의 상관관계 분석

SPSS 12.0 통계 패키지를 사용하여 각 결합관계의 수용 가능 정도 수치에 대한 평균값 비교를 실시하였다.

ⓐ 갑급 단어와 비갑급 단어로 구성된 임의적 결합관계를 계산하여 수용 정도에 있어 명확한 차이를 보이는지 살펴보았다. 이는 단어의 상용 정도와 단어 결합관계의 수용 가능 정도 간에 어떤 관계가 성립하

는지 고찰하고자 한 것이다.

ⓑ 언어 수준별 학습자(중급 학습자와 고급 학습자)가 출력하는 결합관계가 수용 가능 정도에 있어서 명확한 차이를 보이는지에 대해 살펴보았다. 이는 학습자 언어 수준과 결합관계 수용 가능 정도 간에 어떤 관계가 성립하는지 고찰하고자 한 것이다.

1) 단어 등급 수준과 수용 가능 정도의 상관관계 분석

(1) 수용 가능 정도의 평균값 비교

우선적으로 학습자 결합관계의 수용 가능 정도와 동사 등급의 상관관계를 고찰하고자 한다. 본서에서는 학습자 결합관계에서 출현한 동사를 『大纲』에 따라 '갑급 동사'와 '비갑급 동사' 두 부분으로 분류한 후, 갑급 동사를 상용 동사로 간주하였다. 학습자의 임의적 결합관계는 모두 425개로, 그 중 갑급 동사로 이루어진 결합관계가 124개, 비갑급 동사로 이루어진 결합관계가 301개이다.

SPSS 12.0 통계 패키지로 평균값을 비교하여 다음과 같은 데이터를 산출하였다.

표 6.5 단어 등급별 수용 가능 정도 평균값 비교표

단어 등급	수용도 평균값	결합관계 수	백분율
갑급 동사	2.5040	124	29.5%
비갑급 동사	2.4684	301	70.5%
합계	2.4788	425	100.0%

갑급 동사 결합관계의 수용 가능 정도 평균값은 2.5040이며, 비갑급 동사 결합관계의 수용 가능 정도 평균값은 2.4684로 갑급 동사 결합관계의 수용도보다 조금 낮은 편이다.

표 6.6 관련성 척도표

	Eta	Eta Squared
수용 정도 * 단어 등급	.013	.000

표 6.6의 Eta값은 수용 가능 정도를 나타낸 수치와 단어 등급 사이의 긴밀한 정도를 통계 값으로 나타낸 것이다. 그 값이 1에 가까울수록 양자 간의 관계도 긴밀해진다. 본 조사에서 Eta값은 0.013으로 대단히 작은 편인데, 이는 단어 결합관계의 수용 가능 정도와 단어의 등급 사이에는 밀접한 관련이 없음을 설명하는 것이다.

표 6.7 단어 등급 분산 분석표

			Sum of Squares	df	Mean Square	F	Sig
수용 정도 *단어 등급	Between Groups	(Combined)	.111	1	.111	.067	.796
	Within Groups		701.198	423	1.658		
	Total		701.309	424			

표 6.7에서 볼 수 있듯이 단어 결합관계의 수용 가능 정도를 단어의 등급별로 계산한 F값은 비교적 작다. 각각의 단어 등급별로 발생한 수용 가능 정도의 그룹 간 차이(Between Groups)는 단어 결합관계의 그룹 내(Within Groups) 차이보다 훨씬 작다. 또한 유의 수준 Sig 값 0.796이 0.05보다 훨씬 크다. 이는 등급별로 구성된 단어들의 결합관계가 수용 가능 면에서 유의미한 차이를 보이고 있지 않음을 설명한다.

통계 분석을 통해 학습자가 출력한 단어 결합관계의 수용 정도 평균 값과 단어 등급 사이에는 어떤 관련성도 존재하지 않음을 알 수 있다. 학습자가 갑급 동사를 일찍 접하고 접할 기회 역시 많더라도 임의적 결합관계의 수용 가능 정도에는 확연한 차이가 존재하지 않는다. 동일한 등급의 동사로 구성된 동목(V+N) 결합관계 간에도 수용 가능 정도에서 차이를 보이는데, 그 차이는 심지어 각기 다른 등급의 동사로 구성된 동목(V+N) 결합관계 간에 발생되는 수용 가능 정도의 차이보다도 크다.

(2) 수용 가능 정도에 따른 단어 결합관계 분포 상황

갑급 동사 결합관계와 비갑급 동사 결합관계의 전체적인 수용 가능 정도를 살펴보면, 수용 가능 정도의 값이 모두 5 이내이기 때문에 그 수치가 매우 작은 편이다. 전체 평균값의 차이도 크지 않아 구체적인 차이를 발견하기는 쉽지 않다. 따라서 갑급 단어 결합관계와 비갑급 단어 결합관계가 각각의 수용 가능 정도에 어떻게 분포하고 있는지 그 상황을 고찰할 필요가 있다고 판단하여 각 수용 가능 정도에 분포하고 있는 단어 결합관계의 수를 통계를 통해 살펴보았다. 표 6.8을 보자.

표 6.8 결합관계 수용 가능 정도와 단어 등급 교차표

수용 가능 정도	단어 등급		총수량	누적 백분율 %
	갑급 동사 결합관계	비갑급 동사 결합관계		
1.00	21	51	72	16.9
1.50	28	68	96	39.5
2.00	20	55	75	57.2
2.50	11	20	31	64.5
3.00	8	18	26	70.6
3.50	6	20	26	76.7
4.00	9	24	33	84.5
4.50	12	30	42	94.4
5.00	9	15	24	100.0
Total	124	301	425	

표 6.8은 갑급 동사와 비갑급 동사 결합관계의 수를 수용 가능 정도에 따라 표시한 것이다. 수용 가능 정도가 0-2 사이인 단어 결합관계 수가 가장 많았으며, 수용 가능 정도가 1인 갑급 동사 결합관계가 21개, 비갑급 동사 결합관계가 51개이다. 분포를 살펴보면 수용 가능 정도가 1.5인 결합관계가 96개로 가장 많으며 그 중 갑급 동사 결합관계가 28개, 비갑급 동사 결합관계가 68개이다. 수용 가능 정도가 2인 결합관계는 모두 75개로 갑급 동사 결합관계는 20개, 비갑급 동사 결합관계는 55개이다. 수용 가능 정도가 5인 결합관계가 가장 적어서 갑급 결합관계가 9개, 비갑급 결합관계가 15개로 모두 24개이다. 이상의 데이터를 통해 수용 가능 정도에 따라 결합관계 수도 상당한 차이를 보이고 있음을 알 수 있다. 다음의 막대그래프를 통해 위의 특징을 보다 잘 관찰할 수 있다.

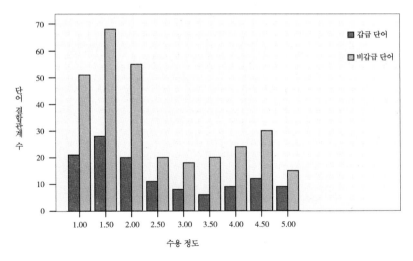

그림 6.4 갑급 동사 결합관계와 비갑급 동사 결합관계의 수용 가능 정도

막대의 높낮이는 단어 결합관계의 수로 결정된다. 갑급 단어로 구성된 결합관계 수가 비갑급 단어의 결합관계 수보다 적기 때문에 막대의 길이가 짧은 것이다. 두 결합관계를 살펴보면 수용 불가능 결합관계 수가 수용 가능 결합관계 수보다 많다. 또한 수용 가능 정도가 낮은 결합관계의 수가 더 많은데, 수용 가능 정도가 3-5사이에 분포된 갑급 단어 결합관계의 수적 변화는 크지 않고, 수용 가능 정도가 1-2인 비갑급 단어 결합관계와 2.5-5의 결합관계의 수량 차이는 매우 명확하다. 수용 가능 정도가 2.5인 결합관계부터 점차 수적으로 하락하는 추세를 보인다.

갑급 단어 결합관계와 비갑급 단어 결합관계의 분포 추세는 아래 선그래프를 통해 더 자세히 드러난다. 두 결합관계의 분포 차이를 살펴

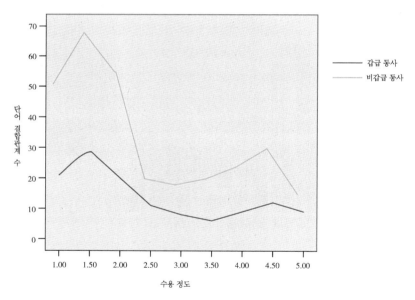

그림 6.5 갑급 동사 결합관계와 비갑급 동사 결합관계의 수용 가능 정도

보자.

　갑급 동사와 비갑급 동사의 결합관계 수가 각각 달라 위와 같이 상하 두 개의 선으로 나타나고 있다. 그래프 중 아래쪽 꺾은선이 갑급 단어 결합관계의 분포를 나타낸 것으로 선의 굴곡이 비교적 완만하며, 수용 가능 정도가 낮은 결합관계의 수가 좀 많은 것 외에는 꺾은선의 변화가 크지 않음을 확인할 수 있다. 그래프 중 위의 꺾은선이 비갑급 단어 결합관계의 분포를 나타낸 것으로 파동이 비교적 크다. 변화의 폭이 비교적 큰 편이어서 높은 수치를 나타내는 두 지점이 명확하게 드러난다. 수용 가능 정도가 1.5인 결합관계와 2.5인 결합관계의 수적 차이가 매우 크다.

　두 개의 꺾은선그래프를 비교하면, 수용 정도가 낮은 결합관계의 수적 차이가 매우 명확하다. 비갑급 동사의 수용 불가능한 결합관계 수는 갑급 동사의 수용 불가능한 결합관계 수보다 훨씬 더 많지만, 수용 가능 결합관계에서는 갑급 동사와 비갑급 동사 사이에 큰 차이가 관찰되지 않는다. 이는 학습자가 출력하는 갑급 동사 결합관계와 비갑급 동사 결합관계에 수용 가능한 결합관계가 모두 존재하며, 양자 간의 수적 차이는 크지 않음을 나타낸다. 반면 수용 불가능한 결합관계에서는 비갑급 동사 결합관계의 수가 갑급 동사의 결합관계보다 훨씬 더 많은데, 이는 학습자가 비갑급 단어를 사용하여 수용 가능한 결합관계도 출력할 수 있지만 수용 불가능한 결합관계를 훨씬 더 많이 출력하고 있음을 설명하는 것이다. 임의적 결합관계 중 수용 불가능한 결합관계는 비갑급 동사 결합관계에서 훨씬 더 집중적으로 나타나고 있다. 따라서 학습적 측면에서 학습자들이 비갑급 동사에 비해 갑급 동사를 더 잘 소화하고 있음을 알 수 있다.

2) 학습자 수준과 학습자 동목(V+N) 결합관계 수용 가능 정도의 상관관계 분석

(1) 평균값 비교

평균값 비교 통계 방법을 이용하여 학습자의 언어 수준을 변수로 삼아 중급 학습자 결합관계와 고급 학습자 결합관계의 수용 가능 정도에 따른 분포 상황을 고찰하였다.

표 6.9 학습자 수준별 수용 정도 평균값 비교표

학습자 수준	수용 정도 평균값	결합관계 수	백분율
중급	2.4606	127	29.9%
고급	2.4866	298	70.1%
합계	2.4788	425	100%

중급 학습자가 출력한 결합관계는 127개이고, 고급 학습자가 출력한 결합관계는 298개이다. 중급 학습자 결합관계의 수용 가능 정도 평균값은 2.4606이고, 고급 학습자 결합관계의 수용 가능 정도 평균값은 2.4866으로 중급 학습자의 수용 가능 정도에 비해 약간 높은 편이다.

표 6.10 관련성 척도표

	Eta	Eta Squared
수용 정도 * 학습자 수준	.009	.000

표 6.10의 데이터에서 확인할 수 있듯이, 단어 결합관계의 수용 정도 평균값과 학습자의 언어 수준 사이에는 밀접한 관련성이 나타나지 않는다.

표 6.11 학습자 수준 분산 분석표

			Sum of Squares	df	Mean Square	F	Sig
수용 정도 *학습자 수준	Between Groups	(Combined)	.060	1	.060	.036	.849
	Within Groups		701.249	423	1.658		
	Total		701.309	424			

표 6.11에 나타나듯이 단어 결합관계의 수용 가능 정도를 학습자 언어 수준에 따라 계산한 F값은 비교적 작다. 학습자 수준별에 따른 수용 가능 정도의 그룹 간 차이(Between Groups)는 단어 결합관계 수용 가능 정도의 그룹 내(Within Groups) 차이보다 훨씬 작으며, 유의 수준 Sig값 0.849는 0.05보다 훨씬 크다. 이는 언어 수준이 다른 학습자가 출력한 결합관계가 수용 가능 면에서 유의미한 차이를 보이고 있지 않음을 설명한다. 또한 중급 학습자와 고급 학습자가 출력한 임의적 결합관계의 수용 가능 평균값에서도 유의미한 차이를 보이지 않음을 설명해주는 것이다.

(2) 언어 수준별 결합관계의 수용 가능 정도 분포 상황

수용 가능 정도가 가장 큰 값이 5이기 때문에 평균값 비교로는 그 사이에 존재하는 구체적인 차이를 발견해 내기 힘들다. 이에 언어 수준별 학습자가 출력하는 결합관계가 수용 정도의 각 등급별에서 수적으로 어떻게 차이를 나타내는지 그 분포 상황을 살펴보기로 하였다. 아래 막대그래프와 꺾은선그래프는 고급 학습자와 중급 학습자 결합관계를 분석하여 수용 가능 정도의 분포를 표로 나타낸 것이다. 표를 통해 알 수 있듯이, 비록 수용 가능 정도의 수치상으로는 학습자의 언어 수준별

단어 결합관계에 유의미한 차이가 관찰되지 않았지만 구체적인 분포에
서는 명확한 차이를 보이고 있다.

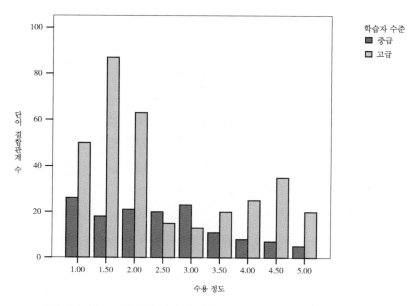

그림 6.6 중·고급 학습자가 출력하는 임의적 결합관계의 수용 정도

그림 6.6과 같이 고급 학습자가 출력하는 결합관계의 수가 중급 학습
자의 결합관계보다 많기 때문에 두 그룹 간 막대의 높낮이에 어느 정도
차이가 나타난다. 막대그래프를 통해 명확한 특징을 하나 발견할 수
있다. 전체적으로 보면 고급 학습자가 출력하는 결합관계의 수가 중급
학습자보다 많지만 수용 정도 2.5-3.0사이의 그래프에서는 상반된 상황
이 나타나기도 한다. 이러한 특징은 아래 꺾은선그래프에서 더 명확히
드러낸다.

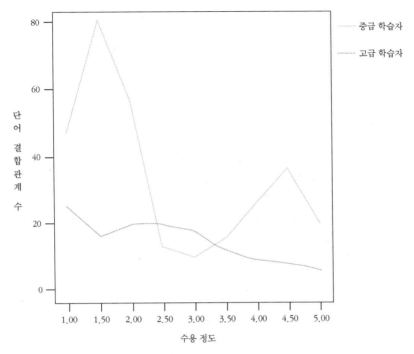

그림 6.7 중·고급 학습자가 출력하는 임의적 결합관계의 수용 가능 정도

그림 6.7을 통해 다음과 같은 특징을 발견할 수 있다. ① 고급 학습자가 출력하는 결합관계(위쪽 꺾은선그래프)의 수용 가능 정도 기복이 비교적 큰 편이어서 수치가 높은 두 지점이 나타난다. 수용 가능 정도가 2이하에서는 수용 불가능 결합관계의 수가 많고, 수용 가능 정도 3.5이상에서는 수용 가능 결합관계의 수가 많다. 반면 중급 학습자가 출력하는 결합관계(아래쪽 꺾은선그래프)의 수용 가능 정도 변화는 상대적으로 완만하다. 즉 수용 가능 정도에 따른 결합관계 수에는 큰 변화가 없음을 알 수 있다. ② 두 극단의 점에 위치한 고급 학습자 결합관계

수는 중급 학습자의 수보다 훨씬 많지만, 수용 가능 정도 2.5-3.5사이의 결합관계 수는 오히려 중급 학습자 결합관계보다 적어서 꺾은선의 가장 낮은 점을 기록하고 있다. 다시 말해, 고급 학습자가 출력하는 결합관계 중 판단 불가능한 결합관계의 수가 적은 편이며, 이 수는 중급 학습자보다도 적음을 알 수 있다.

학습자가 출력하는 결합관계의 수용 가능 정도를 살펴보면, 고급 학습자가 중급 학습자와 다른 특징을 나타내고 있음을 알 수 있다. 이는 언어 수준에 따라 단어 결합관계의 습득 특징도 서로 다르게 나타남을 반영하는 것이다. 고급 학습자에게 수용 불가능한 결합관계의 수가 많이 나타나는 원인으로는 다음 몇 가지 사항을 고려할 수 있다.

첫째 학습 내용이 증가함에 따라 학습자가 파악하고 있는 단어의 양도 계속적으로 증가하게 되고, 학습자 역시 새로운 단어나 새로운 결합관계를 실험적으로 사용하여 복잡한 내용을 표현하기 시작한다. 또한 새로운 단어의 결합관계를 사용하면서 오류를 범하게 되는 위험 확률도 증가하게 되고, 수용 불가능한 결합관계를 출력해낼 가능성도 함께 증가하게 된다.

둘째 고급 학습자가 출력하는 동목(V+N) 결합관계에서 이음절 동사의 결합관계 수가 일음절 동사의 결합관계 수보다 많다. 임의적 결합관계에서는 중급 학습자가 사용하는 이음절 동사 결합관계가 26.12%를 차지하고, 고급 학습자가 사용하는 이음절 동사의 결합관계는 58.59%를 차지한다. 이음절 동사 결합관계의 습득 난이도가 일음절 동사의 결합관계보다 확실히 높고, 수용 불가능한 결합관계의 비율도 훨씬 많다. 이처럼 수용 불가능한 결합관계가 주로 고급 학습자가 출력하는 결합관계에 분포하기 때문에 수용 가능도의 꺾은선그래프에서 고급 학습자의 결합관계가 수용 가능 정도가 낮은 곳에 집중적으로 분포하게 되는 것이다.

고급 학습자 결합관계에 드러나는 또 하나의 명확한 특징은 수용 가능도 중간 부분에 있는 판단 불가능한 결합관계 수가 적다는 것이다. 말뭉치 데이터를 통해 알 수 있듯이, 모어 화자가 판단 불가능으로 표시한 결합관계의 대부분은 '同意生活', '表现态度', '经历习惯' 등과 같이 모어 화자의 심성어휘집에 존재하지 않아 즉각적으로 결합 불가능하다고 판단하기 어려운 결합관계들이다. 이는 단어 결합관계의 의미나 결합 제약에 대한 학습자의 인식이 부족함을 드러내고 있다. 언어 수준이 낮을수록 이러한 문제점이 드러날 가능성이 더 많기 때문에 판단 불가능한 결합관계가 언어 수준이 비교적 높은 고급 학습자의 결합관계에서 많이 발견될 가능성은 대단히 적다.

고급 학습자의 언어 수준이 높아짐에 따라 학습자가 임의적으로 결합관계를 출력해낼 수 있는 능력도 커지게 된다. 통계 데이터에 따르면 학습자가 출력한 425개의 임의적 결합관계 가운데 중급 학습자의 임의적 결합관계가 127개이고, 그 중 107개가 수용 불가능한 결합관계로 84.25%를 차지하였다. 고급 학습자의 경우, 임의적 결합관계는 298개로 그 중 218개가 수용 불가능한 결합관계로 73.15%를 차지한다. 고급 학습자의 임의적 결합관계 중 수용 가능한 결합관계의 비율이 중급 학습자보다 11.1% 높다. 다른 각도에서 보면 단어 결합관계의 의미 제약이나 결합관계 제약에 대한 고급 학습자의 인식이 생기게 되었으며, 비록 그 비율이 낮긴 하지만 중급 학습자와 비교할 때 어느 정도 향상되었음을 알 수 있다. 표 6.12를 보자.

표 6.12 중·고급 학습자의 수용 불가능 결합관계 비율

	학습자의 임의적 결합관계 수	수용 불가 결합관계 수	비율
중급 학습자	127	107	84.25%
고급 학습자	298	218	73.15%

위의 분석을 통해 어휘 습득은 점차적으로 이해도가 심화되는 하나의 동적인 과정으로 파악할 수 있다. 제2언어 어휘 습득 이론에 따르면 단어에는 여러 가지 층위가 공존하고 있어 하나의 단어를 파악하기 위해서는 단어의 의미는 물론 발음, 문자, 통사적 특징, 결합관계, 사용 빈도 등 단어가 가지고 있는 각 방면의 내용을 파악해야만 한다. 중국어 고급 학습자가 파악하고 있는 단어의 수가 증가함에 따라 단어에 대한 지식의 깊이도 증가하게 되지만 이 둘이 늘 균형 있게 향상되는 것은 아니다. 따라서 한 단어에 대한 전체적인 이해 지식이 비교적 균형 있게 갖추어진 경우 단어의 결합관계에서도 문제가 발생할 가능성이 매우 적으며, 반면 학습자가 부분적인 단어 지식만 이해하고 있을 경우 결합 관계에서도 문제가 발생하게 된다. 그러므로 언어 수준이 고급 단계에 이르렀다고 해도 여전히 일정 비율의 수용 불가능한 결합관계를 출력해 내는 것이다.

수많은 학자들이 어휘학습이론에 기초하여 어휘학습모형을 제시한 바 있다. 그 중 Henriksen(1999)의 삼차원모형이 널리 알려져 있다. 그는 세 가지 각도에서 어휘 능력의 삼차원적 발전 과정을 제시하였다. 첫째, 단어의 부분적 의미 지식에서 정확한 의미 지식으로의 발전.(partial to precise knowledge) 둘째, 얕은 지식에서 깊이 있는 단어 지식으로의 발전.(depth of knowledge) 셋째, 입력에서 출력까지의 사용 능력(re-ceptive to productive use ability)이다. Henriksen의 모형에 따르면 제2

언어 어휘 습득은 불완전한 부분적 의미에서 정확한 의미 지식으로, 얕은 지식에서 깊이 있는 단어 지식으로, 입력 능력에서 출력 능력의 경로로 발전함을 알 수 있다. 단어 결합관계 습득은 반드시 언어 학습 발전 과정에서 일관되게 적용되어야 한다. 계속해서 새 단어를 습득함에 따라 이 세 가지 과정도 끊임없이 반복 출현하기 때문에 고급 학습자에게도 단어 결합관계 오류는 발생하게 되는 것이다.

제2언어 단어를 습득해서 정확한 단어 결합을 출력하기까지 여러 단계가 필요하다. 고급 학습자는 학습 시간이 길기 때문에, 파악하고 있는 단어의 수가 증가함은 물론 단어 지식 또한 계속적으로 심화되기 때문에 학습자의 단어 습득 과정은 학습자가 출력하는 결합관계 중에서도 드러날 수 있다. 중급 학습자의 결합관계가 수용 가능 정도의 각 단계에서 모두 존재하는 것은 학습자의 단어 지식 습득이 여전히 부족하고 불완전함을 반영하고 있는 것이다. 단어의 의미와 결합관계 모두를 파악하고 있더라도 단어의 의미를 잘못 이해하고 있거나 혹은 단어 결합관계를 명확하게 인식하지 못하여서 학습자가 출력하는 결합관계가 수용 가능 정도의 각 단계에서 비교적 고르게 분포하고 있는 것이다. 또한 모어의 영향으로 제 2언어 단어 자체를 혼동하거나 잘못 쓰기도 한다. 따라서 분포 그래프에서도 반영되었듯이 수용 가능 정도의 각 단계에 속하는 결합관계의 변화선이 비교적 완만한 것이다.

종합하면 다음과 같다. 단어의 등급에 따라 살펴본 결과, 비갑급 동사의 수용 불가능한 결합관계 수가 갑급 동사의 수용 불가능한 결합관계 수보다 훨씬 많다. 학습자의 언어 수준에 따라 살펴본 결과, 고급 학습자가 출력하는 수용 불가능한 결합관계의 수가 중급 학습자가 출력하는 수용 불가능한 결합관계 수보다 많다. 그리고 이음절 동사의 수용 불가능한 결합관계 수가 일음절 동사의 수용 불가능한 결합관계 수보다 많다. 따라서 비갑급 동사의 결합관계, 고급 학습자의 결합관계 및 이음절 동사의 결합관계 사이에 '교집합' 부분이 존재하게 되고, 중복되는 부분의 범위도 매우 크다.

3. 결합관계 오류 및 오류 유형 분석

모어 화자의 판단에 근거하여 수용 가능 정도 점수가 4점 미만인 결합관계를 결합관계 오류로 지칭하였다. 또한 결합관계 오류 상황과 결합관계 오류에 대한 모어 화자의 수정에 근거하여 오류에 대한 분류 작업을 진행하였다. 형식적 측면에서 결합관계 오류는 동사 오류, 명사 오류, 결합관계 전체 오류 등 세 가지로 분류할 수 있다. 모어 화자가 수정한 내용은 주로 동사 수정, 명사 수정, 전면 수정, 미수정 등 네 가지로 나눌 수 있다.

표 6.13 모어 화자의 수정 상황과 수정 수량

수정 상황	수정 수량	비율
동사 수정	198	54.52%
미수정	62	16.98%
전면 수정	55	15.06%
명사 수정	46	12.6%
기타	3	0.8%
합계	325	100%

모어 화자가 수정한 내용 중 동사 수정이 가장 많아 수정한 수는 총 54.52%에 달한다. 모어 화자의 수정은 학습자 결합관계의 의미에 기초하였기 때문에 동사를 수정할 가능성이 비교적 크다. 동목(V+N)

결합관계에서는 동사가 중심을 이루지만 명사 역시 전체 결합관계의 의미를 유지시켜주는 주요 요소이다. 예를 들어, 모어 화자는 '保持文化'를 '保存文化'로, '改良口语'를 '提高口语'로 수정하는 등 명사를 바꾸지 않고 그대로 두었다. 모어 화자는 원래의 결합관계 의미와 근접한 결합관계를 도저히 찾을 수 없을 경우에만 명사나 기타 요소들을 수정하였다. 미수정 비율은 16.98%로, 일반적으로 모어 화자가 학습자가 출력한 결합관계를 대신할 수 있는 적합한 단어 결합관계를 찾을 수 없을 때 수정하지 않고 그대로 두었다. 전면 수정의 비율은 15.06%로 여기에 속하는 결합관계는 일반적으로 문법적 오류를 포함하며, '听诊女儿'과 같이 단어 지식에 대한 불완전하고 부정확한 이해에서 비롯된다. 모어 화자가 원래 결합관계에서 명사를 수정한 비율이 12.6%이다.

모어 화자가 수정한 상황을 참고하면 학습자가 출력한 결합관계 오류는 대략 다음 네 가지 유형으로 나눌 수 있다.

① 일·이음절 동의어 동사의 혼동을 포함하는 동의어·유의어의 혼동
② 단어의 문법적 오류를 중심으로 한 사용 오류
③ 존재하지 않는 동사나 명사의 임의적 사용
④ 의미 제약이나 결합관계 제약에 위반되는 오류

엄격히 말해서 각 유형 간에는 뚜렷한 경계가 존재하지 않고 교차 중복되는 부분도 있어서 일부 오류는 충분히 또 다른 오류 유형으로도 분류 가능하다. 예를 들면 동의어·유의어 혼동에도 의미 제약이나 결합제약 방면의 오류가 존재할 수 있기 때문이다.

이 네 가지 오류 유형에 대한 모어 화자의 수정에도 다음과 같은 특징이 존재한다. 제1유형 오류에 대해 모어 화자는 일반적으로 유의어를 사용해 원래 결합관계 성분을 대체했다. 제2유형 오류에 대해 모어 화자는 전체적으로 결합관계를 수정했으며, 제3유형 오류에 대해 모어

화자는 적절한 방법을 찾지 못해 수정하지 않거나 혹은 명사를 수정했다. 제4유형 오류에 대해서는 모어 화자의 수정 방법이 다양한 편이었다. 네 가지 오류 중 제1유형 오류가 차지하는 비율이 가장 크며 이는 중국어 단어 결합관계 습득 상의 특징을 잘 반영해주고 있다.

1) 결합관계 성분의 단어 의미와 형식의 혼동

오류 성분이 단어의 의미 혹은 형식적인 측면에서 중국어의 다른 단어와 혼동하였다고 판단된 경우, 모어 화자는 학습자가 선택한 단어를 대체할 수 있는 유의어를 이용하여 수정하였다. 괄호 안의 결합관계는 문맥에 근거하여 학습자가 표현하고자 했던 결합관계를 유추해내어 명시한 것이다.[4]

(1) 동사 유의어의 혼동
결합관계의 예는 다음과 같다.

① 保养婚姻, 保有错误, 保持隐私, 保护态度, 保持文化, 保存根源
② 经历方式, 经验生活, 经验风俗, 经历味道
③ 标示看法, 表达特点, 表示事情, 表示想法, 表现印象, 表白感情, 表示政策

---

4) 경우에 따라 학습자 결합관계를 이해하기란 무척 어렵다. 오직 학습자가 출력한 말뭉치로만 학습자가 표현하고자 했던 의미를 유추해내야 하기 때문에 한 문장 안에서 학습자가 표현하고자 하는 의미를 이해하기 어려웠고 지면이 한정되어 있어 결합관계만으로는 학습자가 표현하고자 하였던 의도를 찾기 힘든 때도 많았다. 본서에서는 문맥을 고려하여 학습자가 사용하고자 하였던 결합관계를 유추하여 각 학습자가 출력한 결합관계 뒤에 괄호로 묶어 기입하였다. 대응되는 적합한 결합관계를 찾지 못했을 경우에는 학습자가 의도하였던 의미만을 기입하였다.

④ 造成纸花, 创造身份, 自创性格, 创造问题, 创造垃圾, 产生电话
⑤ 避免时间, 避免广告
⑥ 达到情况, 达到梦想, 达到生活, 得到目的, 达到长城
⑦ 建立地下铁道, 建设公寓, 建筑家
⑧ 扩大知识, 扩展知识, 扩张词汇
⑨ 改善调查, 改善耐力, 改正论文, 改善协调性, 修改技术, 改良口语

 (2) 결합관계 중 명사 유의어의 혼동
결합관계의 예는 다음과 같다.

> 收到新闻(收到消息), 得到新闻(得到消息), 交花销(交生活费), 废除规律,
> 习惯烹饪(习惯饮食), 答应希望, 批评具备(批评装备)

 (3) 일·이음절 동사와 명사의 혼동
결합관계의 예는 다음과 같다.

> 藏情况(隐藏情况), 含错误(包含错误), 留关系(保留关系), 入中年(进入中年),
> 造问题(制造问题)

 일부 일·이음절 동사를 혼동한 결합관계 중에는 '掩盖菜', '追求钱' 과 같이 음보 상의 부조화가 발생하기도 한다.

 2) 단어 용법의 오류
 단어 용법의 오류는 목적어를(혹은 명사 목적어를) 수반할 수 없는 동사가 목적어를 갖거나 목적어 위치에 오류가 발생한 경우이며, 결합관계의 예는 다음과 같다.

対立決议, 迟到工作, 及格考试, 扫地地方, 旅行地方, 停止孩子, 开始副总统, 开始文学士, 报名排球队, 打架越南, 见面朋友, 录音录音带, 听诊女儿

또 다른 용법상의 오류 유형으로 동사 '做'의 과다한 사용을 꼽을 수 있으며, 결합관계의 예는 다음과 같다.

做过错, 做战争, 做武术, 做比赛

예제가 많지 않아 더 이상의 분석이 진행되기에는 무리가 있는 것으로 판단된다.

3) 중국어에 존재하지 않는 단어의 사용

위와 같은 유형의 결합관계를 수정할 때에 모어 화자는 일반적으로 대체 가능한 단어를 선택하여 수정하기도 하지만 의미가 유사한 수정 항목을 제시하지 못할 수도 있다. 결합관계 자체만으로는 학습자가 의도한 결합의미를 파악하지 못하는 경우도 있었는데 문맥에 의거한 후에야 학습자가 표현하고자 한 의미를 추측해낼 수 있었다. 이러한 유형에 속하는 결합관계의 수는 많지 않으며, 결합관계의 예는 다음과 같다.

(1) 동사의 임의적 사용

起波浪身体(担心身体), 出布小说(出版小说), 当为招待员, 经味爱情(体味爱情), 回送短信(回复短信), 自录大学(报大学) 跟从钱(带着钱), 接续生活(延续生活), 布吉祥物(布置吉祥物)

(2) 명사의 임의적 사용

服务旅行人(游客), 参加游团(旅游团), 提供瓶水(桶装水)

4) 단어 의미 및 결합관계 제약 오류

이 오류 유형의 판단 기준은 다음과 같다.

첫째, 오류 부분을 하나의 동의어나 유의어로 대체할 수 없는 경우

둘째, 문법적 오류가 존재하지 않을 경우

셋째, 결합관계의 각 성분이 임의적으로 만들어낸 단어가 아닌 중국
　　어에 존재하는 단어일 경우

　이러한 오류 유형은 의미 오류나 결합관계 오류로, 의미가 서로 부합
하지 않거나 결합 불가능한 성분끼리 결합해서 만들어진 것이다. 의미
가 서로 통하지 않는 결합관계나 결합 불가능한 성분끼리 결합시킨
결합관계를 명확하게 구별 짓기는 어려우며 이에 속하는 유형의 수도
매우 많다. 형성 원인도 매우 복잡하여 언어 간 전이에 의해 발생하기도
하며, 목적어에 대한 불완전한 언어 지식으로 발생하기도 한다. 결합관
계의 예는 다음과 같다.

> 结合海军, 跟随逻辑, 住生活(过生活), 判断生活(评判生活), 跟随文章
> (意为：附在文章上), 明白老师, 明白文化, 懂性格, 认识情况(了解情况),
> 付物品, 经历文化, 反对历史, 记录嘴唇, 克服政府, 符合意外, 共享经历,
> 刺激情况, 观测事情, 钻研社会, 参加义务, 发展火车, 追求事情, 保持条件,
> 举行节日, 抗议食品, 品尝经验, 引起机会, 充满文化, 充满深红色, 充满学生,
> 渴望喜儿, 离弃职业, 胜任问题, 反抗优势, 面临广告, 使用财政

　위의 결합관계를 통해 학습자가 단어 결합관계 지식에 대해 잘 숙지
하지 못하고 있음을 알 수 있다. 단어 습득 과정 중, 학습자는 단어의
의미를 잘 파악하지 못하고 단지 부분적인 의미만 이해한다. 혹은 단어
의 의미는 이해하였으나 어떠한 단어와 함께 결합하여 사용하는지 이해

하지 못하기 때문에 자신의 제1언어 지식이나 불완전한 제2언어 지식에 근거하여 단어들을 결합하게 된다.

4. 결론

1) 학습자 결합관계의 수용 가능 정도 판단

(1) 학습자 결합관계 중 임의적 결합관계의 비율은 13.09%이다. 학습자 결합관계에 대한 모어 화자의 수용 가능 정도 판단에 따르면 76.47%는 수용 불가능한 결합관계이다. 학습자가 출력하는 수용 불가능한 결합관계는 주로 이음절 동사로 구성된 동목(V+N) 결합관계에 집중되어 있다.

(2) 학습자 결합관계의 수용 가능 정도와 학습자의 언어 수준 상관관계를 살펴보면, 고급 학습자의 결합관계 중 판단 불가능한 결합관계 수는 상대적으로 적은 편이다. 임의적 결합관계에서는 고급 학습자의 수용 가능 결합관계가 중급 학습자보다 11.1% 많다. 등급별 단어와 결합관계 수용 가능 정도의 상관관계를 살펴보면, 비갑급 단어의 결합관계에도 수용 가능한 결합관계가 존재한다. 그러나 수용 불가능한 결합관계의 비율이 갑급 단어 결합관계보다 훨씬 많으며 학습자가 갑급 단어 결합관계를 더 잘 파악하고 있다.

2) 결합관계 오류 분석

(1) 전체적인 중국어 단어 결합관계 오류를 살펴보면, 혼동은 오류를 유발시키는 주요 원인이다. Farghal & Obiedat(1995)에 따르면, 제2언어 학습자가 결합관계를 잘 다루지 못하는 이유는 결합관계를 잘 의식하지 못하기 때문이고 이로 인해 학습자는 동의어, 의역, 회피와 전환 등

단어를 최대한 간소하게 선택하는 전략을 사용하게 된다. 언어 수준이 높지 않지 않기 때문에 학습자는 유의어 사이의 차이를 구분해내지 못한다. 숙지하고 있는 단어도 한정적이며, 의미를 더욱 잘 표현할 수 있는 단어가 존재하는지 조차 모르기 때문에 무의식적으로 유의어를 혼동하게 된다.

(2) 형(形), 의(義)를 동시에 표현하는 한자의 특징은 학습자가 유의어를 혼동할 수 있는 가능성을 증가시키기 때문에 유의어 혼동 비율이 가장 크다. 유의어는 다음 두 가지 상황을 포함한다. 첫째, 의미가 유사하고 동일한 형태소를 가지고 있다. 예를 들어, '保护态度', '保养结婚', '保有错误', '保持隐私', '保持文化', '保存根源' 등의 결합관계 중 동사 '保护, 保养, 保有, 保持, 保持, 保存'은 의미가 비슷할 뿐 아니라 동일한 형태소 '保'를 포함하는 등 형식도 매우 유사하다. 둘째, '进步-提高, 新闻-消息' 등과 같이 의미는 유사하지만 동일한 형태소를 가지고 있지 않다. 의미도 유사하고 동일 형태소까지 가지고 있는 단어의 혼동 가능성은 매우 높고, 학습자의 습득 중 간섭이 생길 우려도 크며, 결합관계 오류를 생산할 수 있는 가능성도 크다. 대부분의 유의어 혼동은 동일한 형태소를 가지고 있을 때 발생한다.

어휘 습득에 있어 의미와 형식 두 가지는 서로 분리될 수 없다. 江新 (1998)의 어휘 습득 연구 결과에 따르면, 어휘 습득의 초기에는 형식 위주로 시작하고 후기에 이르러 의미 습득이 주를 이룬다. 한자의 형(形), 의(義) 관계가 밀접하여 형식상의 유사 요인과 의미상의 유사 요인이 중복되고 이는 동일 형태소를 지닌 유의어의 혼동 문제를 더욱 심각하게 하는 원인이 된다. 이러한 점은 외국어 결합관계와는 달리 외국인을 위한 중국어 교육에서만 발생하는 독특한 특징 중 하나이다. 품사적 측면에서 살펴보면 동사에서 혼동이 발생할 가능성이 명사보다 훨씬 많고, 명사 혼동의 수는 매우 적다. 의미가 유사한 동사는 단어 결합관계에 있어 쉽게 혼동을 유발하며 이음절 동사 중 추상적 의미의 동사 혼동이 가장 많다.

(3) 학습자가 임의적으로 만들어낸 단어란 사전에 수록되지 않은 단어를 가리킨다. 연구 결과에 따르면 이 유형의 비율이 가장 낮으며, 동사와 명사의 비율 차이가 크지 않다. 이 점이 기존의 연구 결과와 다른 점이다. Nadja(2003)에 따르면 독일어를 모어로 하는 고급 학습자의 영어 결합관계 가운데 임의적으로 만들어낸 동사가 5% 정도를 차지하는 반면 명사는 20%에 달한다. 동사와 명사의 비율 차이는 확연히 다르다.

(4) 단어 결합관계의 용법 오류를 살펴보면, 중국어 중 특이한 문법 기능을 가지고 있는 동사에 대한 인식 부족이 주요 원인이다. 예를 들어 일부 동사는 목적어(명사 목적어)를 가질 수 없거나, 목적어가 특수한 곳에 위치한다. 이는 이러한 단어의 문법적 특징을 학습자가 충분히 이해하고 있지 못함을 설명하고 있다. 이러한 데이터 역시 단어 습득에 있어 학습자의 단어에 대한 지식이 계속적으로 심화되어가는 과정에 있음을 여실히 보여준다.

(5) 단어 결합 관계에서의 의미적 충돌이나 결합관계 제약 오류는 단어 의미와 결합관계 조건 및 상용하는 결합관계에 대해 학습자의 단어 지식이 일정 정도 부족함을 설명해준다. 그러므로 언어 수준과 상관없이 고급 학습자와 중급 학습자 모두 단어를 학습하는 과정에 있음을 설명해준다.

이번 6장에서는 학습자 동목(V+N) 결합관계의 습득 상황에 대해 고찰해보았다. 다음 장에서는 교수·학습 자료의 각도에서 단어 결합관계의 실제적인 교수·학습 상황에 대해 고찰·분석해 보기로 한다.

    5장과 6장에서는 학습자가 출력해내는 단어 결합관계를 전체적으로 고찰하고 구미(歐美) 학습자의 동목(V+N) 구조 습득 상황을 분석하였다. 본 장에서는 교재에 나오는 단어 결합관계의 입력(input) 문제를 논의할 것이다. 단어 결합관계의 습득 과정에 있어 교재는 단어 결합관계의 입력 내용과 범위를 제공해 줄 뿐만 아니라 교수 방식에도 영향을 미치기 때문에 현재 사용되는 교재에 포함된 단어 결합관계 상황을 반드시 고찰해야 한다.

    먼저 현재 통용되는 초급 교재 세 세트를 선택하여 교재 안에 있는 갑급(甲級) 동사와 동목(V+N) 구조를 고찰하였다. 교재 편집자의 말에 따르면, 이 세 교재에 있는 새로운 어휘의 난이도 등급은 모두 『大纲』의 갑급 단어이며, 학습이 끝나면 HSK 3급 수준에 이르는 것을 목표로 한다. 현재 이 세 교재는 사용자가 매우 많으므로 통용되는 외국어로서 중국어 초급 교재를 충분히 대표할 수 있을 것으로 보인다. 교재는 모두 7권으로 『博雅汉语』의 초급교재 『起步』 1, 2권, 『初级汉语口语』(이하 『初口』로 약칭) 1, 2, 3권, 『新标准汉语』(이하 『新标准』으로 약칭) 초급

1, 2권이며 각각에 대한 자세한 정보는 표 7.1에 제시하였다.

표 7.1 교재에 대한 기본적인 정보

교재명	博雅汉语『起步』	『初口』	『新标准』
지은이	徐晶凝, 任雪梅	戴桂芙, 刘立新, 李海燕	方铭
출판사	북경대학출판사	북경대학출판사	북경대학출판사
출판시기	2005	2007	2004
유형	강독	구어	종합
수준	초급	초급	초급

본 장의 주요 내용은 명사 목적어를 가질 수 있는 교재 속 갑급 동사의 수량에 대한 고찰, 갑급 동사로 이루어지는 동목(V+N) 구조의 수량 및 중복 출현율, 교재에 출현하는 동목(V+N) 구조와 학습자가 만들어 내는 결합관계에 대한 대조 · 분석, 이렇게 세 부분으로 나뉜다.

1. 교재에 나오는 동목(V+N) 결합관계 분석

1) 교재에 나오는 동사[1])와 V+N 결합관계의 수량

새로운 단어 리스트, 본문 등에서 명사 목적어를 가지는 갑급 동사와 이런 동사들로 이루어지는 동목(V+N) 결합관계를 선별하여 통계를 낸 결과, 각 교재에 출현하는 동사의 수량은 아래 표와 같다.

---

1) '교재에 나오는 동사'란 교재 안에서 명사 목적어를 가지는 갑급 동사를 가리킨다. 명사 목적어를 가지지 않는 교재 속 동사에 대해서는 수량만 통계를 내고 그 이상의 분석은 진행하지 않았다.

표 7.2 명사 목적어를 가지는 동사의 수량

교재	『起步』1, 2	『初口』1, 2, 3	『新标准』1, 2
명사 목적어를 가지는 동사의 수량	55	80	45
권당 동사의 평균 수량	27.5	26.07	22.5

명사 목적어를 가지는 세 교재 속 동사의 수량을 일음절, 이음절로 나눠 통계를 내면 아래 표와 같다.

표 7.3 명사 목적어를 가지는 일음절 동사와 이음절 동사의 수량

교재	『起步』1, 2		『初口』1, 2, 3		『新标准』1, 2	
명사 목적어를 가지는 동사의 수량	일음절어	이음절어	일음절어	이음절어	일음절어	이음절어
	38	17	51	29	28	17

전체적으로 볼 때 세 교재에 나오는 동사의 수량은 많지 않다. 평균적으로 매 권마다 동사 수량은 모두 30개 이하이다. 『起步』1, 2의 동사 수량이 27.5개로 가장 많고, 『新标准』교재 두 권의 평균이 22.5개로 가장 적다. 일음절어와 이음절어를 비교해 보면, 일음절 동사가 많고 이음절 동사가 적다. 『起步』1, 2에서 일음절과 이음절 동사의 수량 차가 가장 컸는데, 일음절 동사가 이음절 동사의 2.23배였다. 그림 7.1은 각 교재 동사의 수량과 일음절, 이음절 동사의 비율을 분명하게 보여준다.

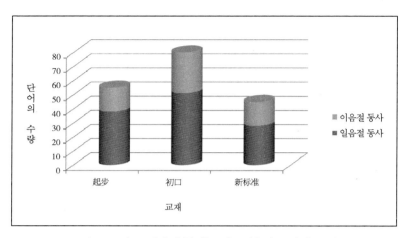

그림 7.1 각 교재에 출현하는 일·이음절 동사의 수량

각 교재에 출현하는 결합관계의 수량도 모두 달랐는데, 구체적인 데이터는 아래 표와 같다.

표 7.4 각 교재에 출현하는 동목(V+N) 결합관계의 수량[2]

교재	『起步』1,2	『初口』1,2,3	『新标准』1,2
동목(V+N) 결합관계의 수량	78	231	88
동목(V+N) 결합관계의 권당 평균 수량	39	77	44

각 교재에 출현하는 동목(V+N) 결합관계의 수량에는 일정한 차이가 있다. 가장 많은 것이 231개가 나오는 『初口』로, 권당 평균수량이 77 개이므로 세 교재 중에서 결합관계의 수량이 가장 많다. 『起步』에는

---

2) 본 장에서 '교재에 나오는 동목(V+N) 결합관계'는 갑급 동사로 이루어진 동목 (V+N) 결합관계를 가리킨다.

V+N이 78개 출현하고 권당 평균수량은 39개이다. 전체적으로 볼 때, 본서에서 통계를 낸 교재에서는 구어 교재에 결합관계가 좀 더 많이 나온다.

2) 교재에 나오는 동사가 갑급 동사에서 차지하는 비율

교재에 지정된 학습량을 완성한 후의 목표는 HSK 3급 수준에 달하는 것이다. 이는 교재의 새 어휘 등급 및 수량을 정하는 데에 있어 잠재적인 기준이 되어 준다. 먼저 새 어휘의 등급 수준에 있어서는 갑급 동사를 위주로 해야 하지만 부분적으로 『大纲』에 나오지 않는 단어가 있을 수 있다. 그 다음 새 어휘의 수량은 갑급 동사의 수량과 기본적으로 일치하거나 갑급 단어를 포함해야 한다. 따라서 교재에 나오는 갑급 동사의 비율이 큰 관심의 대상이 되는데, 여기서 갑급 동사의 비율이란 교재 안에 포함된 동사가 갑급 동사를 커버하는 정도를 가리킨다. 즉 교재 안에 포함된 갑급 동사가 전체 갑급 동사에서 차지하는 비율을 가리킨다. 본서의 통계를 바탕으로 『大纲』의 갑급 동사 중 명사 목적어를 지닐 수 있는 동사는 모두 194개로, 그 중 일음절 동사가 122개이고 이음절 동사가 72개이다. 교재에 출현하는 동사를 정리해 통계를 내보면 우리는 이 세 교재에서 목적어를 지니는 동사가 단지 갑급 동사의 일부분만을 포함하고 있으며 일음절 동사의 비율이 이음절 동사의 비율보다 약간 높다는 것을 알 수 있다. 그 중 비율이 가장 높은 교재는 『初口』로 일음절 동사의 비율이 41.8%, 이음절 동사의 비율이 40.27%이다. 구체적인 수치는 아래와 같다.

표 7.5 각 교재의 동사 수량 및 동사가 갑급 동사에서 차지하는 비율

교재	『起步』 1, 2		『初口』 1, 2, 3		『新标准』 1, 2	
동사 수량	일음절동사	이음절동사	일음절동사	이음절동사	일음절동사	이음절동사
	38	17	51	29	28	17
갑급 동사를 점하는 비율	30.32%	23.61%	41.80%	40.27%	22.95%	23.61%

　　교재를 보면, 『初口』에 있는 갑급 동사의 비율이 가장 높아 41.25%에 달한다. 구어 교재는 표현의 실제성과 자연성에 더 중점을 두기 때문에 이런 결과는 아마 구어 교재의 성질과 관련이 있는 듯하다. 갑급 동사의 비율이 가장 낮은 것은 『新标准』으로, 23.43% 밖에 안 되므로 이 교재에 나오는 동사는 갑급 동사의 4분의 1에도 미치지 못 한다. 동사의 형식면에서 보면, 『起步』는 일음절 동사 비율이 이음절 동사보다 7% 정도 높고, 『初口』는 양자 간 비율이 기본적으로 균형을 이룬다. 반면 『新标准』 1, 2는 이음절 동사의 비율이 일음절 동사 보다 오히려 약간 높아 다른 두 교재와 차이를 보인다.

　　지금까지 알아 본 바에 의하면, 초급 교재에 있는 갑급 동사의 비율은 높지 않다. 가장 많은 것이 『初口』지만 갑급 동사에서 차지하는 비율이 41.25%로 절반에도 미치지 못 한다. 따라서 절반 이상이 목적어를 가질 수 있어도 교재에 나오지 않거나 목적어가 아예 없는 경우가 되므로 실제 교수에서 갑급 동사와 결합관계의 입력량(input)이 부족한 상황이라는 것은 비교적 분명하다. 입력량의 부족은 학습자의 결합관계 습득에 영향을 미칠 수 있음과 동시에 교재가 정한 학습 목표를 이루는 것도 매우 어렵게 만든다. 물론 목적어 명사를 가지는 교재 속 동사의 수량을 갑급 동사의 수량과 동일시할 수는 없지만 동사의 주요 기능은 목적어를 갖는 것이다. 따라서 목적어를 가질 수 있는 많은 동사에 동목

(V+N) 결합관계가 나타나지 않는다는 것도 현행 교재가 어휘 및 단어 결합관계의 선택과 배분에 있어 개선되어야 할 부분이 확실히 존재한다는 사실을 반영해 준다.

갑급 동사의 상용 결합관계는 실제 생활에서 빈번하게 사용되므로 학습자가 반드시 파악해야 할 내용이다. 그러나 현행 외국어로서 중국어의 보편적인 교수 방법에 따르면 중·고급 교재에는 갑급 단어가 더 이상 새로운 어휘로 등장하지 않으며 중·고급 단계의 중점적인 학습 내용도 아니어서 다음과 같은 현상을 유발시킨다. 대부분 초급 교재에 나오는 갑급 동사의 동목(V+N) 결합관계가 교재에 나오지 않아 중·고급 교재에서 중요한 교수 내용으로도 다뤄질 수 없으므로 절반 이상의 갑급 동사 결합관계가 학습자의 언어습득 과정에서 입력의 공백으로 남게 된다. 이런 현상은 이와 관련된 또 다른 문제, 즉 교재에 나오는 새로운 어휘의 난이도와 수량의 관계와 연결된다. 해당 등급의 교재들은 일반적으로 『大纲』을 근거로 하여 그 수준과 학습 후 목표를 결정하지만 교재를 학습한 후에 예정된 목표의 도달 여부는 새로운 어휘의 수준 등급뿐만 아니라 어휘의 수량과도 관련이 매우 크다. 따라서 교재의 새로운 어휘는 단어의 일정 난이도 등급에 부합하여야 할 뿐만 아니라 수량도 충분해야 한다. 유감스럽게도 지금의 교재 연구는 교재에 나오는 새로운 어휘의 '질'과 '양'에 관한 검증된 연구가 여전히 부족한 실정이다. 반면 입력의 '질'과 '양'은 학습자 출력에 영향을 미치는 매우 중요한 요인이다.

2. 교재에 나오는 동목(V+N) 결합관계의 중복 출현율

1) 동사의 중복 출현율

교재에 나오는 동사의 평균 출현 횟수를 통계낸 결과, 그 평균 출현 횟수는 다르지만 모두 중복 출현 횟수가 매우 낮은 것으로 나타났다. 구체적인 데이터는 아래 표와 같다.

표 7.6 명사 목적어를 가지는 동사의 수량과 분포

교재	『起步』1, 2	『初口』1, 2, 3	『新标准』1, 2
동목(V+N) 결합관계의 수량	78	231	88
동사의 수량	55	80	45
동사의 평균 출현 횟수	1.418	2.887	1.955

표 7.6의 데이터에 따르면,『初口』의 동사 평균 출현 횟수가 2.887회로 가장 많아 동사 하나의 평균 출현이 거의 3회이므로 세 교재를 통계낸 결과로 볼 때 구어 교재에 나오는 동사의 중복 출현율이 가장 높다. 세 교재를 각각 통계처리 해 보면 2회 이상 출현하는 동사의 수는 아래 표와 같다.

표 7.7 2회 이상 출현하는 동사의 수량

교재	『起步』1, 2		『初口』1, 2, 3		『新标准』1, 2	
동사의 중복 출현 비율	(14/55) 25.45%		(40/80) 50%		(23/45) 51.11%	
명사 목적어를 가지는 동사의 수	일음절동사	이음절동사	일음절동사	이음절동사	일음절동사	이음절동사
	12	2	30	10	16	7
점유 비율	31.57%	11.76%	58.82%	34.48%	57.14%	41.176%

각 교재에서 2회 이상 출현하는 동사가 점하는 비율은 다르지만 가장 높은 것은 『新标准』으로, 51.11%의 동사가 2회 이상 출현한다. 가장 낮은 것은 『起步』로, 25.45%의 동사만 2회 이상 출현하고 나머지 74.55%의 동사는 1회만 출현한다. 『起步』가 이음절 동사의 중복이 가장 낮아 명사 목적어를 가지는 이음절 동사는 두 개만 2회 이상 출현해 11.76%를 차지하고, 기타 88.23%의 이음절 동사는 모두 1회만 출현한다. 『新标准』이 이음절 동사의 중복 출현율이 가장 높아 41.176%에 달한다. 다른 두 교재와 비교할 때 『新标准』의 동사수가 가장 적지만 동사의 중복 출현율은 가장 높다.

2) 동목(V+N) 결합관계의 중복 출현율

본서에서는 세 교재에 있는 동목(V+N) 결합관계를 합하여 2회 이상 출현하는 결합관계 21개를 선별하였다. 표로 나타내면 다음과 같다.

표 7.8 2회 이상 출현하는 동목(V+N) 결합관계

결합관계	출처	출현 횟수	결합관계	출처	출현 횟수
看电视	『初口』	5	买房子	『初口』	2
吃饭	『新标准』	4	骑自行车	『初口』	2
爬山	『初口』	3	上自习	『新标准』	2
下雨	『新标准』	3	听录音	『初口』	2
学习汉语	『新标准』	3	洗衣服	『初口』	2
打篮球	『新标准』	2	下小雨	『初口』	2
打乒乓球	『新标准』	2	想办法	『初口』	2
复习功课	『起步』	2	想家	『初口』	2
换车	『新标准』	2	找工作	『初口』	2
打雷	『新标准』	2	做饭	『初口』	2
			做作业	『初口』	2

세 교재에는 모두 397개의 동목(V+N) 결합관계가 출현한다. 그 중 21개만이 2회 이상 중복 출현하고 347개는 1회만 출현하므로 5.7%의 결합관계만이 2회 이상 출현한 것이다. 출현 횟수가 가장 많은 결합관계는 '看电视'로 모두 5회 출현하였다. 3회 이상 출현한 결합관계는 5개이고 나머지는 모두 2회 출현하였다. 세 교재에서 2회 이상 출현하는 결합관계의 수량에는 일정한 차이가 있는데, 『初口』가 가장 많아 12개의 결합관계가 2회 이상 출현한다. 『新标准』에는 8개의 결합관계가 2회 이상 출현하고 『起步』에는 한 개만이 2회 이상 출현할 뿐 기타 76개의 결합관계는 모두 한 번만 출현한다. 구체적인 데이터는 아래 표와 같다.

표 7.9 2회 이상 출현하는 결합관계의 분포

교재	『起步』	『初口』	『新标准』
2회 이상 출현하는 결합관계의 수량	1	12	8
점유 비율	1.298% (1/77)	5.58% (12/215)	10.52% (8/76)

교재 내 결합관계의 중복 출현율은 높지 않아 2회 이상 중복 출현하는 결합관계는 5.7%를 차지할 뿐이다. 어떤 교재에는 2회 이상 중복 출현하는 결합관계가 한 개만 있어, 세 교재 내 동목(V+N) 결합관계의 평균 중복 출현율 중 가장 높은 것도 10.52% 정도에 불과하다.

세 교재의 동사와 동목(V+N) 결합관계의 중복 출현 양상을 통계내보면 동사의 중복 출현율이 동목(V+N) 결합관계의 중복 출현율 보다 높은 편이다. 세 교재 중 『起步』를 제외하고 다른 두 교재 동사의 중복 출현율은 각각 50%와 51.11%이다. 입력 자료에서 동사의 반복 출현이 이런 어휘의 학습자 습득에 도움이 된다는 것은 의심의 여지가 없다. 반면 동목(V+N) 결합관계의 중복 출현율은 훨씬 낮다. 가장 많은 것이

『新标准』으로, 88개 중에 8개만이 2회 이상 출현하였고 이들의 출현 횟수는 총 20회이다. 나머지 68개는 모두 한 번만 출현하였으므로 2회 이상 중복 출현한 결합관계는 단지 10.52%에 불과하다.

동목(V+N) 결합관계의 중복 출현 횟수가 적은 것은 학습자에게 입력된 것이 흡수(intake)로 전환되는 데에 불리하게 작용한다. 결합관계 출현의 횟수가 적은 것은 입력 자료에서 동사의 전형적인 결합관계의 출현 횟수도 높지 않게 만들어 전형적인 결합관계를 두드러지게 하거나 강조할 수 없게 한다. 이는 학습자로 하여금 심성어휘집에 전형적인 결합관계 성분 간 연계의 생성을 어렵게 만든다. 이밖에 동일한 동사의 상이한 결합관계 출현 횟수의 분명한 차이를 없애버려 학습자로 하여금 결합관계의 빈도를 잘 의식하지 못 하게 한다. 즉 어떤 결합관계가 상용적인 것이고 어떤 것이 상용적인 것이 아닌지를 의식하게 할 방법이 없게 된다. 요컨대 입력 자료에서 동목(V+N) 결합관계의 중복 출현율이 높지 않은 것은 학습자의 동목(V+N) 결합관계 습득 향상을 저하시킨다.

3. 교재에 나오는 결합관계와 학습자 결합관계 대조

1) 동목(V+N) 결합관계 입력 및 출력 양상

(1) 교재에 나오는 동사와 학습자가 출력하는 동사

먼저 세 교재에서 출현 횟수가 비교적 많은 동사와 학습자 언어자료에서 출현하는 횟수가 비교적 많은 동사를 고찰하여 양자 간의 상호 관련 여부를 분석하였다. 교재에서 3회 이상 출현한 동사를 선별한 후 학습자가 출력한 동사를 출현 횟수에 따라 배열하여 출현 횟수가 가장 많은 일음절, 이음절 동사를 각각 10개씩 골라 표로 정리하고 대조·분석하였다. 표는 아래와 같다.

표 7.10 교재에 나오는 동사와 학습자가 출력한 동사 대조표

순위	세 교재에서 3회 이상 출현하는 동사 (숫자 = 출현 횟수)		중급 학습자가 출력한 고빈도 동사	고급 학습자가 출력한 고빈도 동사
1	看 25	参观 4	去	看
2	打 19	唱 4	看	吃
3	吃 17	交 4	做	买
4	买 17	介绍 4	找	做
5	开 16	练习 4	打	去
6	参加 12	拿 4	听	找
7	做 11	写 4	吃	坐
8	喝 10	到 3	买	用
9	喜欢 10	花 3	说	骑
10	过 8	回 3	喝	当
11	下 7	来 3	喜欢	喜欢
12	穿 6	利用 3	参观	了解
13	放 6	了解 3	学习	离开
14	去 6	骑 3	认识	参加
15	听 6	认识 3	了解	成为
16	学 6	想 3	介绍	提供
17	叫 5	学习 3	看见	学习
18	上 5	找 3	参加	认识
19	洗 5	知道 3	得到3)	介绍
20			习惯	提高

---

3) '得到'는 『汉语水平词汇与汉字等级大纲』에서 품사가 표기되지 않았으나 본서에서는 동사로 간주한다.

표에 따르면, 교재에서 3회 이상 출현한 동사와 중급 학습자가 출력한 고빈도 동사가 중복되는 것은 16개로, 그 비율은 80%가 된다. 교재에서 3회 이상 출현하는 동사와 고급 학습자가 출력한 고빈도 동사가 중복되는 것은 13개로, 그 비율은 65%가 된다. 이처럼 교재의 동사와 학습자가 출력한 동사 양자 간에는 긴밀한 관계가 있으며 학습자가 출력한 동사는 교재의 영향을 많이 받는다는 것을 알 수 있다.

(2) 고빈도 결합관계 대조

교재에서 2회 이상 중복 출현하는 동목(V+N) 결합관계를 종합해 보면 모두 21개이다. 그리고 학습자가 출력한 것 중 출현 횟수가 20위 안에 드는 결합관계와 대조하여 교재의 입력과 학습자 출력 사이의 관계를 고찰하면 아래 표와 같다.

표 7.11 교재에 나오는 결합관계와 학습자가 출력한 결합관계 대조표

	교재에 2회 이상 출현하는 결합관계	중급 학습자가 출력한 결합관계 20위	고급 학습자가 출력한 결합관계 20위
1	看电视 5	打电话	吃饭
2	吃饭 4	交朋友	打电话
3	爬山 3	买东西	骑自行车
4	下雨 3	找工作	赚钱
5	学习汉语 3	吃菜	喝酒
6	打篮球 2	喝啤酒	谈恋爱
7	打乒乓球 2	去地方	玩游戏
8	复习功课 2	做饭	骑马
9	换车 2	喝酒	坐火车
10	打雷 2	回家	播广告
11	买房子 2	学习汉语	学习汉语

	교재에 2회 이상 출현하는 결합관계	중급 학습자가 출력한 결합관계 20위	고급 학습자가 출력한 결합관계 20위
12	骑自行车 2	认识人	解决问题
13	上自习 2	参加课	享受生活
14	听录音 2	得到经验	发挥作用
15	洗衣服 2	解开问题	发生问题
16	下小雨 2	了解文化	利用机会
17	想办法 2	酿造啤酒	练习中文
18	想家 2	扑灭大火	认识人
19	找工作 2	提高水平	实现梦想
20	做饭 2	知道故事	习惯生活
21	做作业 2		

표에 따르면, 교재의 결합관계와 중급 학습자가 출력하는 결합관계가 중복되는 것은 3개이며, 고급 학습자가 출력하는 결합관계와도 중복되는 것이 3개여서 겹치는 확률이 15%로 높지 않다. 이것은 교재에 입력된 결합관계가 학습자의 출력에 큰 영향을 미치지 않으며 학습자의 심성어휘집 생산에도 영향을 미치지 않는다는 것을 말해 준다. 교재 내 동사와 동목 결합관계, 그리고 학습자가 출력해 내는 동사와 동목 결합관계를 대조한 결과, 다음과 같은 사실들을 알 수 있었다.

첫째, 교재에 출현하는 동사는 학습자에게 미치는 영향이 크며 학습자가 비교적 잘 파악할 수 있고 출력할 때 빈번하게 사용된다. 학습자가 상용하는 동사는 기본적으로 모두 교재에서 습득한 것이다. 또 교재 속 어휘 수량의 제한으로 인해 학습자가 출력하는 상용동사도 교재에 출현하는 상용동사로 집중된다. 따라서 학습자가 출력하는 동사와 교재에 나오는 동사는 비교적 중복되는 비율이 높다. 중급 학습자와 고급 학습자가 출력하는 동사 그리고 교재 속 동사, 이 삼자 간에도 중복되는 비율이 비교적 높다. 중복되는 단어의 수가 많다는 것은 고급 학습자가 비록 이미 학습의 고급 단계에 도달했더라도 그들의 출력에는 초급 교재의 어휘가 여전히 출현한다는 것을 의미한다. 교재에 출현하지 않는 갑급 동사는 학습자의 출력에도 거의 나타나지 않는다. 이는 교재에 출현하는 동사와 동사의 수량이 학습자에서 홀시할 수 없는 영향을 미친다는 것을 말해 준다.

둘째, 교재에 출현하는 동목(V+N) 결합관계는 학습자가 출력하는 단어 결합관계에 크게 영향을 미치지 않는다. 학습자가 출력하는 결합관계와 교재에 입력된 결합관계 사이에는 분명한 연관성이 없다. 특히 이음절 동사의 결합관계가 더욱 두드러지는데, 학습자가 출력하는 이음절 동사의 결합관계에서 교재에 나오는 결합관계와 중복되는 것은 단 한 개뿐이다. 이는 교재에 목적어를 가질 수 있는 동사의 수가 적어 목적어를 가질 수 있는 갑급 동사의 절반이 안 되므로 상응하는 어휘의 결합관계 입력이 부족하여 학습자의 언어 사용에 있어 참고할 만한 충분한 모델을 교재에서 찾을 방법이 없기 때문이다. 이 밖에 교재에 출현하는 결합관계가 중복 출현하는 횟수가 적고 동사의 전형적인 결합관계가 부각되지 않아서 결합관계 빈도에 대한 학습자의 의식을 키워줄 수 없게 한다. 따라서 사용함에 있어 학습자가 교재에 출현하는 결합관계를 추출해내기 매우 어렵다. 요컨대 교재에 나오는 동사가 학습자에게 미치는 영향은 매우 크지만 교재에 나오는 단어 결합관계의 입력이 학습자의 출력에 미치는 영향은 분명하지 않다.

2) 교재에 나오는 동목(V+N) 결합관계와 모어 화자의 결합관계[4) 대조·분석

교재에 있는 V+N 결합관계는 그 수가 비록 많지는 않지만 동사의 의미항목이 매우 풍부하여 어떤 동사의 결합관계는 매우 많은 다양한 의미항목을 사용하기도 한다. 예를 들면, '开'로 이루어지는 결합관계에는 6개의 의미항목이 포함되어 있다.

①开公司, 开医院 ②开化验单, 开药 ③开晚会, 开舞会
④开夜车, 开汽车, 开车 ⑤开门 ⑥开玩笑

또 '放'으로 이루어진 결합관계에는 세 가지 의미항목이 나타난다.

①放车 ②放电影, 放影片 ③放寒假, 放暑假

그리고 '上'으로 이루어진 결합관계에도 세 가지 의미항목이 나타난다.

①上车 ②上课, 上自习 ③上三年级

끝으로 '打'로 이루어지는 결합관계에는 네 가지 의미항목이 나타난다.

①打包 ②打电话, 打雷 ③打篮球, 打麻将, 打牌, 打乒乓球, 打排球, 打太极拳 ④打车

모어 화자 말뭉치에서 이런 동사들로 이루어지는 동목(V+N) 결합관계를 검색해 보면 교재에서 나오는 단어의 의미항목과 모어 화자 말뭉

---

4) 모어 화자의 결합관계는 여기서 중국어를 모어로 하는 화자가 사용하는 결합관계를 가리킨다.

치에서 검색된 상용 의미항목이 완전히 동일하지는 않는 것으로 나타난다. 우선 모어 화자 말뭉치에서 발견되는 일부 상용 결합관계 의미항목이 교재에는 존재하지 않는데, 예를 들면 다음과 같다. '放'은 모어 화자 말뭉치에서 동목(V+N) 결합관계를 이루는 의미항목이 그것이 나타나는 수량이 많은 것부터 적은 것 순으로 살펴보면, ①일정한 위치에 놓이게 하다 ②넣다 ③점화하다 ④ 일정 기간 동안 일이나 공부를 멈추다 ⑤ 방영하다 순으로 나타난다. 교재에는 의미항목 ②의 결합관계는 나오지 않고 오히려 모어 화자의 사용빈도가 높지 않은 의미항목 ⑤의 결합관계가 나온다. 또 모어 화자 말뭉치에서 '上'으로 이루어지는 동목(V+N) 결합관계를 검색해 보면 결합관계의 목적어 명사 수량에 따라 상용 의미항목의 순서는 ①낮은 곳으로부터 높은 곳에 이르다(예: 上车) ②가다(예: 上医院) ③일이나 공부를 시작하다(예: 上小学)로 나타난다. 교재에는 상용 의미항목②의 결합관계가 없다. 모어 화자 말뭉치에서 '开'의 결합관계는 그 출현 수량에 따라 ①개업하다(예: 开店) ②거행하다(예: 开座谈会) ③열다(예: 开窗) ④시동을 걸다(예: 开车) ⑤써내다(예: 开处方) 순으로 나타난다. 이 중에 의미항목⑤의 결합관계는 아주 상용적이지는 않지만 교재에 두 차례 출현한다. '打'의 상용 의미항목은 목적어 수량에 따라 ①구타하다(예: 打人) ②어떤 활동을 하다(예: 打牌, 打篮球 등) ③신체의 어떤 동작을 표시하다(예: 打哈欠) ④방출하다(예: 打电话, 打雷 등)로 나타나는데, 교재에 나오는 '打'의 '줄로 묶다(捆绑)' 의미에 '포장하다(打包)'가 나오는 것은 매우 적절하다. 왜냐하면 사회생활의 변화에 따라 몇몇 단어의 사용에도 변화가 발생하였는데 그것이 반영된 것이기 때문이다. 교재는 말뭉치의 데이터가 시효성에 맞지 않는다면 반드시 보충해야 한다. 그런데 가장 자주 보이는 '구타하다' 의미의 '打'가 교재에 없다는 것이 부족한 점으로 보인다.

이 밖에도 때로는 교재에 상용 의미항목 결합관계가 나왔지만 그 상용성이 강조되지 않아 그 빈도 특징이 반영되지 않는 경우도 있다. 의미항목이 많이 나오지만 상용 의미항목이 충분히 강조되지 않은 것이다. 예를 들면, '上'의 '낮은 곳으로부터 높은 곳에 이르다'는 의미는 '上车' 외에 다른 결합관계가 없고 '放'의 '일정한 위치에 놓이게 하다'는 '放车' 외에 다른 결합관계가 나타나지 않는다. 어휘 교수에 있어 먼저 학생들에게 상용동사의 기본 의미와 그 결합관계를 확실하게 파악하게 한 후에 기타 인신(引伸)된 의미항목으로 확장하게 하여야 핵심적이고 간결하게 학생들이 어휘의 많은 의미항목을 파악하게 하는 데에 도움을 줄 수 있다. 교재에 나타난 이런 현상은 현재 외국어로서 중국어 교수에서 어휘 및 단어 결합관계 교수가 내용 배치에 있어 과학적이고 체계적인 점이 여전히 부족하다는 사실을 반영한다. 습득 효과로 볼 때, 이런 동사의 매우 많은 결합관계가 학습자가 출력하는 결합관계에서 나타나지 않는다. '开'를 예로 들면, 학습자가 출력하는 결합관계는 다음과 같다.

开车, 开玩笑, 开路, 开眼睛 (중급 학습자)
开门, 开汽车, 开玩笑 (고급 학습자)

고급 학습자를 포함해 학습자가 출력한 '开' 조합의 동목(V+N) 결합관계에는 '开车', '开玩笑'가 있고, 교재에는 없던 '开路'와 '开眼睛'도 추가되었다. 교재에 나오는 '개업하다' 의미의 '开医院'과 '开公司', '써내다' 의미인 '开化验单', '거행하다' 의미인 '开晚会'는 학습자의 출력에는 나타나지 않았다. 이로써 교재에 나오는 많은 의미항목의 결합관계가 학습자에게는 습득 난이도가 높아 출력을 만들어내지 못하고 있다는 것을 알 수 있다.

학습자가 받아들일 수 있는 의미항목의 수는 많지 않다. '开'로 이루어진 결합관계에서 학습자들은 교재에 제시된 많은 의미항목 중에 두 개만을 습득했으며 동시에 학습자들은 '开眼睛'과 같은 틀린 결합관계를 만들어 냈다. 이는 '开'의 상용 의미인 '열다'라는 의미의 전형적인 결합관계와 제약 조건이 학습의 중점(重點)으로서 교수 중에 강조되지 않았음을 말해 준다. 학습자가 출력한 '放' 조합의 결합관계는 다음과 같다.

放牛肉, 放橄榄油, 放面条, 放奶酪 (중급 학습자)
放气, 放他们的车, 放自行车 (고급 학습자)

중급 학습자가 출력한 '放'의 결합관계는 모두 '放'의 '넣다' 의미가 이루는 결합관계인데 교재에는 오히려 이 의미항목이 나오지 않는다. 고급 학습자가 출력한 결합관계에서는 '放'의 주요 의미항목이 '일정한 위치에 놓다'인데, 이것은 교재에 나오는 결합관계의 의미항목과 동일하다. 그러나 교재에 나오는 '放'의 다른 의미항목이 이루는 결합관계는 학습자가 출력한 결합관계에 모두 존재하지 않는다. 이는 교재에서 '放'의 결합관계가 학습자가 습득하고 출력하는 결합관계에 미치는 영향이 작다는 것을 보여 준다. 또 학습자가 출력해 내는 동사 '打' 조합의 결합관계는 교재에 비해 훨씬 단순하다. 중급 학습자는 '打电话, 打棒球, 打篮球, 打麻将, 打比赛' 등의 결합관계를 만들어 내고, 고급 학습자는 '打电话, 打球, 打太极拳' 등을 만들어 낸다. 교재에 나오는 '打'의 결합관계와 비교해 보면 학습자들은 '打'의 의미항목 두 개만을 사용한다. 학습자가 출력한 '上' 조합의 결합관계는 다음과 같다.

上车, 上大学, 上本科生, 上子弹 (중급 학습자)
上课, 上北大, 上楼梯, 上学校, 上自行车, 上中学 (고급 학습자)

학습자가 출력해 낸 결합관계에는 '上'의 의미항목 다섯 개가 포함되어 있는데 그 중 '가다'의 의미항목과 '하나의 물건을 다른 물건에 설치하다'라는 이 두 가지 의미항목은 교재에 동목(V+N) 결합관계로 등장하지 않는다.

　　요컨대 학습자가 출력하는 결합관계에서 교재에 나오는 단어 결합관계 입력의 영향을 직접적으로 찾기는 매우 어렵다. 학습자가 출력하는 결합관계에 사용된 동사의 의미는 일부분 교재에 나오는 결합관계의 동사 의미와 동일하지만 교재에 나오는 동사들의 다의성과 비교해 보면 학습자가 출력해 내는 결합관계의 동사 의미항목이 훨씬 단순하다. 이는 학습자가 소수의 의미항목이 이루는 결합관계만을 습득했다는 사실을 반영한다. 동시에 학습자가 출력한 결합관계에 교재에 없는 의미항목이 나오기도 했다. 즉 중급 학습자도 '上子弹', '放巧克力' 등과 같은 새로운 의미항목의 결합관계를 출력해 냈는데, 이는 학습자가 결합관계를 출력할 때 많은 부분 교재의 결합관계를 모델로 하지 않았음을 말해 준다. 또 의미 표현의 필요에 따라 자기 모어 지식과 제2언어 지식을 이용하여 어휘의 결합관계를 조합해 낸다는 것을 말해 준다. 이 밖에 일부 상용 의미항목의 결합관계에서도 학습자의 '开眼睛'과 같은 결합관계 오류가 나타나는데, 이는 교재의 결합관계 교수 내용 선택과 배치에 있어 이런 것들이 부각되지 않았음을 말해 준다.

　　王建勤(2006:395)은 Ferguson(1964)의 견해를 인용해 제2언어 교수 영역에 보편적인 문제가 하나 존재한다고 하였다. 즉 근거로 하는 교수 요목이 주로 주관적인 판단과 머릿속 이론적인 원칙 위에 만들어지기 때문에 학습자 습득 상황에 대해 진행된 체계적인 고찰이 결여되어 있다는 것이다. 교재에 있는 단어 결합관계의 내용과 수량의 설계는 중국어 단어 결합관계의 규칙적인 특징을 잘 반영하여야 하며 학습자의

단어 결합관계 습득 상황에 대한 체계적인 고찰과 분석 위에 만들어져
야 할 것이다.

4. 결론

첫째, 교재에서 명사 목적어를 가질 수 있는 동사의 수량은 적으며
그 중에 이음절 동사가 갑급 동사에서 차지하는 비율은 더 낮다. 『初口』
에 있는 이음절 동사의 수량이 29개로 가장 많으며 명사 목적어를 가질
수 있는 갑급 이음절 동사의 40.27%를 차지한다. 그러나 목적어를 가질
수 있는 이음절 동사의 59.73%가 교재에 나오지 않는다. 갑급 동사와
동목(V+N) 결합관계의 수가 부족한 것은 학습자의 단어 결합관계 습득
에 어느 정도 영향을 미친다.

둘째, 교재에 나오는 동목(V+N) 결합관계의 중복 출현율은 낮다. 세
교재에 공통으로 나오는 397개의 결합관계 중에 2회 이상 출현하는
결합관계의 수는 21개뿐이며 3회 이상 출현하는 결합관계는 5개뿐이다.
결합관계의 최대 중복 출현 횟수는 5회인데 오직 하나의 결합관계만이
5회 출현했다. 이밖에 나머지 347개의 결합관계는 모두 한 번만 나오므
로 94.29%의 결합관계가 교재에서 오직 1회 출현하는 것이다. 중복
출현율이 낮으면 학습자가 입력된 것을 흡수하는 데에 어려움이 생기게
된다. 이는 학습자로 하여금 무엇이 상용되는 결합관계인지를 알 수
없게 하여 학습자의 결합관계 빈도 인식 향상에 좋지 않은 영향을 미치
기 때문이다.

셋째, 교재에 나오는 동사가 학습자가 출력하는 동사에 영향을 미치
는 것은 분명하지만 교재 속 단어 결합관계와 학습자가 출력하는 단어
결합관계의 연관성은 크지 않다.

넷째, 갑급 동사의 의미항목은 매우 많다. 특히 일음절 동사의 의미항목이 더 많지만 교수의 초급 단계에서는 비교적 상용되는 어휘항목의 결합관계를 선택하여 교수 내용으로 삼아야 할 것이다. 세 교재 안에서 어떤 결합관계는 그것이 포함하는 의미항목이 너무 많고 주된 것과 부차적인 것이 나누어지지 않아 습득에 있어 쉽게 혼란을 일으키게 한다. 본서는 학습자의 언어 수준에는 한계가 있어 동사의 많은 의미항목이 이루는 결합관계를 동시에 완전히 파악하는 것이 매우 어렵다는 사실을 학습자가 출력한 결합관계로부터 밝혀내었다.

초급 교재에서는 상용되는 갑급 단어의 상용적인 의미항목을 중요한 교수 내용으로 삼아야 한다. 외국어로서 중국어 교수의 주체는 교사이다. 단어 결합관계 교수에 대한 교사의 인식을 향상시키는 것은 교재를 집필하거나 선택할 때 기존 단어 결합관계에 대한 연구 성과를 충분히 이용할 수 있게 해준다. 아울러 학습자가 출력해내는 결합관계의 구체적인 상황에 맞게 적당한 교수 내용, 전략, 방법 등을 정할 수 있게 해준다. 다음 장에서는 앞에서 논의한 연구 결과를 바탕으로 단어 결합관계의 교수 문제를 좀 더 깊이 있게 논의할 것이다.

본서의 3장과 4장에서는 말뭉치 데이터를 관찰하여 중국어 상용동사의 동목(V+N) 결합관계의 특징을 전체적으로 살펴보았다. 그리고 5장, 6장, 7장에서는 학습자의 단어 결합관계 습득 양상을 중점적으로 고찰하고 분석하였다. 또한 학습자가 출력한 동목(V+N) 결합관계의 전체적인 고찰을 토대로 학습자가 출력한 결합관계와 교재에 나오는 단어 결합관계의 입력을 대조·분석하였다. 상술한 연구를 통해 얻은 결론은 단어 결합관계 교수에 대해 현실적인 의미를 부여해 주므로 본장에서는 상술한 5장에서의 결론을 바탕으로 단어 결합관계의 교수 문제를 논의할 것이다.

1. 단어 결합관계 교수에 대한 교사의 인식 향상

1) 자연스러운 언어 구사와 단어 결합관계

다음은 학습자 언어 자료의 한 단락이다. 여기에 나타난 단어 결합관계 양상을 살펴보자.

(中国人)跟一个人[当][男女朋友]最后的目的就是结婚。而英国呢, 很多认为这种关系只不过是个<u>好办法玩</u>, 得到生活经验罢了。所以呢, 关系[出生][问题]的时候, 处理的办法不太一样。中国人不要[放弃]他们结婚的[目的], 所以会试试各种各样的办法来[留]他们的[关系]-英国人已经[得到了他们的[目的]: 快乐和经验,所以要是不好玩的话, 那算了吧, 还有很多别的机会。

(英国大学汉语专业三年级学生)

중국어 화자라면 이 언어 자료에 표현된 뜻을 모두 이해할 수 있지만 읽을 때 어색하게 느껴져 모어 화자가 쓴 것이 아님을 쉽게 알 수 있다. 언어 수준이 낮은 모어 화자라도 이런 문장을 쓰지는 않을 것이다. 여기에는 문법적인 오류가 있는 동시에 다음과 같은 일부 결합관계의 문제가 발견된다.

当男女朋友　　出生问题　　放弃目的　　留关系　　得到目的

모어 화자라면[1] 이런 결합관계를 잘 사용하지 않는다. 이 학습자가 사용하는 결합관계를 모어 화자가 사용하는 결합관계로 바꾼다면 문장이 훨씬 매끄럽게 느껴질 것이다.

(中国人)跟一个人[**做**][男女朋友]最后的目的就是结婚。而英国呢, 很多认为这种关系只不过是个<u>好办法玩</u>[2], [获得]生活经验罢了。所以呢, 关系[**出现**][问题]的时候, 处理的办法不太一样。中国人不要[**改变**]他们结婚的[目的], 所以会试试各种各样的办法来[**保留**]他们的[关系]-英国人已经[**达

---

1) '모어 화자'의 의미는 앞서 언급했던 대로 중국어를 모국어로 삼는 사람들을 가리킨다.
2) 단어 결합관계 수정 전후를 대조하기 위해 여기서는 수정을 가하지 않았다.

到了他们的[目的]: 快乐和经验, 所以要是不好玩的话, 那算了吧, 还有很多别的机会。

이 언어 자료에서 우리는 단어 결합관계의 작용을 알 수 있다. 학습자가 만든 단어 결합관계는 모어 화자가 사용하는 결합관계가 아니다. 따라서 그들이 출력한 언어에는 분명히 이국적인 어투가 생기게 되고 모어 화자가 읽었을 때 어색한 느낌이 들거나 심지어 학습자가 의도하는 바를 완전히 이해하지 못 하게 만든다. 그러므로 학습자가 모어 화자가 상용하는 결합관계를 사용하게 된다면 그들의 표현은 훨씬 자연스러워질 것이다.

최근 언어 교수 연구에서 언어 구사의 자연스러운 정도의 문제가 주목받기 시작했는데 단어 결합관계도 그런 개념에서의 중요 요소 중 하나라고 할 수 있다. 학습자의 서면어와 구어 표현이 자연스러운가 아닌가는 학습자가 파악하고 있는 모어 화자의 상용 단어 결합관계의 수량으로부터 많은 영향을 받는다. 따라서 단어 결합관계에 대한 교수를 강조하는 것은 학습자의 어휘 지식을 심화시켜 줄 뿐만 아니라 더 중요한 것은 학습자의 서면어와 구어 표현이 점점 더 모어 화자의 표현에 가까워질 수 있게 해 준다.

단어 결합관계 교수에서 Bolinger(1979), James R Nattinger(2000), Pawley & Syder(1983) 등과 같은 많은 학자들은 단어 결합관계와 덩어리말(chunk) 관계를 하나로 놓고 덩어리말이 언어 학습에서 매우 중요한 역할을 한다고 하였다. 또 덩어리말 혹은 다단어 단위(multi-word units)가 결합관계와 긴밀한 연관이 있다고 보았다. 기존 연구 성과에서 본 덩어리말 혹은 다단어 단위의 제2언어 습득에 대한 작용은 대체로 다음 세 가지 분야로 귀납되어진다. ① 학습자 언어 구사의 유창성을 향상시킬 수 있다. 심리언어학자들은 덩어리말이 언어를 출력할 때 드는 시간을 감소시킬 수 있으며 학습자로 하여금 언어 출력 시 언어 규칙을 고려하지 않고 직접적으로 출력하게 해준다고 말한다. ② 학습자의 오류를 감소시킬 수 있어 덩어리말은 언어 사용의 '안전지대'를 구축할 수 있다. ③ 자연스러운 언어에서 개개의 단어가 아닌 덩어리말을 파악하는 것은 학습자가 모어 화자의 수준에 도달하게 되는 것을 도와줄 수 있다. 또한 표현할 때 학습자의 자신감을 향상시키는 데에도 도움을 줄 수 있다.

단어 결합관계를 반고정적인 덩어리말 혹은 다단어 단위로 여기는 연구자들도 있다. 이들은 자연 언어에는 덩어리말이 대량으로 존재한다고 생각한다. 예를 들어 Howarth(1996)는 24만 개 단어의 서면어 말뭉치에서 V+N 결합 5,000개를 추출하였다. 그리고 그 중 3분의 1이 결합관계라는 것을 알아내어 결합관계는 상당히 자주 나타나는 미리 조립된 덩어리말이라는 결론을 얻었다. 周建(2005)도[3] 중국어 단어 결합관계를 일종의 덩어리말이라고 하였다.

본서에서는 단어 결합관계와 덩어리말이라는 개념의 함의가 완전히 동일한 것으로 간주하지 않는다. 실제 교수에서 결합관계와 덩어리말을 연구하는 것은 항상 다른 출발점에서 시작하기 때문이다. 즉 덩어리말은 이미 만들어져 있어서 다시 결합할 필요가 없는 기억이나 사용 단위이다. 반면 결합관계는 단어를 단위로 하며 어느 정도 유추가 가능하고,

---

3) 周建(2005)은 "중국어 덩어리말의 분류에 대해 지금까지 언어학계에서는 심도있는 논의가 이루어지 않았다. 중국어와 중국어 교수의 현실을 결부시켜 우리는 중국어 덩어리말을 다음과 같은 세 유형으로 나눈다. (1) '医院下了病危通知,老王肾功能已经……' 같은 단어로 이루어진 결합관계 덩어리말. 우리가 연이어진 단어라고 생각하는 '衰竭'와 '功能-衰竭' 같은 결합관계들이 대부분 하나의 덩어리말이라고 볼 수 있다."고 하였다.

새로운 단어 결합관계를 만들어낼 수도 있어 재생성의 문제가 있다. 그러나 결합관계 내부에도 고빈도 결합관계가 존재하는데 이들이 덩어리말에 해당한다. 이들에 대한 교육을 끊임없이 강화하는 것은 이것들이 하나의 단위로 기억되고 흡수되며 저장되고 출력되도록 만들어 준다. 반면 강화하지 않는다면 학습자는 규율을 알고 규칙에 따라 이것들을 만들어내게 된다.

본서의 연구를 근거로 우리는 제한적인 결합관계 중에 고빈도 결합관계와 고정 결합관계는 모두 덩어리말의 특징을 지니고 있음을 알 수 있다. 따라서 실제적인 언어 교수로 보면 이들 결합관계는 덩어리말이라고 칭할 수 있지만 단어 결합관계 중 자유 결합관계와 많은 저빈도 결합관계는 덩어리말이라고 말할 수 없다.

2) 학습자의 실제 습득 상황

첫째, 학습자가 출력한 동목(V+N) 결합관계 3,245개 중 425개는 저빈도 결합관계이거나 모어 화자의 말뭉치에는 존재하지 않는 결합관계이다. 이는 학습자가 단어 결합관계에 대한 지식이 결여되어 있음을 반영한다. 즉 상용 결합관계, 결합관계의 어의 제한과 결합관계 제한에 대한 지식의 결여는 단어 결합관계를 자유롭게 결합할 수 있는 능력이 갖추어져 있지 않음을 반영한다.

둘째, 학습자가 출력한 갑급 동사로 이루어진 동목(V+N) 결합관계에도 수용될 수 없는 결합관계가 매우 많이 존재한다. 중·고급 수준 학습자를 막론하고 그들이 출력한 동목 결합관계는 모어 화자가 사용하는 결합관계와 일치하지 않는 비율이 매우 높아 거의 3분의 1이 모어 화자에게는 어색하게 느껴질 수 있는 것들이었다.

셋째, 고급 수준의 학습자가 출력한 결합관계 중 10.17%가 수용될 수 없는 결합관계이다. 중·고급 학습자가 출력한 동목 결합관계에서는 일부분의 동사가 집중적으로 사용되어 이들 동사의 출현 빈도는 매우 높다. 이는 고급 수준의 학습자가 익숙하게 파악하고 있는 동사도 몇몇 상용동사로 어느 정도 제한되어 있음을 말해 준다.

요컨대, 현재 단어 결합관계에 대한 효과적인 교수는 많이 이루어지지 않고 있어 학습자가 출력한 단어 결합관계에는 서양식 어투 현상이 분명하게 나타난다. 이런 것들이 결합관계 오류에서 높은 비율을 차지하면서 단어 결합관계에 대한 교수는 개선의 여지가 여전히 매우 크다고 할 수 있다.

2. 단어 결합관계 교수 내용의 선택

본서에서는 영향력 있는 초급 교재 세 세트를 조사하여 교재에 나오는 단어 결합관계의 내용과 수량을 고찰하였다. 이를 통해 교재에는 기본적으로 문법 항목이나 본문 내용에 의해 새로운 어휘가 선정되며 동사와 동목(V+N) 결합관계의 수량은 많지 않은 것으로 나타났다. 뿐만 아니라 그 중 상용되는 동사와 동사의 고빈도 결합관계에 대해 교재들이 그 중요성을 충분히 강조하고 있지 않은 것으로 나타났다.

필자는 교재가 단어 결합관계 내용의 선택에 먼저 주의를 기울여야 한다고 생각한다. 동목(V+N) 결합관계는 어떤 동사들의 결합관계를 선택할 것인가 혹은 동사의 어떤 의미항목들의 어떤 결합관계들을 선택할 것인가를 중점적으로 다루어야 한다. 현재 언어 교수에서 단어 선택에 대한 기준은 매우 다양하지만 선택 기준들은 대체로 유사하다. 그 중 비교적 대표적인 것이 McCarthy(1990)와 Nation(1990)의 기준이다. 이 두 기준의 구체적인 내용은 아래와 같다.

1) McCarthy의 어휘 선택 기준

(1) 빈도 frequency

(2) 필요한 학습 능력 learn ability

(3) 언어적인 필요 language needs

2) Nation의 어휘 선택 기준

(1) 빈도 frequency

(2) 범위 range

(3) 학습자의 필요 learner's needs

(4) 유용성과 친숙도 availability and familiarity

(5) 전파 범위 coverage

(6) 규칙성 regularity

(7) 학습자의 난이도 혹은 학습 부담 ease of learning or learning burden

상술한 기준들에 공통으로 포함된 요소는 단어의 '사용빈도'와 학습자의 '언어적인 필요'이다. 기타 '범위, 유용성, 전파 범위' 등과 같은 기준은 모두 사용빈도에 포함될 수 있으며 학습자의 '난이도'와 '필요한 학습 능력'은 비슷한 개념이다. 따라서 본서에서는 단어 결합관계에 관한 연구 결과를 종합하여 단어 선택의 기준을 사용빈도, 학습자의 필요, 학습의 난이도, 이렇게 세 가지로 나누도록 한다.

(1) 사용빈도

빈도는 확률에서 가장 대표적인 지표이다. 확률의 크고 작음은 빈도의 높고 낮음에 의해 결정된다. 단어 결합관계 선택에 있어 빈도 기준은 먼저 고빈도 단어를 선택한 후 고빈도 단어의 고빈도 결합관계를 선택하는 것으로 나타난다. 우리는 『大纲』에 나오는 단어의 상용 등급을 근거로 고빈도 단어를 선택한 후 말뭉치에서 그 단어의 고빈도 결합관계를 찾아내었다. 예를 들어 '表示'가 키워드라면, 검색을 통해 '表示'의 명사 목적어를 살피고 명사 목적어의 수량과 각 명사가 출현하는 횟수를 통계내는 것이다. 그러면 그 중에서 '表示'와 공기하는 횟수가 비교적 많은 고빈도 결합관계를 뽑아낼 수 있다.

다의미항목 동사는 동사의 상용 의미항목을 선택하는 것에 주의를 기울여야 한다. 상용 의미항목이 사용빈도가 높고 대표성을 띠기 때문이다. 그러나 한 동사의 의미항목이 초급 교재에 과다하게 출현하는 것은 바람직하지 않다.

고급 단계에서 가르치는 단어는 『大纲』에 있는 고급 단어들이다. 일반적으로 단어의 등급이 높을수록 빈도는 낮아진다. 따라서 고급 단어도 사용하는 측면에서 저빈도 단어이다. 실제로 결합관계 교수에서 난이도가 일반적인 상용 단어를 가르치는 것이, 심지어 서면어 수준이 높지 않은 단어일지라도, 저빈도 단어의 결합관계를 가르치는 것보다 학습자에게는 더 유용하다.

이 밖에, 외국어 교수에서 교재에 저빈도 결합관계와 평범하지 않은 문학적인 결합관계가 출현하는 것은 가능한 한 피해야 한다. 왜냐하면 일반적으로 외국어 학습자들은 상용 결합관계와 평범하지 않은 결합관계를 구별하지 못하기 때문이다. 예를 들면 '保有错误', '侵犯圣境'[4] 등의 결합관계는 아마도 학습자의 오류를 유발할 것이다.

본서에서는 갑급 동사의 고빈도 결합관계를 통계내었는데 이는 교재

---

4) 중급 중국어 교재 『博雅汉语冲刺篇』의 5과와 11과 참고.

편찬과 교수에 참고자료가 될 수 있다. 아래 표에 일곱 가지 고빈도 결합관계를 나열하였다.

표 8.1 고빈도 결합관계의 예

갑급 동사	고빈도 결합관계
表示	敬意 / 谢意 / 意义
参加	活动 / 会议 / 工作 / 大会 / 运动 / 锦标赛 / 葬礼 / 座谈会 / 比赛 / 战争
出现	情况 / 问题
发生	危机 / 事故 / 事件 / 现象
发展	工业 / 农业 / 经济 / 生产力
反对	主义 / 战争 / 政府
改变	面貌 / 方向 / 状况 / 环境 / 结构 / 方法 / 关系

(2) 학습자의 필요

교재에 채택된 단어 결합관계는 학습자의 필요를 만족시켜야 한다. 학습자가 필요로 하는 단어 결합관계는 일반적으로 학습자 일상생활의 필요를 대부분 만족시킬 수 있는 동시에 학습자 언어 수준의 특징도 구체적으로 드러낸다. 학습자 언어자료에서 비교적 출현 횟수가 많은 단어 결합관계가 일반적으로 학습자가 필요로 하는 결합관계이다. 학습자가 필요로 하는 단어 결합관계의 선택을 교수 내용으로 삼는 데에는 다음과 같은 두 가지 주요한 이유가 있다.

첫째, 학습자의 흥미를 유발하고 주의를 환기시키기 위함이다. 외국어 어휘의 습득 과정은 입력 - 흡수 - 출력으로, 입력된 양과 흡수되는 양은 결코 동등하지 않다. 이런 과정에서 학습자의 주의는 흡수량을 증가시키는 중요한 요소 중 하나가 된다. 학습내용이 학습자가 필요로 하는 것이거나 상용되는 단어의 결합관계라면 학습자의 주의를 끌 수 있을 것이다. 그리고 입력으로부터 흡수까지의 전환을 촉진시켜 단어 결합관계 습득의 효과를 향상시킬 수 있을 것이다.

둘째, 학습자가 필요로 하는 결합관계는 학습자 표현의 요구를 만족시켜 줄 수 있다. 학습자가 일상생활에서 빈번하게 사용하면 이런 결합관계는 심성어휘집과의 연계가 더욱 강화된다. 결합관계 성분들 사이의 연계가 점점 강해지면 출력할 때 추출하는 시간이 감소될 수 있는 동시에 단어 결합관계 출력의 정확도도 높아질 수 있다.

본서에서는 학습자 언어자료에 출현하는 동사 중 명사 목적어를 가지는 동사를 통계내었다. 그 중 고빈도 단어는 단어 결합관계 교수 내용을 선택함에 있어 참고할 만하다. 편폭의 제한으로 고빈도 단어 중 일부분만 나열하기로 하겠다. 아래 표를 보자.

표 8.2 학습자 언어 자료에 나타난 고빈도 동사의 예(내림차순 정렬)

	고급 이음절 동사	고급 일음절 동사	중급 이음절 동사	중급 일음절 동사
1	喜欢	看	喜欢	去
2	了解	吃	参观	看
3	离开5)	买	学习	做
4	参加	做	认识	找
5	成为	去	了解	打
6	提供	找	介绍	听
7	学习	坐	看见	吃
8	认识	用	参加	买
9	介绍	骑	得到6)	说
10	提高	当	习惯	喝
11	实现	喝	发生	坐
12	享受	学	离开	写

5) '离开'는 『汉语水平词汇与汉字等级大纲』에서 품사를 표기하지 않았지만 본서에서

이런 단어들은 모어 화자가 상용하는 단어들과 중복되지만 다른 점도 있다. 예를 들면 '享受'는 『大纲』에서 을(乙)급 단어이지만 중급 수준 학습자의 언어 자료에서는 출현하는 횟수가 비교적 많다.

외국어 학습자와 모어 화자의 상용 단어 결합관계에는 일정한 차이가 존재한다. 일반적으로 학습자가 필요로 하는 단어 결합관계도 학습자 모어의 영향을 받을 수 있다. 즉 학습자는 목표어 결합관계를 상응하는 모어의 결합관계에서 찾으려는 경향이 있다. 예를 들면, 일본 학생의 경우 '提出' 등의 단어가 들어간 결합관계를 사용하는 비율이 비교적 높고 언어적인 배경이 영어인 학생은 '享受'가 들어간 결합관계를 사용하는 비율이 중국어 모어 화자보다 높다. 이는 중국어에 상응하는 결합관계가 부재하기 때문이므로 학습자가 출력하는 이런 결합관계는 종종 오류를 낳게 된다. 따라서 이런 단어의 결합관계를 교수 내용에 포함시켜야 한다.

(3) 습득 난이도

단어 습득의 난이도는 단어 습득에 있어서 간섭이 일어나는 정도를 가리킨다. 학습자의 오류가 집중된다는 것은 습득의 난이도가 높다는 것이므로 체계적인 교수를 기반으로 중점이 되는 사항을 강조해야 한다. 본서의 결론을 바탕으로 중국어 동목(V+N) 결합관계에서 습득의 난이도가 쉬운 것에서 어려운 것까지의 순서는 다음과 같다.

일음절 동사의 동목(V+N) 결합관계 〈 이음절 동사의 동목(V+N) 결합관계

는 동사로 간주한다.
6) '得到'는 『汉语水平词汇与汉字等级大纲』에서 품사를 표기하지 않았지만 본서에서는 동사로 간주한다.

〈 자유 결합관계 〈 제한적인 결합관계

　　이음절 동사의 동목 결합관계 오류율은 일음절 동사보다 높다. 이음절 동사의 결합관계 오류는 15.1%이고 일음절 동사 결합관계 중 수용할 수 없는 것들의 비율은 3.71%이다. 학습자가 만들어 내는 결합관계 중에서 모어 화자의 결합관계와 일치하지 않는 것은 제한적인 결합관계가 자유 결합관계 보다 많다. 즉 학습자의 제한적인 결합관계에서 더 많은 오류가 나타난다.

　　본서의 학습자 출력 결합관계의 분석과 고찰에서 나온 데이터로 볼 때 단어의 뜻과 형식이 비슷한 이음절 동사의 동목(V+N) 결합관계 습득의 난이도가 가장 높았다. 따라서 이음절 동사의 결합관계는 반드시 주요 교수 내용이 되어야 하며, 아래 나열된 동목 결합관계와 같이 뜻과 형식이 비슷한 단어 결합관계에는 더욱 주의를 기울여야 한다.

　　　　保护、保养、保有、保持、保存
　　　　表达、表示、标示、表现、表白
　　　　产生、出生、诞生
　　　　变成、变化、成为
　　　　达到、得到、到达
　　　　建立、建设、建筑

　　이런 단어들은 모두 학습자가 상용하는 것들이어서 사용빈도가 높지만 오류를 만들어내는 비율도 높아서 이런 동사들이 결합관계를 이룰 때에 학습자들은 매우 혼란스러워 한다. 이는 학습자들이 형식과 뜻이 비슷한 단어들의 결합관계에 존재하는 제한점을 이해하지 못 하기 때문이므로 이런 단어들로 이루어지는 결합관계들은 교수의 주요 내용이 되어야 한다.

3. 단어 결합관계의 교수 원칙

본장의 8.1과 8.2에서는 단어 결합관계 교수의 필요성과 무엇을 가르칠 것인가의 문제를 논의하였다. 본 절에서는 어떻게 가르칠 것인가의 문제에 대해 논의하도록 하겠다.

1) 체계성 중시

단어 결합관계 교수는 체계성을 중시해야 하며 이는 다음 두 가지로 나타낼 수 있다. 첫째, 결합관계 지식의 체계성은 단어 결합관계의 유형을 바탕으로 서로 다른 교수 방법을 채용해야 한다. 즉 단어 결합관계의 조합 규칙을 가르쳐야 하며 고빈도 단어 결합관계에 대한 학습자의 기억을 강화해야 한다. 둘째, 교수 내용 설계의 체계성은 단어 결합관계 교수가 단계별 수준에 맞아야 한다는 것으로 그 내용은 학습자 언어 수준에 따라 달라져야 한다. 예를 들면 동사는 일상생활에서 쓰이는 상용동사에서부터 시작해 추상적인 의미를 나타내는 동사로 넘어가야 한다. 문체도 구어에서 시작해 정식 문체로 넘어가야 하는 동시에 학습자의 표현 요구를 파악해야 한다. 언어 수준이 향상됨에 따라 학습자가 표현을 시도하는 내용도 끊임없이 변화한다. 일상생활에서부터 추상적인 감상이나 인식까지 어떤 단계든지 단어 결합관계에 대한 학습자의 요구는 새로워지게 마련이다.

초급 단계 단어 결합관계 학습자의 목적은 새로운 어휘 학습을 강화하는 것이다. 예를 들어 '做'를 배울 때 '做作业' 등 학습자의 학습 생활과 관련이 있는 고빈도 결합관계를 학생들에게 가르쳐야 한다. 중급 단계에서는 새로운 어휘의 고빈도 결합관계에 중점을 두고 이런 고빈도 결합관계를 통으로 기억할 것을 강조해야 하며, 각 단어 결합관계의 수는 제한되어야 한다. 예를 들면 '出現'을 배울 때 '出現'이 들어가는 '出現事故'나 '出現问题' 등과 같은 고빈도 결합관계를 가르쳐야 한다. 고급 단계에서는 단어의 전형적인 결합관계에 주의를 기울이는 것 외에도 학습자가 단어의 뜻과 결합관계 사이의 관계를 이해하도록 유도해야 한다. 이런 고빈도 결합관계나 고정적인 결합관계에 대해서 상세히 분석하는 식으로 설명하여 중국어 단어 결합관계에 대한 이해를 심화시키도록 한다.

2) 명시적 교수법과 암시적 교수법의 결합

명시적 교수법은 교사가 교수·학습에 있어 단어 결합관계에 대한 지식을 가르치고 상용 결합관계, 결합관계의 의미 범위 및 전문적인 연습을 더불어 하는 것까지를 포함하여 가리킨다. 암시적 교수법은 언어 교수에서 교사가 단어 결합관계에 대한 지식을 독립적인 교수·학습 내용으로 보지 않는다. 단어 결합관계의 산발적이고 복잡한 특성 때문에 오래 전부터 많은 교사들이 단어 결합관계의 학습은 학습자의 어휘량과 독해량을 늘려야 한다고 생각해 왔다. 학습자들의 어휘량이 충분해지면 독해에서 단어 결합관계 지식을 자연스럽게 습득하게 될 것이라고 여기는 것이다. 그러나 본서의 연구를 토대로 보면, 언어 수준과 학습 시간의 제한으로 인해 학습자가 독해에서 단어 결합관계를 터득하는 것은 매우 어려운 일이며 단어 결합관계에 대한 이해는 일반적으로 의미 층위를 이해하는 것에 머무를 뿐 말뭉치에 출현하는 결합관계를 근거로 그 규칙을 찾아낼 수는 없다.

최근 들어 점점 더 많은 연구자들이 단어 결합관계의 교수 방식 문제에 관심을 나타내기 시작하였다. 조사에 의하면 많은 사람들이 학습자들이 결합관계에 자발적으로 주의를 기울이는 것은 불가능한 것으로 여긴다. Biskup(1992)의 연구는 결합관계 학습에 대한 교실 수업의 역할을 증명해 주고 있다. 그는 폴란드 학습자와 독일 학습자가 만들어낸 단어 결합관계를 비교하여 폴란드 학습자의 결합관계 오류가 독일 학습자 보다 적다는 것을 발견하였다. 그리고 그 주요 원인은 교실 수업에서 폴란드 교사가 정확성을 매우 강조한 반면 독일 교사는 창의성과 유창성을 강조하였기 때문이라고 하였다.

명시적 교수법은 단어의 결합관계에 대한 지식을 분명하게 가르칠 수 있을 뿐만 아니라 학습자가 단어 결합관계에 대해 민감하게 느낄 수 있도록 해줄 수 있다. 단어 결합관계에 대한 그러한 민감성은 반드시 길러져야 하며, 그 과정은 교사의 개입을 전제로 한다. Siyanova & Schmit(2008: 454)는 교사가 교실에서 구(phrase)를 중심으로 가르친다면, 교실 수업이 학습자의 단어 결합관계에 대한 인식을 더욱 민감하게 해 줄 수 있을 것이라고 하였다.

그러나 명시적 교수법만으로는 부족한 점이 있다. 단어 결합관계에 대한 지식을 이해한 후에도 여전히 실질적인 자연 언어에서 여러 가지 단어 결합관계를 맞닥뜨리게 되는데 이런 경우를 위해 암시적인 단어 결합관계 교수법은 명시적 교수법을 보완해 줄 수 있다. 암시적 교수법에서 교사는 학습자로 하여금 언어 자료를 이해할 때 나타나는 단어 결합관계의 의미를 이해할 수 있게 해준다. 이는 자주 보이는 결합관계를 가리키는 것이며 그 단어의 결합 능력이나 제한 범위를 고찰하지는 않는다. 이런 단어 결합관계에 대한 암시적 교수법은 독해 수업, 작문 수업, 말하기 수업 등 여러 가지 유형의 수업에서 모두 사용될 수 있다. 암시적 교수법의 장점은 학습자가 실제 언어 환경에서 단어 결합관계를 맞닥뜨렸을 때 나타난다. 그 언어 환경이 학습자로 하여금 단어 결합관계의 의미와 쓰임을 이해하는 데에 편리를 제공해 주기 때문이다. 이밖에 독해를 많이 하면서 학생들이 전형적인 결합관계를 접하게 될 수도 있는데 이는 학습자의 단어 결합관계 빈도에 대한 의식을 길러 줄 뿐만 아니라 전형적인 결합관계가 여러 차례 중복 출현함으로써 단어 결합관계 습득에 이점이 있다. 단어 결합관계 교수는 여러 가지 유형의 수업에서 이루어지므로, 명시적 교수법과 암시적 교수법의 결합은 다양한 유형의 수업을 체계적으로 만들어 줄 수 있다.

3) 범례 기반 교수법과 규칙 기반 교수법

중국어 단어결합의 특징을 근거로 Skehan(1998)이 제시한 '병렬 지식 체계 (parallel knowledge system) 가설'이 중국어 단어 결합관계 교수에 잘 부합하는 것으로 보인다. 그는 언어 지식이 장기 기억 속에 저장되는 형식에는 다음과 같은 두 가지가 있다고 말한다.

(1) 규칙 기반 분석 체계(rule-based analytic system)
(2) 메모리 기반 공식 체계(memory-based formulaic system)

文秋芳(2003)은 두 체계의 특징을 비교하면서 각 체계의 특징은 장단점이 상호 보완적이라고 하였다. 전자의 장점은 장기 기억을 차지하는 공간이 작고 추상성이 높으며 융통성이 많다는 것이고 단점은 교제할 때 시간이 짧아서 규칙을 활용하여 정확하고 유창하며 표준적으로 결합관계를 조합해 내는 것이 어렵다는 것이다. 후자의 장점은 교제할 때 제한적인 시간 안에 기억에서 빨리 추출해 낼 수 있으며 교제의 수요를 만족시킬 수 있고 정확하고 유창하며 표준적일 수 있는 반면, 단점은 필요한 기억의 공간이 매우 커서 추상성과 융통성이 결여된다는 것이다.

중국어 단어 결합관계 교수는 범례를 학습해야 하며 규칙도 학습해야 한다. 몇몇 고정적인 결합관계는 '下定义', '起作用', '起名字' 등처럼 범례를 들어 가르치는 것이 좋다. 이런 결합관계들은 안정성이 좋고 그 안의 동사 뜻이 비교적 특수하므로 통째로 입력하는 것이 좋다. 언어학습은 예를 점진적으로 누적시켜 가는 하나의 과정이다. 유창한 언어의 활용은 기억 속에 지난 과거에 겪었던 대량의 언어 범례들을 저장시켜 놓은 것을 토대로 한다. '实现目标', '达到目的' 등처럼 몇몇 제한적인 정도가 높지 않은 결합관계들은 결합규칙을 배워야 하며 범례 학습도 강화해야 한다. 자유로운 결합관계는 주로 어의(語義) 규칙을 강조하여 학습자로 하여금 결합관계의 규칙을 습득하게 해야 한다. 그렇게 함으로써 규칙에 근거하여 단어의 결합관계를 출력할 수 있게 하는 것이다. 요컨대, 중국어 동사의 동목(V+N) 결합관계 특징을 근거로, 단어 결합관계에서 규칙에 대한 교수와 범례에 대한 교수를 서로 융합시켜 여러 가지 결합관계 유형에 적절히 적용하는 것이 바람직하다고 하겠다.

4. 결론

8장에서는 동사의 동목(V+N) 결합관계 교수에 대한 문제를 논의하면서 주로 단어 결합관계 교수에서 무엇을 어떻게 가르칠 것인가의 문제를 심도있게 다루었다.

먼저 본서에서 조사한 중국어 모어 화자 말뭉치 데이터를 근거로 중국어 동목(V+N) 결합관계의 규칙성을 분석하였다. 이런 특징이 교수에서 응용된다면 무엇을 가르칠 것인가의 문제가 해결될 수 있을 것이라고 생각한다. 단어 결합관계 교수는 상용동사의 전형적인 결합관계를 가르쳐야 하고 다의항목인 동사의 경우 상용 의미항목의 결합관계를 가르쳐야 한다. 결합관계 유형은 제한적인 결합관계에 교수의 중점을 두어야 하며, 결합관계의 형식에 있어서 관형어를 가지는 경향이 있는 동사의 경우 V+D+N을 통째로 가르쳐야 한다.

둘째, 학습자 언어 자료에서 학습자가 만든 단어 결합관계를 근거로 난이도가 큰 단어의 결합관계 습득에 교수의 중점을 두어야 한다. 본서에서 고찰한 결론을 근거로 보면, 이음절 동사로 이루어진 동목(V+N) 결합관계의 오류율이 비교적 높으므로 앞으로 이음절 동사의 동목 (V+N) 결합관계를 중점적으로 교수해야 할 것이다. 동시에 학습자 오류 유형 분석을 근거로 볼 때, 중국어에서 형태와 뜻이 비슷한 단어로 이루어진 결합관계의 습득이 난이도가 크므로 학습자에게 더 큰 혼란을 주는 것으로 나타났다. 따라서 이런 단어 결합관계의 구분과 교수에 더욱 주의를 기울여야 한다. 또 언어 환경 중에 반복 출현시켜 학습자의 흡수력을 강화해야 한다.

셋째, 교수 방법에 있어서 서로 다른 유형의 결합관계는 상이한 교수 방법을 채용해야 한다. 규칙과 범례에 대한 교수를 결합하여 학습자가 고빈도 결합관계를 통째로 기억하게 해야 하는 동시에 단어 간 결합관계 규칙을 잘 파악하게 해야 한다. 교실 수업에서는 명시적인 교수와 암시적인 교수를 결합하는 것에 주의를 기울여야 한다. 周健(2005)은 언어 교수에서 교사는 특정 상황에서 '무엇을 말해야 하고', '어떻게 말해야 하며', '제한 조건은 무엇인가'에 중점을 두어 설명해야 하며, '현상 자체'에 중점을 두어야 한다고 말한다. 더불어 외국어 학습자에게는 '현상 자체'가 '현상이 존재하는 이유를 아는 것' 보다 더 중요하다고 말한다. 단어 결합관계 교수에서 '현상의 존재'와 '그 이유를 아는 것'이 분명하게 구분되어질 수는 없다. 그러나 학습자의 다양한 언어 수준에 맞춰 중점을 두는 내용을 바꾸어 학생들로 하여금 단어 결합관계에

대해 '현상 자체'에서 점차 '그 존재의 이유를 아는 것'의 단계로 넘어가
게 해야 할 것이다.

1. 결론

  본서는 말뭉치 데이터를 이용해 상용동사(V+N) 결합관계의 특징과 내부적인 규칙을 체계적으로 기술하였다. 또한 학습자가 자연스럽게 출력한 언어자료를 통해 학습자가 출력하는 단어 결합관계의 면모를 고찰하고 습득에 있어 어려운 점과 오류 상황 등을 알아보았다. 뿐만 아니라 교재에 출현하는 동목(V+N) 결합관계에 대한 고찰을 토대로 교수·학습에 대해 도움이 될 만한 견해를 제시하였다. 본서의 결론은 이미 각 장에서 서술하였으므로 본 장은 결론에 대한 간략한 개괄이라고 할 수 있겠다.

1) 상용동사 동목(V+N) 결합관계의 양상과 규칙

  ① 상용동사 동목(V+N) 결합관계는 내부적으로 큰 차이를 보인다. 동사마다 결합관계를 이루는 정도가 다르고 동사가 동목(V+N) 구조를 형성하는 수량에도 차이가 있을 뿐만 아니라 동사 결합관계에 출현하는 명사의 수량과 분포에 있어서도 차이를 보인다. 즉 동사와 명사 간의

제약 정도가 달라 동목 결합관계에는 상용되는 동사(의미항목)가 존재한다는 사실을 알 수 있다.

② 동목(V+N) 결합관계는 단어의 횡적 결합 축에서 나타나는 연속선상에 존재하는 것으로 이를 말뭉치 데이터의 분석을 통해 귀납하였다. 동사와 명사의 제약 정도를 근거로 본서에서는 중국어 동목(V+N) 결합관계를 세 가지로 구분하였다. 즉 동목 결합관계의 연속선상에서 자유 결합관계, 제약적 결합관계(약한 제약, 강한 제약), 고정적 결합관계의 세 가지 영역으로 구분하였다.

③ 일음절 동사와 이음절 동사가 이루는 동목(V+N) 결합관계는 차이를 보인다. 첫째, 일음절 동사가 이루는 동목(V+N) 결합관계가 상대적으로 자유로워 그 비율이 66.55%인 반면, 이음절 동사가 이루는 자유 결합관계의 비율은 40.69%이다. 둘째, 일음절 동사(V+N) 결합관계의 유형에는 상기한 세 가지 유형이 모두 존재하는 반면 고찰된 범위 내에서의 이음절 동사(V+N) 결합관계는 강한 제약적 결합관계 유형이 존재하지 않는다.

④ 본서에서는『同义词词林』을 근거로 동사의 명사 목적어에 대해 그 의미 부류를 분류하였는데, 대부분 동사의 명사 목적어 의미 부류는 복합적인 형태로 단일한 의미 부류인 것은 매우 적었다. 그리고 각 의미 부류가 포함하는 명사의 수량과 출현 횟수를 근거로 복합형 의미 부류에는 상용되는 대표적인 의미 부류가 하나 존재하는 것으로 나타났다. 또 고빈도 의미 부류일수록 목적어 명사를 더욱 잘 유추할 수 있는 것으로 나타났다.

⑤ '问题, 情况' 같이 일부 추상성이 높은 명사들은 동목(V+N) 구조에서 출현하는 횟수가 많은데, 이들은 몇몇 동사와 함께 구성되는 동목(V+N) 구조에서 구조 자체가 고정화되는 경향을 보인다. 일부 동사의

목적어 명사는 이런 명사들로 제한되는 경우가 매우 많다.

2) 학습자가 출력하는 동목(V+N) 결합관계의 특징과 오류

① 모어 화자가 상용하는 동목(V+N) 결합관계와 비교할 때, 학습자가 출력한 결합관계에서는 빈도에 대한 인식이 없다. 즉 학습자가 출력한 많은 결합관계가 모어 화자가 자주 사용하지 않는 저빈도 결합관계라는 것이다. 그 의미와 구체적인 단어 선택도 모어 화자가 상용하는 결합관계와 일치하지 않는 경향을 나타낸다.

② 학습자의 언어 수준과 결합관계 능력은 잠재적인 상관성을 보여준다. 고급 수준 학습자의 출력이 중급 수준 학습자 보다 수용 가능한 결합관계의 비율이 높다는 것은 고급 수준 학습자의 단어 결합관계 능력이 중급 수준 학습자 보다 높다는 것을 말해 준다. 그러나 고급 수준 학습자가 만들어내는 수용 불가한 결합관계도 상당히 높은 비율을 차지하고 있어서 갑급 동사 결합관계에서 거의 1/3에 달하는 결합관계가 모어 화자와 불일치하는 양상을 나타내었다. 따라서 표면적으로 볼 때, 고급 수준 학습자의 결합관계 능력이라고 해서 크게 향상되는 것 같지 않으나, 구체적인 결합관계를 살펴보면 고급 수준 학습자일수록 출력하는 결합관계가 모어 화자의 결합관계와 일치하는 정도가 높아지고 자연스럽게 언어를 구사하는 능력도 훨씬 향상되고 있음을 알 수 있다.

단어의 난이도 등급은 학습자가 만들어 내는 단어 결합관계의 수용 가능성 정도와의 관계가 비교적 복잡해, 갑급 단어의 결합관계와 비갑급 단어의 결합관계 모두에 수용 가능한 결합관계가 나타난다. 그러나 학습자가 만들어 내는 수용 불가한 결합관계는 비갑급 동사의 결합관계에 비교적 집중되어 있다. 수용 불가한 결합관계는 이음절 동사의 결합관계, 비갑급 동사의 결합관계, 고급 수준 학습자가 만들어 내는 결합관계, 이 세 가지가 교차하는 부분에 주로 집중되어 있다.

③ 학습자가 출력하는 결합관계의 오류 유형은 주요하게 네 가지로 구분할 수 있다. 그 중 의미를 혼용하거나 형식이 비슷한 단어로 이루어지는 결합관계 오류가 수량적으로 차지하는 비중이 가장 큰데, 특히 동일한 형태소를 포함하는 단어 결합관계의 오류가 더욱 두드러진다. 이는 중국어의 특징과 관련이 있는 것으로, 비슷한 형태와 의미의 단어로 이루어진 결합관계의 습득 난이도가 비교적 높은 편이다.

3) 현행 교재에 채택된 단어 결합관계의 수량과 중복 출현율

상용되는 초급 교재에 출현하는 단어 결합관계의 내용에 대한 고찰을 통해, 현행 교재에 포함된 단어 결합관계가 수량적으로 적으며 그 중 동사가 갑급 동사를 커버하는 정도가 비교적 낮은 것으로 나타났다. 뿐만 아니라 단어 결합관계가 교재에 중복 출현하는 비율도 높지 않은 것으로 나타났다. 또한 교재에 나오는 동사가 학습자가 출력하는 동사에 미치는 영향은 크지만 교재에 출현하는 결합관계와 학습자가 출력하는 결합관계는 연관성이 크지 않은 것으로 나타났다.

2. 의의

1) 단어 결합관계 교수에 대한 의의

첫째, 단어 결합관계 교수의 효율성 향상을 위해 본서는 중국어 모어 화자가 사용하는 단어 결합관계로부터 중국어 단어 결합관계의 총체적인 특징과 규칙을 파악하였다. 대량의 모어 말뭉치 데이터의 관찰과 분석을 통해 중국어 동목(V+N) 결합관계의 전체적인 상황과 규칙을 이해하고 명사 목적어를 가지는 능력이 강한 동사와 고빈도 명사 및 고빈도 의미 부류를 찾아냈다. 이로써 얻어진 결론은 단어 결합관계의 교수 내용 선택에 있어 데이터를 기반으로 하는 근거를 제공해 주었다.

둘째, 학습자의 동목(V+N) 결합관계의 습득 상황을 전체적으로 고찰하였다. 학습자가 출력한 동목(V+N) 결합관계에 대한 고찰을 통해, 모어 화자 결합관계와의 차이점, 결합관계의 수용 가능 정도와 학습자의 수준 및 단어 등급 난이도와의 관계, 학습자 결합관계의 주요 오류 유형 등을 탐색하였다. 이를 토대로 현재의 단어 결합관계 교수 현실을 되돌아보고 효과적인 단어 결합관계 교수 방안의 모색을 논의하였다.

셋째, 학습자가 만들어내는 단어 결합관계와 관련 교재에 나오는 결합관계에 대한 대조를 통해 학습자가 사용하는 동사와 교재에 나오는 동사의 일치도가 매우 높은 것으로 나타났다. 그러나 학습자가 출력하는 결합관계와 교재 속 결합관계는 연관성이 크지 않은 것으로 나타나 교재에 출현하는 결합관계가 학습자의 결합관계 습득에 미치는 영향은 미미하다고 할 수 있겠다. 이는 교재에 나오는 단어 결합관계의 선택 문제와 갑급 동사를 포함하는 정도의 문제 및 결합관계의 중복 출현율 문제 등을 다시금 생각하게 함으로써 향후 교재 편찬에 참고할 만한 근거를 제공해 준다.

요컨대 상용동사의 동목(V+N) 결합관계의 총체적인 특징과 학습자의 단어 결합관계 습득 상황은 단어 결합관계 교수 내용의 선택과 교수 원칙의 확립에 초석이 되어줄 것이다. 따라서 본서의 결론은 단어 결합관계에 있어 '무엇을 가르칠 것이며', '어떻게 가르칠 것인가'의 문제에 양적 연구를 기반으로 하는 참고 자료가 되어줄 것이다.

2) 언어 교수·학습 연구에 있어 확률적 속성 강조

본서에서 이루어진 다양한 연구들은 말뭉치 데이터 관찰, 결합관계의 분류 연구, 학습자 결합관계의 수용 가능 정도에 대한 모어 화자의 판단 등과 같이 모두 단어 결합관계의 확률적인 속성을 기반으로 이루어졌다. 확률적인 속성은 단어 결합관계에서 상당히 중요한 역할을 하므로 매우 많은 문제들이 언어 사용빈도의 측면에서 해석될 수 있다. 단어 결합관계가 심성어휘집에서 가공되고 저장되며 추출된다는 각종 모형과 가설들도 모두 단어 결합관계의 확률적인 속성을 연구의 근거로 삼고 있다. 뿐만 아니라 단어 간의 연상과 점화 문제 역시 결합관계 구성 성분의 공기 빈도를 전제로 한다. 본서도 단어 결합관계 규칙의 특징을 언어 사용빈도로부터 해석하는 것이 언어 내부 요소를 가지고 해석하는 것보다 더욱 설득력이 있는 것으로 간주한다.

본서가 언어 현상의 확률적인 속성에 중점을 두는 것은 그것이 외국어로서 중국어 교수의 목적에 부합하기 때문이다. 외국어로서 중국어 교수에 대한 연구는 본질적으로 교수의 효율을 향상시키는 연구이므로 학습자로 하여금 모어 화자가 가장 많이 상용하는 언어적인 지식을 학습을 통해 터득하게 해야 하며 사용빈도를 표준으로 교수 내용을 선택해야 한다. 그래야만 학습 효과를 높이고 학습자의 요구를 만족시킬 수 있다. 따라서 외국어로서 중국어 교수에 관한 연구는 언어 현상의 확률적인 속성에 주의를 기울여야 한다. 본서가 연구자들에게 언어의 확률적인 속성에 대한 주의를 환기시키고 그것을 응용한 기타 다른 언어 현상에 대한 연구를 촉진시켜 외국어로서 중국어 교수에 대한 연구 성과에 일조할 수 있기를 바란다.

3. 향후 연구 방향

첫째, 동목(V+N) 결합관계와 학습자 언어 수준과의 관계에 대해 보다 진전된 연구를 진행할 것이다. 특히 학습자가 출력하는 동목(V+N) 결합관계와 학습자의 쓰기 수준과의 관계를 고찰하고 동목(V+N) 결합관계가 쓰기 성적에 미치는 영향을 고찰할 것이다.

둘째, 동목(V+N) 결합관계에 대한 교수를 실천함에 있어 본서의 결론을 토대로 교수법을 설계하고 실험을 진행하여 실험그룹과 통제그룹에 대한 추적 조사를 실시하고 교수 결과를 검증할 것이다. 이로써 본서의 결론에 대한 실제적인 응용 가치를 검증할 것이다.

셋째, 한자 문화권 국가의 학습자가 출력하는 동목(V+N) 결합관계를 조사하고 분석할 것이다. 학습자가 출력하는 결합관계에 대한 학습자 모어의 영향을 살펴보고 분석하여 학습자 동목(V+N) 결합관계 습득 상황을 고찰하고 습득의 난점과 오류 유형을 분석할 것이다. 더불어 한자 문화권이 아닌 국가의 학습자가 출력하는 결합관계와도 대조를 진행할 것이다. 이를 통해 서로 다른 모어를 배경으로 하는 학습자의 동목(V+N) 결합관계 습득의 차이를 분석하여 학습자 습득에 영향을 미치는 주요 요인에 대해 탐색할 것이다.

부록 1. 연구에 사용된 동사 목록

일음절동사

摆 搬 抱 打 戴 穿 变 擦 查 唱 成 吃 抽 出 吹 带 当 到 得 点 掉
丢 懂 动 读 发 翻 放 分 改 干 搞 刮 挂 关 过 喊 喝 花 画 还 换
回 寄 记 加 见 交 举 开 碰 下 讲 教 叫 接 借 进 拉 留 拿 念 爬
怕 拍 骑 起 请 上 剩 试 收 输 数 算 抬 谈 踢 提 跳 听 停 推 脱
玩 忘 问 洗 写 学 赢 占 长 住 装 走 做 作 坐 想 流 破 通 爱 办
给 挤 等 来 差 退 行 买 卖 跑 离 去 倒 找 用 选 看

이음절동사

安排 帮助 表示 表现 表演 表扬 参观 参加 出现 锻炼 发生 发现
发展 翻译 反对 访问 辅导 负责 改变 感谢 关心 广播 欢迎 回答
坚持 检查 建设 教育 结束 解决 介绍 经过 决定 利用 联系 练习
了解 领导 批评 取得 认识 生产 实践 实现 使用 收拾 说明 讨论
提高 通过 通知 同意 团结 完成 喜欢 相信 谢谢 需要 学习 研究
演出 要求 影响 预习 原谅 增加 掌握 照顾 知道 注意 准备 组织

부록 2. 동목(V일음절+N) 결합관계 유형 및 고빈도 결합관계

(상위 23개 동사)

동사	의미항목	FC(예)	RC1 (고빈도 결합관계)	RC2	FP
1. 摆	1. 安放；排列	酒、酒席			花架子、架势、架子
	2. 说	敌情、问题			
	3. 摇动、摇摆	脑袋、尾巴			
2. 搬	移动物体的位置	东西、石头			
3. 抱	1. 用手臂围住		孩子		
	2. 心里存着想法和意见等		态度 愿望		
4. 打	1. 定出、计算			草稿、主意	算盘
	2. 用手或器具撞击物体	冰、鼓			退堂鼓
	3. 殴打、攻打	孩子、脸			
	4. 做某种游戏	麻将、扑克			
	5. 发生于人交涉的行为			交道、官司	
	6. 放射；发出		电话		
	7. 捆			背包、行李、绷带、领带、绑腿	
	8. 举；提			灯笼、伞、阳伞、手电	品牌、知名度、牌子、旗号
	9. 涂抹；画；印	印记、叉			问号
	10. 买	酱油 酒			
	11. 表示身体上的某些动作		喷嚏		
	12. 揭；凿开		井		
	13. 捉	鱼			
	14. 制造	墩、床			
5. 戴	把东西放在头、面、颈、胸、臂		眼镜、帽、帽子、墨镜、红领巾、手套		

동사	의미항목	FC(예)	RC1 (고빈도 결합관계)	RC2	FP
6. 穿	1. 把衣服鞋袜等物套在身上		衣服、军装、西装、大褂、皮鞋、制服、长衫、服装		
	2. 通过（孔洞、缝隙、空地）	墙			
7. 变	1. 和原来不同；变化；改变	模样 态度			
	2. 改变（性质、状态）；变成：	仇人 丑八怪			
8. 擦	用布、手巾等摩擦使干净		汗、眼泪		
9. 查	1. 检查、调查	情况 原因			
	2. 翻检着看	资料			
10. 唱	口中发出乐音；依照乐律发出声音		歌曲、儿歌、歌、山歌		重头戏、主角、独角戏、高调、老调
11. 成	成为；变成		问题		
12. 吃	把食物等放到嘴里经过咀嚼咽下去		东西	社会主义	大锅饭、大亏、后悔药、苦头
13. 抽	1. 从中取出一部分	时间			
	2. 某些植物长出	枝、梢			
	3. 打	嘴巴、鞭子			
	4. 吸		烟、大烟、香烟		
14. 出	1. 出产；产生	铁			
	2. 发生	毛病			
	3. 往外拿	主意、死力			
	4. 发出；发泄	天花、汗			
	5. 从里到外；跟进、入相对	校门			
	6. 显露			风头、才能	洋相

动사	의미항목	FC(예)	RC1 (고빈도 결합관계)	RC2	FP
15. 吹	1. 合拢嘴唇用力出气		气		
	2. 吹气演奏		笛、口哨、箫		
	3. 风、气流等流动； 冲击	风 头发			
	4. 吹捧		大话		
16. 带	1. 随身拿着；携带	东西 钱			
	2. 呈现；显出	神情			
	3. 含有:	味、口音			
	4. 连带；附带		商标		
	5. 引导；领	儿子、孩子			
	6. 照看		孩子		
17. 当	担任；充当	干部 队长			
18. 到	达于某一点，到达	家 教室			
19. 得	得到（跟失相对）	报酬 冠军			
20. 点	1. 引着火		灯、烟		
	2. 在许多人或事物中 指定		菜		
	3. 触到物体立刻离开	地			
21. 掉	1. 落		眼泪		
	2. 回、转			头、腔	
22. 丢	1. 遗失、失去		东西		
	2. 扔				眼色
23. 懂	知道、了解		技术		

부록 3. 동목(V$_{이음절}$+N) 결합관계 유형 및 고빈도 결합관계

(상위 30개 동사)

동사	의미항목	FC(예)	RC1 (고빈도 결합관계)	RC2	FP
1. 安排	有条理、有次序地处理、安置		工作 生活 计划		
2. 锻炼	通过体育运动使身体强壮		身体		
	通过生产劳动、社会斗争和工作实践使觉悟、工作能力等提高	能力 意志			
3. 表扬	字典义项：对好人好事公开赞美	好人好事			
4. 参观	义项：实地考察	厂 展览会			
5. 参加	加入某种组织或某种活动		活动、会议、工作、大会、运动、锦标赛、葬礼、座谈会、比赛		
6. 出现	产生出来		情况、问题		
7. 发生	原本没有的事情出现了；产生		危机、事故、事件、现象		
8. 反对	不赞成；不同意		主义、战争 政府、思想		
9. 访问	有目的地去探望人并跟他谈话	中国 国家			
	指进入计算机网络，在网络上浏览	服务器 互联网			
10. 感谢	用言语行为表示感激	党 共产党 恩惠			
11. 关心	把人或事物常放在心上；重视和爱护		生活、利益、事业		
12. 欢迎	很高兴地迎接：欢迎贵宾	代表团 朋友			
	乐意接受	新婚姻法			

동사	의미항목	FC(예)	RC1 (고빈도 결합관계)	RC2	FP
13. 坚持	坚决保持、维护或进行		原则、路线、方向、道路、 方针、理论观点、立场、 马克思主义、制度		
14. 检查	为了发现问题而用心查看		情况、工作		
15. 结束	发展或进行到最后阶段,不再继 续	局面 生活			
16. 解决	处理问题使有结果		问题、困难、难题、矛 盾、争端、危机		
17. 介绍	使了解或熟悉		情况、方法 经验、理论		
18. 利用	使事物或人发挥效能 用手段使人或事物为自己服务		资源、技术、时间、优 势、条件、外资、资料、 机会、工具、土地 6		
19. 了解	知道得很清楚:		情况、特点、知识、规 律、社会		
20. 取得	得到		成果、成绩、成就、效 果、效益、成效、 资格、地位、经验、政 权、结果、意见、优势、 证书、国籍		
21. 生产	人们使用工具来创造各种生产资 料和生活资料		产品		
22. 实现	使成为事实		目标、理想 功能、目的 共产主义		
23. 使用	使人员、器物、资金等为某种目 的服务	武器 工具 农药 手段			
24. 收拾	整顿;整理		东西、行李 碗筷		
	修理	电脑 水车的附件			
	整治	混乱局面 人心			
	消灭;杀死	敌人 匪帮			

동사	의미항목	FC(예)	RC1 (고빈도 결합관계)	RC2	FP
25. 讨论	就某一问题交换意见或进行辩论		问题		
26. 同意	对某种主张表示相同的意见；		意见、看法 观点、主张		
	赞成；准许	要求 婚事			
27. 团结	1. 为集中力量实现共同理想或完成共同任务而联合或结合	群众 阶级 力量 同志	人民		
28. 完成	按照预期的目的结束；做成		任务、计划 工作、目标 使命、工程 动作、项目 功能、事业 作业、工作量、学业		
29. 喜欢	对人或事物有好感或感兴趣	小孩 环境			
30. 相信	认为正确或确实而不怀疑		话、眼睛、力量		

부록 4. 이음절 동사 목적어 명사의 의미 분류

(상위 21개 동사)

동사	의미항목	명사 예	분 류	유형
1. 锻炼	通过体育运动使身体强壮	身体 体能	1. 全身 2. 身体体能相关	2 类
	通过生产劳动、社会斗争和工作实践使觉悟工作、能力等提高	能力 意志	1. 某一类人 2. 性格才能、意识	2 类
2. 帮助	替人出力、出主意或给以物质上、精神上的支援	别人 俄罗斯	1. 国家、组织 2. 人	2 类
3. 表扬	对好人好事公开赞美	好人好事 病人	1. 具体的人名、人物 2. 行为 3. 社会政法 4. 事情情况 5. 文教、作品	5 类
4. 参观	实地考察	厂 展览会 纪念馆	1. 组织机构 2. 场馆建筑	2 类
5. 参加	加入某种组织或某种活动	活动 会议 工作	1. 活动 2. 组织	2 类
6. 出现	显露出来 产生出来	情况 问题 现象	1. 事情、情况 2. 比喻物 3. 社会、机构 4. 自然现象 5. 人物 6. 疾病（抽象病名） 7. 物及自然物	7 类
7. 发生	原本没有的事情出现了；产生	危机 事故 事件 现象	1. 问题、情况、故障 2. 纠纷、意见 3. 联系、关系 4. 作用、效用 5. 自然现象	5 类

동사	의미항목	명사 예	분 류	유형
8. 安排	有条理、分先后地处理事物、安置人员	工作 生活 计划 活动	1. 人或职务 2. 生活 3. 抽象、意识 4. 性能、项目 5. 社会工作 6. 布局 7. 时间、空间 8. 运动量 9. 经济	9 类
9. 表示	用言语行为显出某种思想感情态度	敬意 谢意 意义	意识、思想、感情	1 类
	事物本身显示出某种意义或者凭借某种事物显出某种意义	时间 关系 事件	1. 时间 2. 事理 3. 事情 4. 数量单位 5. 性能	5 类
10. 发现	经过研究、探索等，看到或找到前人没看到的事物或规律	定律 规律 油田	1. 抽象事理 2. 材料 3. 自然物	3 类
	发觉	问题 秘密	事情、情况	1 类
11. 访问	有目的地去探望人并跟他谈话	中国 国家 美国	1. 机构 2. 社会、国家	2 类
	指进入计算机网络，在网络上浏览	服务器 互联网 网络资源	虚拟空间	1 类
12. 发展	扩大	工业 农业 生产力	事业、行业、工程	1 类
13. 反对	不赞成、不同意	主义 战争 政府 政策	1. 人或组织 2. 制度、法规 3. 社会、军队 4. 文化、文学 5. 理论、观点	5 类

동사	의미항목	명사 예	분류	유형
14. 改变	事物发生显著变化	面貌 方向 状况 环境	1. 外貌、形态、状态 2. 情况、事情 3. 意识、思想 4. 性能、力量、能量、 5. 政治制度、所有制 6. 数量单位量度	6 类
15. 关心	把人或事物常放在心上，重视和爱护	生活 利益 事业	1. 生命生活类 2. 苦痛、磨难、遭遇、 3. 社会事业、行业、工程 4. 人	4 类
16. 广播	广播电台、电视台发射无线电波，播送节目	消息 评书 贺信	1. 事情 消息情况 2. 文教 曲艺作品稿件	2 类
17. 欢迎	很高兴地迎接，乐意接受	代表团 朋友 慰问团	1. 社会政法、团体 2. 等级头衔、职位 3. 社会政法、纪律	3 类
18. 建设	创立新事业，增加新设施	社会主义 精神文明 国家 农村	1. 文教、学说 2. 抽象的主张 3. 事业、行业 4. 空间、地名 5. 大型建筑物	5 类
19. 教育	按一定要求培养	人民 孩子 子女	人、身份	1 类
20. 解决	处理问题，使有结果	问题 困难 难题 矛盾	1. 事件事故 2. 苦痛、磨难、挫折 3. 分歧嫌隙 4. 核心关键 5. 经济资本	5 类
21 介绍	使双方相识或发生联系、使了解或熟悉	情况 经验 理论 成果	1. 事情、情况境地 2. 事理、方法步骤 3. 经验、教训 4. 文教、学说、 5. 法律、法规 6. 作品、内容意思 7. 形状、形态 8. 性能、智慧才能 9. 人关系（对象）	9 类

부록 5. 고급 학습자가 출력한 상용동사

일음절 동사(출현 횟수 5회 이상, 55개)

동사	출현 횟수	동사	출현 횟수	동사	출현 횟수
看	102	到	19	唱	6
吃	79	来	17	发	6
买	68	写	16	拿	6
做	61	上	15	造	6
去	60	交	13	猜	5
找	55	谈	12	出	5
坐	46	提	12	读	5
用	28	玩	12	犯	5
骑	27	赚	12	讲	5
当	25	受	11	叫	5
喝	25	穿	9	教	5
学	25	付	9	生	5
说	23	花	9	收	5
带	21	卖	9	下	5
过	21	爱	8	养	5
回	21	播	8	赢	5
打	20	留	8	走	5
听	20	放	7		
想	20	晒	7		

이음절 동사 (출현 횟수 5회 이상, 73개)

동사	출현 횟수	동사	출현 횟수	동사	출현 횟수
喜欢	38	改善	10	表达	5
了解	36	经历	9	采取	5
离开	26	利用	9	出现	5
参加	25	面对	9	刺激	5
成为	22	拥有	9	当作	5
提供	21	发展	8	发挥	5
学习	21	举行	8	反映	5
认识	21	明白	8	减少	5
介绍	20	欣赏	8	教训	5
提高	20	影响	8	进行	5
实现	18	支持	8	满足	5
享受	18	帮助	7	碰到	5
得到	17	保护	7	批评	5
发生	17	达到	7	忘记	5
遇到	17	获得	7	迎接	5
包括	15	建立	7	知道	5
变成	15	考虑	7	尊重	5
解决	15	联系	7		
进入	15	庆祝	7		
发现	12	失去	7		
讨论	12	实行	7		
需要	12	选择	7		
注意	12	访问	6		
改变	11	记得	6		
看见	11	热爱	6		
保持	10	习惯	6		
表示	10	照顾	6		
参观	10	追求	6		

부록 6. 중급 학습자가 출력한 상용동사

일음절 동사(출현 횟수 3회 이상, 60개)

동사	출현 횟수	동사	출현 횟수	동사	출현 횟수
去	94	穿	8	换	4
看	88	开	8	加	4
做	45	过	7	照	4
找	42	考	6	尝	3
打	33	挑	6	得	3
听	29	唱	5	懂	3
吃	27	等	5	画	3
买	27	放	5	教	3
说	26	花	5	举	3
喝	21	讲	5	拿	3
坐	19	收	5	爬	3
写	18	受	5	生	3
学	18	谈	5	收	3
回	17	下	5	玩	3
交	16	爱	4	忘	3
上	14	帮	4	问	3
想	13	等	4	下	3
当	11	读	4	修	3
到	10	付	4	作	3
选	9	怀	4	收	3

이음절 동사(출현 횟수 3회 이상, 51개)

동사	출현 횟수	동사	출현 횟수	동사	출현 횟수
喜欢	33	发现	6	注意	4
参观	24	明白	6	回来	4
学习	20	变成	5	出生	3
认识	19	开始	5	创造	3
了解	13	表演	4	当做	3
介绍	13	充满	4	仿佛	3
看见	11	见面	4	感到	3
参加	11	建筑	4	毁灭	3
得到	10	进去	4	记录	3
习惯	10	克服	4	加入	3
发生	9	留下	4	建立	3
离开	9	缺乏	4	记得	3
知道	8	受到	4	扑灭	3
经历	7	说明	4	生产	3
遇到	7	讨论	4	提高	3
准备	7	需要	4	享受	3
成为	6	造成	4	选择	3

艾森克, 2006, ≪认知心理学≫, 上海: 华东师范大学出版社。

曹先擢、苏培成等, 1999, ≪汉字形义分析字典≫, 北京：北京大学出版社。

常敬宇, 1990, 语义在词语搭配中的作用-兼谈词语搭配中的语义关系, ≪汉语学习≫ 第6期。

陈昌来等, 2003, 带受事成分的不及物动词考察, ≪语言教学与研究≫ 第3期。

陈青松, 2004, 支配"书"类受事的"看"和"读", ≪语言教学与研究≫ 第5期。

陈淑梅, 2006, ≪词汇语义学论集≫, 北京：中国文史出版社。

程月、陈小荷、李斌, 2007, 基于义类信息的动宾搭配的考察与实验, ≪中国计算技术与语言问题研究-第七届中文信息处理国际会议论文集≫, 北京：电子工业出版社。

程月, 2008, 现代汉语动宾搭配多角度考察及其自动识别, 南京师范大学硕士论文。

崇兴甲, 2006, 基于语料库的中国大学生动/名搭配行为研究, ≪和田师范专科学校学报≫(汉文综合版)第26卷第6期总第44期。

储泽祥, 1996, 动宾短语和"服从原则", ≪世界汉语教学≫ 第3期。

戴浩一, 1994, ≪功能主义与汉语语法≫, 北京：北京语言学院出版社。

戴连云, 2005, 词语搭配变异及其修辞功能, ≪通化师范学院学报≫第26卷第1期。

邓耀臣, 2003, 词语搭配研究中的统计方法, ≪大连海事大学学报≫(社会科学版)

第2卷第4期。

邓耀臣, 2005, 中国大学生英语虚化动词搭配型式研究, ≪外语与外语教学≫第7
期。

邓耀臣、王同顺, 2005, 词语搭配抽取的统计方法及计算机实现, ≪外语电化教学≫
第105期

邓耀臣, 2007, 学习者语料库与第二语言习得研究述评, ≪外语界≫ 第1期。

丁声树, 1961, ≪现代汉语语法讲话≫, 北京：商务印书馆。

丁政, 2006, 搭配词统计分析与EXCEL实现, ≪洛阳师范学院学报≫ 第5期。

董秀芳, 2009, 整体与部分关系在汉语词汇系统中的表现及在汉语句法中的突显
性, ≪世界汉语教学≫ 第4期。

董燕萍、桂诗春, 2001, 关于双语心里词库的表征结构, ≪外国语≫ 第4期。

董振东, 1998, 语义关系的表达和知识系统的建造, ≪语言文字应用≫ 第3期。

董振东、董强, 2001, 面向信息处理的词汇语义研究中的若干问题, ≪语言文字应
用≫ 第3期。

端木三, 1999, 重音理论和汉语的词长选择, ≪中国语文≫ 第4期。

攀长荣, 2007, 现代汉语有定性研究述评, ≪长沙大学学报≫ 第6期。

范晓, 1992, 谈谈词语的搭配, ≪词语评改千例≫, 北京：语文出版社。

冯奇, 2006a, 核心句数范畴词语搭配的语义制约, ≪上海大学学报≫ 第13卷第6
期。

冯奇, 2006b, 核心句的词语搭配研究, 上海外国语大学博士论文。

冯胜利, 1996, 论汉语的"韵律词", ≪中国社会科学≫ 第1期。

冯胜利, 1996, 论汉语的韵律结构及其对句法构造的制约, ≪语言研究≫, 第1期。

冯胜利, 1998, 论汉语的"自然音步", ≪中国语文≫, 第1期。

冯志伟, 1999, ≪现代语言学流派≫, 西安：陕西人民出版社。

符淮青, 1996, ≪词义的分析和描写≫, 北京：语文出版社。

符淮青, 2004, ≪词典学词汇学语义学文集≫, 北京：商务印书馆。

高建忠, 2000, 汉语动宾搭配的自动识别研究, 北京语言文化大学博士论文。

桂诗春, 2004, 以概率为基础的语言研究, ≪外语教学与研究≫(外国语文双月刊)J
第36卷第1期 。

桂诗春, 2005, ≪新编心里语言学≫, 上海：外语教育出版社。

郭继懋, 1998, 谈动宾语义关系分类的性质问题, 《南开学报》 第6期。

郭继懋, 1999, 用统计方法从语义平面看及物动词与不及物动词的区别, 《语言研究论丛》, 天津：南开大学出版社。

郭茜、黄昌宁, 1995, Benson在搭配方面的研究-兼评 《BBI英语搭配词典》, 《国外语言学》 第4期。

郭曙纶, 2009, 汉语语料库大规模统计与小规模统计的对比, 《语言文字应用》, 第2期。

韩卫春, 2009, 词汇搭配和词汇意义, 《考试周刊》 第35期。

洪波、关键, 1997, 非自主动词与否定副词的搭配律, 《语言研究论丛》, 北京：语文出版社。

胡裕树, 1962, 《现代汉语》, 上海：上海教育出版社。

胡裕树、范晓主编, 1996, 《动词研究综述》, 长治：山西高校联合出版社。

黄锦章, 2004, 当代定指理论研究中的语用学视角, 《修辞学习》 第5期。

贾晓东, 2008, 汉语动宾搭配识别研究, 大连理工学院博士论文。

贾彦德, 1986, 《语义学导论》, 北京：北京大学出版社。

贾玉祥、俞士汶, 2008, 基于汉语特征的汉语隐喻处理, 《词义与计算》, EDs Wanghui CO1IPS PUBLICATAION, SINGAPORE.

江新, 1998, 词汇习得研究及其在教学上的意义, 《语言教学与研究》, 第3期。

江新, 2005, 词的复现率和字的复现率对非汉字圈学生双字词学习的影响, 《世界汉语教学》 第4期。

蒋绍愚, 2000, 关于汉语词汇系统及其发展变化的几点想法, 《汉语词汇语法史论文集》, 北京：商务印书馆。

金兰美, 2005, 双宾动词对配价成分的语义选择, 《汉语学习》 第2期。

李葆嘉, 2003, 汉语的词语搭配和义征提取辨析, 《兰州大学学报》 (社会科学版) 第6期。

李福印, 2008, 《认知语言学概论》, 北京：北京大学出版社。

李红印, 2007, 《现代汉语颜色词语义分析》, 北京：商务印书馆。

李晋霞, 2008, 《现代汉语动词直接做定语研究》, 北京：商务印书馆。

李军, 2008, 词语搭配问题与语言研究, 《中华文化论坛》 第4期。

李临定, 1983, 宾语使用情况考察, 《语言研究》 第2期。

李文中、濮建忠、卫乃兴, 2004, 2003年上海语料库语言学国际会议述评, 《解放军外国语学院学报》 第1期。

李文中, 2004, 基于COLEC的中介语搭配及学习者策略分析, 《河南师范大学学报》 第5期。

李晓琪, 2004, 关于建立词汇-语法教学模式的思考, 《语言教学与研究》 第1期。

李子云, 1995, 词语搭配的制约因素, 《安徽教育学院学报》 第3期。

利奇, 2005, 《语义学》, 上海：外语教育出版社。

梁莉, 2006, 搭配理论在英语词汇教学中的应用, 《华中师范大学学报》 （专辑）第5期。

梁燕、冯友、程良坤, 2004, 近十年我国语料库实证研究综述, 《解放军外国语学院学报》 第6期。

林静、苑春法、钱冬雷, 2008, 面向信息抽取的本体研究, 《词义与计算》, EDs WanghuiCO1IPS PUBLICATAION, SINGAPORE.

林杏光, 1990, 词语搭配的性质与研究, 《汉语学习》 第1期。

林杏光, 1991, 词义分类、词语搭配、语言教学, 《第三届国际汉语教学讨论会论文选 北京：北京语言学院出版社。

林杏光, 1994, 论词语搭配及其研究, 《语言教学与研究》 第4期。

林杏光, 1995, 张寿康和词语搭配研究, 《首都师范大学学报》 第1期。

刘凤芹, 2008, 语料库语言学的方法在 《现代汉语常用实词搭配词典》中的应用, 《现代语文》 第4期。

刘慧清, 2005, 名词性的"名词+动词"词组的功能考察, 《世界汉语教学》 第2期。

刘叔新, 2005, 《汉语描写词汇学》, 北京：商务印书馆。

刘翔, 2007, 基于语料库的非词汇化高频动词搭配研究与方法, 《四川工程职业技术学院学报》 第2期。

刘月华等, 2007, 《实用现代汉语语法》, 北京：商务印书馆。

陆军, 2006, 一项基于语料库的英语写作研究-大学英语写作中词语搭配的实证研究, 《外国语言文学》 第3期。

鹿士义, 2001, 词汇习得与第二语言能力研究, 《世界汉语教学》 第3期。

吕叔湘, 1983, 《吕叔湘语文论集》, 北京：商务印书馆。

罗凤文等, 2002, 词块教学与外语学习者语言输出, 《山东外语教学》 第6期。

马庆株，1985，述宾结构歧义初探，《语言研究》第1期。

马庆株，2007，《汉语动词和动词性结构》，北京：北京大学出版社。

马挺生，1986，试谈词语搭配的形式和条件，《语言教学与研究》第3期。

梅家驹，1983，《同义词词林》，上海：上海辞书出版社。

梅家驹，1999，《现代汉语搭配词典》，上海：汉语大词典出版社。

孟琮等，2003，《汉语动词用法词典》，北京：商务印书馆。

彭其伟等，2006，动词与动词搭配评价体系阈值定量分析，《电脑开发与应用》第1期。

濮建忠，2003，英语词汇教学中的类联接、搭配及词块，《外语教学与研究》第6期。

齐春红，2005，对外汉语教学中的词语搭配研究，《云南师范大学学报》第2期。

齐沪扬等，2004，《与名词动词相关的短语研究》，北京：北京语言大学出版社。

秦阅，2004，对大学生英语词语搭配能力的调查和思考，《上海大学学报》第9期。

邱广君，1997，人体自移动词的搭配与语义分析，《东北大学学报》(社会科学版)第2期。

全昌勤、刘辉、何婷婷，2005，基于统计模型的词语搭配自动获取方法的分析与比较，《中文信息学报》第9期。

邵菁，2002，配价理论与对外汉语词汇教学，《语言教学与研究》第1期。

邵静敏，1995，双音节V+N结构的配价分析，沈阳、郑定欧主编《现代汉语配价语法研究》，北京：北京大学出版社。

邵静敏，2004，动宾组合中的制约与反制约关系-以"进NP"结构分析为例，《暨南大学华文学院学报》第1期。

邵静敏、吴立红，2005，"副+名"与语义指向新品种，《语言教学与研究》第6期。

申修瑛，2007，现代汉语词语搭配研究，复旦大学博士论文。

沈阳，2000，《配价理论与汉语语法研究》，北京：语文出版社。

沈家煊，1997，类型学中的标记模式，《外语教学与研究》第1期。

沈家煊，1999，《不对称和标记论》，南昌：江西教育出版社。

沈家煊，2006，《认知与汉语语法研究》，北京：商务印书馆。

沈开木，1988，略论词组的语义搭配，《华南师范大学学报》第2期。

石定栩, 2005, 动-名结构歧义的产生与消除, ≪语言教学与研究≫ 第3期。

石定栩, 2009, 动词后数量短语的句法地位, ≪动词与宾语问题研究≫, 武汉：华中师范大学出版社。

石毓智, 2002, 论汉语的结构意义和词汇标记之关系-有定和无定范畴对汉语句法结构的影响, ≪当代语言学≫ 第4卷。

石毓智, 2008, ≪认知能力与语言学理论≫, 北京：学林出版社。

税莲, 2007, 现代汉语词语搭配原理与动宾搭配研究, 四川大学硕士论文。

宋玉柱, 1990, 词语搭配的类型及其性质, ≪世界汉语教学≫ 第1期。

苏宝荣, 1999, 汉语语素组合关系与释义, ≪辞书研究≫ 第4期。

苏宝荣, 2000, ≪词义研究与辞书释义≫, 北京：商务印书馆。

苏新春, 1997, ≪汉语词义学≫, 广州：广东教育出版社。

孙健等, 2002, 基于统计的常用词搭配(Collocation)的发现方法, ≪情报学报≫ 第2期。

孙宏林, 1998, 词语搭配在文本中的分布, 黄昌宁主编 ≪中文信息处理国际会议论文集≫, 北京：清华大学出版社。

孙茂松、黄昌宁、方捷, 1997, 汉语搭配定量分析初探, ≪中国语文≫ 第1期。

孙茂松, 2000, 关于词汇使用度的初步研究, ≪语言文字应用≫ 第1期。

索绪尔, 1980, ≪普通语言学教程≫ (中译本), 北京：商务印书馆。

汤闻励, 2005, 英语词语搭配能力与英语输出的质量, ≪外语研究≫ 第92期。

田宏梅, 2006, 基于语料库研究"有点"的搭配与语义分布, ≪华文学报≫ 第3期。

王斌, 1999, 汉英双语语料库自动对齐研究, 中国科学院计算技术研究所博士论文。

王灿龙, 2002, 句法组合中单双音节选择的认知解释, ≪语法研究和探索≫, 北京：商务印书馆。

王纯清, 2000, 汉语动宾结构的理解因素, ≪世界汉语教学≫ 第3期。

王德春, 1990, ≪语言学通论≫, 南京：江苏教育出版社。

王德春, 2002, ≪多角度研究语言≫, 北京：清华大学出版社。

王国璋, 1984, 动词带宾语语法特点两例, ≪语言教学与研究≫ 第2期。

王惠, 2004, ≪现代汉语名词词义组合分析≫, 北京：北京大学出版社。

王洪君, 1994, 从字和字组看词和短语, ≪中国语文≫ 第2期。

王洪君, 1998, 从与自由短语的类比看"打拳"、"养病"的内部结构,≪语文研究≫ 第4期。

王洪君, 2001, 音节单双、音域展敛(重音)与语法结构类型和成分次序,≪当代语言学≫ 第4期。

王洪君, 2005, 动物-身体两义场单字组构两字的结构模式,≪语言研究≫ 第1期。

王洪君, 2006, 从本族人语感看汉语的"词",≪语言科学≫ 第5期。

王洪君, 2008, 语言的层面与"字本位"的不同层面,≪语言教学与研究≫ 第3期。

王建勤, 2006, 汉语中介语研究,≪汉语作为第二语言的学习者的语言系统研究≫,
    北京:商务印书馆。

王建勤, 2006,≪汉语作为第二语言的学习者语言系统研究≫,北京:商务印书馆

王军, 2005, 论汉语 N+N 结构里中心词的位置,≪语言教学与研究≫ 第6期。

王立, 2003,≪汉语词的社会语言学研究≫,北京:商务印书馆。

王素格、杨军玲、张武, 2006, 自动获取汉语词语搭配,≪中文信息学报≫ 第20卷6期。

王薇, 2002, 现代汉语动词性联合结构联合项位次的研究 ≪世界汉语教学≫ 第2期。

王希杰, 1995, 论词语搭配的规则和偏离,≪山东师大学报≫ 第1期。

王霞, 2005, 汉语动宾搭配自动识别研究,≪语言文字应用≫ 第1期。

王野萍, 2004, 有关名词作定语的几个问题, 山西大学硕士论文。

王一平, 1994, 从遭受类动词所带宾语的情况看遭受类动词的特点,≪语文研究≫ 第4期。

王政红, 1989, 略论现代汉语多义词的语义体系,≪苏州大学学报≫ 第2、3期合刊。

卫乃兴, 2002,≪词语搭配的界定与研究体系≫,上海:上海交通大学出版社。

卫乃兴, 2002, 基于语料库和语料库数据驱动的词语搭配研究,≪当代语言学≫ 第2期4卷。

卫乃兴, 2003, 搭配研究50年:概念的演变与方法的发展,≪解放军外国语学院学报≫ 第2期。

魏红, 2008, 面向汉语习得的常用动词带宾情况研究, 华中师范大学博士论文。

魏红, 2009, 宾语结构形式的规约机制考察, 《云南师范大学学报》 第2期。

魏红, 2009, 汉语常用动词的带宾能力考察, 《汉语学报》 第2期。

魏瑶, 2006, 论名词成分的有定和无定, 山西大学硕士论文。

温晓虹, 2007, 教学输入与学习者的语言输出, 《世界汉语教学》 第3期。

文炼, 1982, 词语之间的搭配关系, 《中国语文》 第1期。

文秋芳, 2003, 频率作用与二语习得, 《外语教学与研究》 第35卷2期。

吴云芳等, 2005, 动词对宾语的语义选择, 《语言文字应用》 第2期。

肖善香、刘绍龙, 2003, 论二语词汇深度习得及其研究的若干问题, 《暨南学报》
　　　第1期。

肖贤彬、 陈梅双, 2008, 留学生汉语动宾搭配能力的习得, 《汉语学报》 第1期。

辛平, 2008, 面向对外汉语教学的动名搭配研究, 《云南师范大学学报》 第5期。

邢福义, 2009, 归总性数量框架与双宾语, 《动词与宾语问题研究》, 武汉：华中师
　　　范大学出版社。

邢公畹, 1980, 语词搭配问题是不是语法问题, 《安徽师范大学学报:人文社会科学
　　　版》, 1978, 第4期

徐春阳、钱书新, 2005, "N1+的+N2" 结构歧义考察, 《汉语学习》 第5期。

徐峰, 2004, 《汉语配价分析与实践-现代汉语三价动词探索》, 北京：学林出版
　　　社。

徐杰, 2001, "及物性"特征与相关的四类动词, 《语言研究》 第3期。

徐杰、姚双云, 2009, 《动词与宾语问题研究》, 武汉：华中师范大学出版社。

徐通锵, 1997, 有定性范畴和语言的语法研究-语义句法再议, 《语言研究》 第1
　　　期。

徐通锵, 2001, 《基础语言学教程》, 北京：北京大学出版社。

许慎撰、(清)段玉裁注, 1988, 《说文解字注》, 上海：上海古籍出版社。

杨德龙, 2001, 形名搭配研究, 上海外国语大学博士论文。

杨德龙, 2001, 《搭配研究述评》, 上海：上海外语教育出版社。

杨华, 1994, 试论心理状态动词及其宾语的类型, 《汉语学习》 第3期。

杨寄洲, 2004, 课堂教学怎么进行近义词语用法对比, 《世界汉语教学》 第3期。

杨同用, 2004, 关于编纂现代汉语常用实词搭配词典的设想-以第二语言学习者为
　　　使用对象, 《2004年辞书与数字化研讨会论文集》。

叶蜚声、徐通锵, 1981, ≪语言学纲要≫, 北京：北京大学出版社。

叶文曦, 2009, 汉语语义范畴的层级结构和构词的语义问题, ≪语言学论丛≫ 第29辑。

袁毓林, 1992, 现代汉语二价名词研究, ≪中国社会科学≫ 第3期。

袁毓林, 1994, 一价名词的认知研究, ≪中国语文≫ 第4期。

约翰·辛克莱(著)、王建华(译), 2000, 语料库的建立, ≪语言文字应用≫ 第2期。

詹卫东, 1999, 面向中文信息处理的现代汉语短语结构规则研究, 北京大学博士论文。

张博, 1999, 组合同化：词义衍生的一种途径, ≪中国语文≫ 第2期。

张博, 2007, 同义词近义词易混淆词从汉语到中介语的视角转移, ≪世界汉语教学≫ 第3期。

张博, 2008, 外向型易混淆词辨析词典的编纂原则与体例设想, ≪汉语学习≫ 第2期。

张博, 2008, 第二语言学习者汉语中介语易混淆词及其研究方法, ≪语言教学与研究≫ 第6期。

张博, 2009, 汉语词义衍化规律的微观研究及其在二语教学中的应用, ≪世界汉语教学≫ 第3期。

张国宪, 1989, "动+名"结构中单双音节动作动词功能差异初探, ≪中国语文≫ 第3期。

张国宪, 1989, 单双音节动词充当句法成分功能差异考察, ≪淮北煤师院学报≫ 第3期。

张国宪, 1989, 单双音节动词语用功能差异初探, ≪汉语学习≫ 第6期。

张国宪, 1990, 单双音节动作动词搭配功能差异研究, ≪上海师范大学学报≫ 第1期。

张国宪, 1997, $V_{双}+N_{双}$ 短语的理解因素, ≪中国语文≫ 第3期。

张和生, 2005, 对外汉语词汇教学研究述评, ≪语言文字应用≫ 第S1期。

张建、谢晓明, 2006, 近二十年现代汉语带宾问题研究述评, ≪湖南冶金职业技术学院学报≫ 第6期。

张萍、王海啸, 2006, 国内二语习得研究概述, ≪解放军外国语学院学报≫ 第4期。

张珊珊、赵仑、刘涛, 2006, 大脑中的基本语言单位来自汉语单音节语言单位加工的ERPs证据, ≪语言科学≫ 第5期。

张世禄, 1956, 词义和词性的关系, ≪语言研究≫ 第7期。

张寿康、林杏光, 1990, 要进行实词搭配的调查的研究, ≪现代汉语实词搭配词典≫序言, ≪自贡师范高等专科学校学报≫ 第2期。

张寿康、林杏光, 1996, ≪现代汉语实词搭配词典≫, 北京：商务印书馆。

张颂, 2007, 汉语动名述宾组配的选择机制及其认知基础, 上海师范大学硕士论文。

张诒三, 2004, 试论词语搭配的历时变化研究的必要性, ≪浙江万里学院学报≫ 第3期。

张诒三, 2004, 试论词语搭配的历时变化研究的性质, ≪阜阳师范学院学报≫ 第3期。

张诒三, 2005, ≪词语搭配变化研究≫, 济南：齐鲁书社。

张云秋, 2003, 典型受事宾语句的句法-语义特征及认知分析, ≪首都师范大学学报≫ (社会科学版) 第1期。

张志毅、张庆云, 1994, ≪词和词典≫, 北京：中国广播电视出版社。

张志毅、张庆云, 2005, ≪词汇语义学≫, 北京：商务印书馆。

赵金铭, 2008, ≪基于中介语语料库的汉语句法研究≫, 北京：北京大学出版社。

赵雪琴, 2008, ≪汉英双语词典中搭配信息认知模型的构建≫, 上海：上海译文出版社。

甄天元、任秋兰、尹海良, 2006, 词语搭配的界定与研究概况, ≪莱阳农学院学报≫ (社会科学版) 第1期。

周健, 2005, 语块教学在培养汉语语感中的作用, ≪第八届国际汉语教学讨论会论文选≫, 北京：北京大学出版社。

周芍, 2006, 名词与量词组合关系研究说略, ≪汉语学习≫ 第1期。

周新玲, 2007, 词语搭配研究与对外汉语教学, 上海外国语大学博士学位论文。

周祖谟, 1959, ≪汉语词语知识讲话≫, 北京： 人民教育出版社。

朱永平, 2004, 第二语言习得难度的预测及教学策略, ≪语言教学与研究≫ 第4期。

朱永生, 1996, 搭配的语义基础和搭配研究的实际意义, ≪外国语≫ 第1期。

宋守云, 2005, 量词"组"和"套"对名词性成分的语义选择, ≪汉语学习≫ 第4期。

国家汉语水平考试委员会办公室考试中心制定, 2001, ≪汉语水平词汇与汉字等级大纲≫, 北京：经济科学出版社。

中国社会科学院语言研究所词典编辑室, 2005, ≪现代汉语词典≫ 第5版, 北京：商务印书馆。

Assenstadt, E.1979. Collectability restrictions in dictionaries, In R. R. K Hartmann (eds.) Dictionaries and Their Users Exeter Linguistic Studies Vol. 4. Exeter: University of Exeter.

Bahns, J. 1993. Lexical collocations: A contrastive view. ELT Journal 47(1).

Bahns, J. & Eldaw, M. 1993. Should we teach EFL students collocation? System 21(1).

Benson, M. 1985. Collocations and idioms. Dictionaries, Lexicography and Language Learning. Oxford: Pergamon.

Benson, M., Benson, E., & Ilson, R. F. 1986. The BBI combinatory Dictionary of English. Amsterdam: John Benjamins Publishing Company.

Benson, M. 1989. The structure of the collocational dictionary. International Journal of Lexicography, 2(1).

Biskup, D. 1992. L1 influence on learners' renderings of English collocations: A Polish/German empirical study. In Pierre J.L.Arnaud and Henri Béjoint(eds.), Vocabulary and Applied Linguistics. London:Macmillan.

Bolinger, D. 1979. Meaning and memory. In Haydu, G. G.(eds). Experience Forms: Their Cultural and Individual Place and Function. Walter de Gruyter.

Boers, F.Eyckmans, J. & Stengers, H. 2006. Motivating multiword units: Rationale, mnemonic benefits, and cognitive style variables. EUROSLA Yearbook 6(1).

Cowie, A.P. 1994. phraseology. In R.E.Asher (eds), The Encyclopedia of Language and Linguistics. Oxford: Pergamon.

Cowie, A.P. 1981. The treatment of collocations and idioms in learner' dictionaries. Applied Linguistics 2(3).

Cruse, D.A. 1989. Lexical Semantics. Cambridge: Cambridge University Press.

Farghal, M., & Obiedat, H.1995. Collocations: A neglected variable in EFL. IRAL, 33(4).

Firth, J.R.(1957). A synopsis of linguistic theory, 1930-1955. In Studies in Linguistics Analysis. Oxford: Philological Society. [Repr. In Palmer, F. R.(eds.) 1968 Selected Papers Of Firth, J.R 1952-1959 Harlow:Longman.]

Foster, P.2001. Rules and routines: A consideration of their role in the task-based language production of native and non-native speakers. Researching Pedagogic Tasks: Second Language Learning, Teaching, and Testing. Harlow:Longman.

Gilquin, G.2008. Linking up contrastive and learner corpus research (Vol.66). Amsterdam: Rodopi.

Granger, S. 1998. Prefabricated patterns in advanced EFL writing:Collocations and lexical phrases. Phraseology: Theory, Analysis and Applications. Oxford: OUP.

Halliday, M. A. K. 1961. ≪语法理论的范畴≫, 叶蜚声译, ≪语言学译丛≫ 第二辑, 北京：中国社会科学出版社, 1980年版。

Halliday, M. A. & Hasan, R. 1976. Cohesion in English. London: Longman.

Henriksen, B. 1999. Three dimensions of vocabulary development. Studies in Second Language Acquisition 21(2).

Hoey, M. 2005. Lexical Priming: A New Theory of Words and Language. London: Routledge Taylor and Francis Group.

Howarth, P. 1996. Phraseology in English Academic Writing: Some Implications for Language Learning and Dictionary Making. Tübingen: Niemeyer.

Howarth, P. 1998. The Phraseology of Learners' Academic Writing. In Cowie, A.P.(eds) Phraseology Theory, Analysis, and Applications. Oxford: Clarend on Press.

Jiang, N. 2000. Lexical representation and development in a second language. Applied Linguistics 21.

John Cross and Szilvia Papp(2008), Creativity in the use of verb+noun combinations by Chinese learners of English, Language and Computers, 57-81.

Jones, S. & Sinclair, J. 1974. English lexical collocations: A study in computational linguistics. Cahiers de Lexicologie 24(1).

Lakoff, G. (1987). Women, Fire, and Dangerous Things: What Categories Reveal about the Mind. Chicago: The University of Chicago Press.

Lakoff, G. (1993). The contemporary theory of metaphor. Metaphor and Thought, 2. Cambridge: Cambridge University Press.

Langacker, R. W. (1987). Foundations of Cognitive Grammar. Beijing: Peking University Press.

Lesniewska and Witalisz(2007), Cross-linguistic influence and acceptabilitu judge ments of L2 and L1 collocations: A study of advanced Polish learners of English, EUROSLA Yearbook: Volume 7, 27-48.

Lu Bingfu and San Duanmu. 1991. "A case study of the relation between rhythm and syntax in Chinese", paper presented at the Third North America Conference on Chinese Linguistics, May3-5, Ithaea.

Lyons. 2000. ≪语义学引论≫。北京: 外语教学与研究出版社(原版 1977)。

McCarthy, M.J. 1984. A New Look at Vocabulary in EFL. Applied Linguistics 5(1).

McCarthy, Michael. 1990. Vocabulary. Oxford: OUP.

Mitchell, T.F. 1975. Principles of Firthian Linguistics. London: Longman.

Nation, I, S.Paul. 1990. Teaching and Learning Vocabulary. Boston: Heinle & Heinle.

Nattinger, J.R. 2000. ≪词汇短语与语言教学≫。上海: 上海外语教育出版社。

Nesselhauf, N. 2003. The use of collocations by advanced learners of English and some implications for teaching. Applied Linguistics 24(2).

Nesselhauf, N. 2005. Collocations in a Learner Corpus. Amsterdam; Philadelphia: John Benjamin's Publishing Company.

Pawley, A. & Syder, F.H. 1983. Two puzzles for linguistic theory : Nativelike selection and nativelike fluency. Language and Communication. 191,125.

Richards. 1976. Therole of vocabulary learning. TESOL Quarterly 10.

Robert L. L & Norman E. Gronlund. 2003. ≪教学中的测验与评价≫ 北京: 轻工业出版社。

Schmidt, R., and Froda, S. 1986. Developing basic conversational ability in a second language: A case study of an adult learner. In Day, R(eds), Talking to Learn: Conversation in Second Language Acquisition. Rowley, MA: Newbury House.

Sears, D.A., & Bolinger, D. 1981. Aspects of Language. New York: Harcourt Brace Jovanovich. Inc, 1(98), 1.

Sinclair, J. 1966. Beginning the study of lexis. In Bazell, C.E. (eds), In Memory of J. R. Firth. London:Longman.

Sinclair, J. & Renouf, a. 1988. A Lexical syllabus for language learning. In Ron Carter & Michael McCarthy Eds. Vocabulary in Language Teaching. London: Longman.

Singleton, D. 1999. Exploring the Second Language Mental Lexicon. Cambridge University Press.

Siyanova, A & Schmitt, N. 2008. L2 learner production and processing of collocation: A multi-study perspective. The Modern Language Review 64(3).

Skehan, P. 1988. A Cognitive Approach to Language Learning. Oxford: Oxford University Press.

Wary, A. 2002. Formulaic Language and The Lexicon. Cambridge: Cambridge University Press.

Yorio, C.A. 1989. Idiomaticity as an indicator of second language proficiency. In Hyltenstam, K. & Olbler, L.K(eds.), Bilingualism Across the Lifespan. Cambridge: Cambridge University Press.

용어 색인

| 가 |

저자

● 辛 平

　　北京大學 對外漢語敎育學院 敎授
　　北京大學 語言學及應用語言學 博士

역자

● 심소희

　　이화여자대학교 중어중문학과 교수
　　北京大學 中國語言文學係 박사

● 김태은

　　이화여자대학교 중어중문학과 연구교수
　　University of Wisconsin-Madison East Asian Language and Literature 박사

● 박지영

　　이화여자대학교 중어중문학과 연구교수
　　이화여자대학교 중어중문학과 박사

● 신수영

　　가천대학교 동양어문학과 조교수
　　復旦大學 中國語言文學係 박사

● 김지영

　　이화여자대학교 중어중문학과 박사수료

현대 중국어 단어 결합관계 연구

초판 인쇄   2015년 12월 21일
초판 발행   2015년 12월 28일

저   자| 신 핑(辛平)
역   자| 심소희 · 김태은 · 박지영 · 신수영 · 김지영
펴 낸 이| 하운근
펴 낸 곳| 學古房

주   소| 경기도 고양시 덕양구 통일로 140 삼송테크노밸리 A동 B224
전   화| (02)353-9908   편집부(02)356-9903
팩   스| (02)6959-8234
홈페이지| http://hakgobang.co.kr/
전자우편| hakgobang@naver.com, hakgobang@chol.com
등록번호| 제311-1994-000001호

ISBN   978-89-6071-562-2   93720

값 : 17,000원

이 도서의 국립중앙도서관 출판시도서목록(CIP)은 서지정보유통지원시스템 홈페이지(http://seoji.
nl.go.kr)와 국가자료공동목록시스템(http://www.nl.go.kr/kolisnet)에서 이용하실 수 있습니다.
(CIP제어번호: CIP2015035335)

■ 파본은 교환해 드립니다.